Programmierte Prüfungsaufgaben
für technische und kaufmännische Berufe

Burkhardt/Kostede/Schumacher
Wirtschafts- und Sozialkunde/Politik

D1677777

umweltfreundlich
... weil auf chlor- und säurefrei
gefertigtem Recyclingpapier gedruckt

www.kiehl.de

Programmierte Prüfungsaufgaben für technische
und kaufmännische Berufe

Wirtschafts- und Sozialkunde/Politik

1.025 Testaufgaben mit Lösungen

Von
Diplom-Handelslehrer Fritz Burkhardt
Diplom-Handelslehrer Wilhelm Kostede
Diplom-Handelslehrer Bernt Schumacher

19., aktualisierte Auflage

ISBN 3-470-**78029**-0 · 19., aktualisierte Auflage · 2009

© Friedrich Kiehl Verlag GmbH, Ludwigshafen (Rhein), 1973

Gesamtherstellung: Präzis-Druck GmbH, Karlsruhe

Vorwort

Die 19., aktualisierte Auflage dieses Buches enthält 1.025 programmierte Prüfungsaufgaben aus den Bereichen der Wirtschafts- und Sozialkunde sowie der Politik.

Erforderlich wurde die Aktualisierung des Buches u. a. erneut wegen der jüngst eingeleiteten Reformen auf dem Arbeitsmarkt, im Gesundheitswesen und zur Alterssicherung und der damit verbundenen Gesetzesänderungen u. a. im Arbeits-, Sozialversicherungs- und Steuerrecht.

Der erste Teil – Wirtschafts- und Sozialkunde – orientiert sich am Beschluss der Kultusministerkonferenz über die Elemente für den Unterricht der Berufsschule im Bereich Wirtschafts- und Sozialkunde in gewerblich-technischen Ausbildungsberufen. Diese Aufgaben sind jedoch auch im kaufmännischen Bereich sowie im Handwerk einsetzbar. Das Buch enthält die Hauptkapitel

- Berufsbildung,

- Betrieb in Wirtschaft und Gesellschaft,

- Arbeits- und Tarifrecht, Arbeitsschutz,

- Betriebliche Mitbestimmung,

- Sozialversicherung,

- Arbeits- und Sozialgerichtsbarkeit,

die in allen Ausbildungsordnungen der o. a. Berufe gemäß Berufsbildungsgesetz ebenfalls enthalten sind.

Darüber hinaus enthält diese Auflage zusätzlich programmierte Prüfungsaufgaben für den Bereich Politik zu den folgenden Gebieten:

- Neue technische Entwicklungen und humane Arbeit,

- Verbraucher – Unternehmer – Staat,

- Wirtschaftspolitik,

- Energiepolitik,

- Umweltschutz,

- Politische Entscheidungen in der Demokratie,

- Recht und Rechtsprechung,

- Europäische Integration,

- Industriestaaten und Dritte Welt,

- Politische Entwicklung in Deutschland.

Diese Themenbereiche finden sich bundesweit in allen Lehrplänen für das Fach Politik in den Berufsbildenden Schulen und wurden auf vielfache Anregung von Anwendern dieser Prüfungsaufgaben in dieses Buch aufgenommen.

Unter programmierten Prüfungsaufgaben sind generell Aufgaben zu verstehen, die nach dem sogenannten Auswahl- oder Testverfahren gestaltet sind. Zu jeder Frage werden mehrere Antworten zur Wahl gestellt, wobei der Leser aufgrund seines Fachwissens die richtige(n) Antwort(en) kennzeichnen soll. Die Anzahl der vorgegebenen Kästchen symbolisiert die Zahl der richtigen Antworten.

Die programmierten Prüfungsaufgaben verfolgen zwei Ziele:

Zum einen sollen Schüler(innen) und Auszubildende während der gesamten Ausbildung ihren Wissensstand selbst überprüfen können. Zu allen Teilgebieten finden sie Aufgaben und können auf diese Weise den Stoff ständig wiederholen, in der Bearbeitung sicherer werden und sich auf Prüfungen vorbereiten.

Zum anderen eignen sich diese Aufgaben für Hausaufgaben, Tests, Klassenarbeiten und Prüfungen in der Schule und in der betrieblichen Ausbildung. Lehrer(innen) und Ausbilder(innen) können sich aus der Vielzahl der Aufgaben Sätze in beliebigem Umfang entsprechend den speziellen Erfordernissen ihrer Lerngruppen zusammenstellen und ggf. durch eigene Aufgaben ergänzen.

Die Lösungen am Schluss des Buches ermöglichen eine sofortige Lernerfolgskontrolle. Sie sollten natürlich erst nach erfolgter Bearbeitung der Aufgaben zur Kontrolle herangezogen werden.

Die Testaufgaben in diesem Buch sind urheberrechtlich geschützt. Der Urheberrechtsschutz bezieht sich auf jede Art der kommerziellen Verwertung und Verwendung.

Hamburg und Ludwigshafen, im Januar 2009   *Verfasser und Verlag*

Verzeichnis der Abkürzungen

ABM	Arbeitsbeschaffungsmaßnahme
AFRG	Arbeitsförderungs-Reformgesetz
AG	Aktiengesellschaft
ai	amnesty international
AOK	Ortskrankenkasse
AWF	Ausschuss für wirtschaftliche Fertigung
BBiG	Berufsbildungsgesetz
BDA	Bundesvereinigung der Deutschen Arbeitgeberverbände
BDI	Bundesverband der Deutschen Industrie
BEK	Barmer Ersatzkasse
BIP	Bruttoinlandsprodukt
BG	Berufsgenossenschaft
BGB	Bürgerliches Gesetzbuch
BSHG	Bundessozialhilfegesetz
DAK	Deutsche Angestellten Krankenkasse
DGB	Deutscher Gewerkschaftsbund
DIHK	Deutscher Industrie- und Handelskammertag
DIN	Deutsches Institut für Normung
DNA	Deutscher Normenausschuss
eG	eingetragene Genossenschaft
EGKS	Europäische Gemeinschaft für Kohle und Stahl
EU	Europäische Union
EURATOM	Europäische Atomgemeinschaft
EZB	Europäische Zentralbank
FCKW	Fluorchlorkohlenwasserstoff
GATT	Allgemeines Zoll- und Handelsabkommen
GbR	Gesellschaft des bürgerlichen Rechts
GewO	Gewerbeordnung
GmbH	Gesellschaft mit beschränkter Haftung
HGB	Handelsgesetzbuch
IHK	Industrie- und Handelskammern
JArbSchG	Jugendarbeitsschutzgesetz
KG	Kommanditgesellschaft
KGaA	Kommanditgesellschaft auf Aktien
KSZE	Konferenz für Sicherheit und Zusammenarbeit in Europa
LDC	Least Developed Countries (Am wenigsten entwickelte Länder)

ME	Mengeneinheiten
MSAC	Besonders ernsthaft betroffene Länder
NATO	Nordatlantisches Verteidigungsbündnis
NIE	Seit kurzem industriealisierte Volkswirtschaft
NS	Nationalsozialismus
NSDAP	Nationalsozialistische Deutsche Arbeiter Partei
OECD	Organisation für wirtschaftliche Zusammenarbeit und Entwicklung
OHG	Offene Handelsgesellschaft
PKV	Private Krankenversicherung
RAL	Ausschuss für Lieferbedingungen und Gütesicherung
REFA	Verband für Arbeitsstudien e.V.
RKW	Rationalisierungskuratorium der Deutschen Wirtschaft
RVO	Reichsversicherungsordnung
SA	Sturmabteilung – Organisation der NSDAP
SGB	Sozialgesetzbuch
SS	Schutzstaffel – Organisation der NSDAP
UNO	Vereinigte Nationen
VA	Versorgungsamt
WWF	World Wiedlife Fund
ZE	Zeiteinheiten

Inhaltsverzeichnis

A. Wirtschafts- und Sozialkunde

B. Politik

A. Wirtschafts- und Sozialkunde

1. Berufsbildung

1 ⬭ Das Berufsbildungsgesetz gilt in der Bundesrepublik Deutschland für alle

(A) Berufsverbände.

(B) Betriebe der Wirtschaft und berufsbildenden Schulen.

(C) öffentlich-rechtlichen Dienstverhältnisse.

(D) wirtschaftlichen Unternehmen, jedoch nicht für berufsbildende Schulen.

(E) Bildungseinrichtungen.

2 ⬭ Berufsbildung im Sinne des Berufsbildungsgesetzes sind/ist:

(A) Berufsausbildung, berufliche Weiterbildung und berufliche Umschulung.

(B) nur berufliche Fortbildung.

(C) nur berufliche Umschulung.

(D) nur Berufsausbildung.

(E) Ausbildung und Fortbildung.

3 ⬭ Das Ausbildungsberufsbild enthält Angaben über die

(A) Anforderungen für die Kenntnis- und Fertigkeitsprüfung.

(B) bisherige Entwicklung des jeweiligen Berufes.

(C) Schwerpunkte und Vergütung während der Ausbildung.

(D) dem Auszubildenden zu vermittelnde Kenntnisse und Fertigkeiten.

(E) Rahmenlehrpläne.

4 ⬭ ⬭ Wer darf lt. § 28 BBiG Auszubildende nur einstellen

(A) Ausbilder, der persönlich geeignet ist.

(B) Ausbilder, der fachlich geeignet ist.

(C) Ausbilder, der persönlich und fachlich geeignet ist.

(D) Jeder, der das 18. Lebensjahr vollendet hat.

(E) Ausbilder, der zwar persönlich nicht so geeignet, dafür aber fachlich besonders qualifiziert ist.

5 ⬭ Das Berufsbildungsgesetz trat in der Bundesrepublik Deutschland in Kraft:

(A) 1949

(B) 1955

(C) 1969

(D) 1976

(E) 1984

6 ⬭ Der Berufsbildungsausschuss einer zuständigen Stelle besteht nach § 77 Berufsbildungsgesetz aus je sechs Beauftragten der

(A) Arbeitnehmer, der Arbeitgeber und der Kammergeschäftsführung.

(B) Arbeitnehmer, der Arbeitgeber und Lehrern der berufsbildenden Schulen.

(C) Arbeitnehmer, der Kammer und Lehrern der berufsbildenden Schulen.

(D) Gewerkschaften und der Arbeitgeberverbände.

(E) Kammer und der Gewerkschaften.

7 ⬭ Was ist außer der persönlichen und fachlichen Eignung noch Voraussetzung für Ausbilder?

(A) Berufs- und arbeitspädagogische Kenntnisse.

(B) Fachhochschulabschluss.

(C) Mindestens zehnjährige berufliche Tätigkeit.

(D) Nachweis einer sozialpolitischen Tätigkeit.

(E) Mittlere Reife.

8 ⬭ Wer darf lt. § 28 BBiG Auszubildende nur ausbilden?

(A) Ausbilder, der persönlich geeignet ist.

(B) Ausbilder, der fachlich geeignet ist.

(C) Ausbilder, der persönlich und fachlich geeignet ist.

(D) Jeder, der das 18. Lebensjahr vollendet hat.

(E) Ausbilder, der zwar persönlich nicht so geeignet, dafür aber fachlich besonders qualifiziert ist.

9   ◯ **In einem Unternehmen hat die Zahl der Auszubildenden in einem angemessenen Verhältnis zu stehen zu den**

(A) Arbeitskräften.

(B) Ausbildungskräften.

(C) Fachkräften.

(D) Führungskräften.

(E) Meistern.

10   ◯ **Wer führt das Verzeichnis der Ausbildungsverhältnisse im Bereich der gewerblichen Wirtschaft mit Ausnahme des Handwerks?**

(A) Bundesagentur für Arbeit

(B) Arbeitsstelle für betriebliche Berufsausbildung

(C) Bezirksregierung

(D) Gewerbeaufsichtsamt

(E) Industrie- und Handelskammer

11   ◯ **Dürfen Auszubildende als Arbeitskräfte eingeplant werden?**

(A) Bei besonders hoher arbeitsmäßiger Belastung des Betriebes.

(B) Grundsätzlich nicht.

(C) Im 2. und 3. Ausbildungsjahr.

(D) Im 3. Ausbildungsjahr voll, sonst nur in Belastungszeiten.

(E) Ja, außer in der Probezeit.

12   ◯ **Die persönliche und fachliche Eignung für die Berufsausbildung in Gewerbebetrieben, die nicht Handwerksbetriebe sind, ist nach dem Berufsbildungsgesetz zu überwachen von dem/der**

(A) Bundesagentur für Arbeit.

(B) Arbeitsgericht.

(C) Berufsschule.

(D) entsprechenden Arbeitgeberverband.

(E) Industrie- und Handelskammer.

13   ◯ **Die schnellen Veränderungen in Wirtschaft und Technik fordern größere Mobilität. Welche Konsequenzen hat das für die Berufsausbildung?**

(A) Die Ausbildung ist von Beginn an zu spezialisieren.

(B) Breite Grundbildung und darauf aufbauende Spezialkenntnisse sind zu vermitteln.

(C) Manuelle Fertigkeiten gewinnen in Zukunft an Bedeutung.

(D) Möglichst breite Grundausbildung, Spezialkenntnisse treten in den Hintergrund.

14   ◯ **Wann ist ein Berufsausbildungsvertrag nach § 11 BBiG spätestens schriftlich niederzulegen?**

(A) Nach mündlichem Einvernehmen.

(B) Unmittelbar nach Ablauf der Probezeit.

(C) Unverzüglich nach Zustandekommen des Vertrages, spätestens vor Beginn der Berufsausbildung.

(D) Vor Ablauf der Probezeit.

15   ◯ **Der Berufsausbildungsvertrag hat den Zweck, die**

(A) Anmeldung zu den Sozialversicherungsträgern zu gewährleisten.

(B) Eintragung des Auszubildenden in Verzeichnisse der IHK zu begründen.

(C) Rechte und Pflichten der Vertragspartner zu regeln.

(D) Teilnahme am Berufsschulunterricht zu bestätigen.

(E) Ausbildungsordnung zu ergänzen.

16   ◯ **Den Berufsausbildungsvertrag unterschreiben, wenn der Auszubildende noch nicht 18 Jahre alt ist, als Vertragspartner eines Ausbilders:**

(A) Ausbildender, Auszubildender, dessen Eltern oder gesetzlicher Vertreter.

(B) Auszubildender, gesetzlicher Vertreter und zuständige Kammer.

(C) Auszubildender und Ausbilder.

(D) gesetzliche Vertreter des Auszubildenden und zuständige Stelle.

7 ◯ **Welche Vereinbarung in einem Berufsausbildungsvertrag ist ungültig?**

(A) Beginn und Dauer der Ausbildung.
(B) Dauer der Probezeit.
(C) Zahlung und Höhe von Ausbildungsgeld.
(D) Zahlung von Vertragsstrafen.
(E) Urlaubsdauer.

8 ◯ **Wie lange dauert nach § 20 BBiG die Probezeit?**

(A) Vier Monate fest vereinbart.
(B) Frei vereinbar bis höchstens drei Monate.
(C) Mindestens einen Monat.
(D) Vier Wochen.
(E) Mindestens einen, höchstens drei Monate.

9 ◯ **Nach der Probezeit kann ein Auszubildender mit einer Frist von 4 Wochen das Berufsausbildungsverhältnis kündigen, wenn er**

(A) die begonnene Berufsausbildung in einem anderen Betrieb fortsetzen will.
(B) die Berufsausbildung vorübergehend unterbrechen und später fortsetzen will.
(C) sich für einen anderen Beruf ausbilden lassen oder die Berufsausbildung aufgeben will.

0 ◯ **Ist der Ausbildende berechtigt, vom Auszubildenden Nebenleistungen zu verlangen?**

(A) Grundsätzlich nicht.
(B) Im Ausbildungsbetrieb uneingeschränkt.
(C) Nach Abstimmung mit den Erziehungsberechtigten.
(D) Nur sofern sie dem Ausbildungsziel dienen.

1 ◯ **Der Ausbildende verpflichtet sich bei Abschluss des Berufsausbildungsvertrages *nicht,* den Auszubildenden**

(A) angemessen finanziell zu vergüten.
(B) für die Prüfung freizustellen.
(C) nach der Abschlussprüfung weiter zu beschäftigen.
(D) planmäßig, berufsfachlich auszubilden.
(E) zunächst probeweise einzustellen.

22 ◯ **Innerhalb der Probezeit ist das Ausbildungsverhältnis kündbar**

(A) bei Zahlung von Schadenersatz.
(B) jederzeit ohne Angabe von Gründen.
(C) jederzeit unter Angabe von Gründen.
(D) mit vierwöchiger Frist.
(E) nur aus wichtigem Grund ohne Einhaltung der Kündigungsfrist.

23 ◯ ◯ **Kann der Auszubildende das Berufsausbildungsverhältnis nach Ablauf der Probezeit kündigen?**

(A) In keinem Fall.
(B) Nur aus wichtigem Grund mit einer Frist von vier Wochen.
(C) Aus wichtigem Grund ohne Einhaltung einer Kündigungsfrist.
(D) Mit einer Frist von 8 Wochen, wenn er die Ausbildung aufgeben oder sich für eine andere Berufstätigkeit ausbilden lassen will.

24 ◯ **Darf einem Auszubildenden wegen entschuldigten Fehlens die ihm zustehende Ausbildungsvergütung gekürzt werden?**

(A) Ja, bis zu einem Drittel.
(B) Ja, ein Dreißigstel für jeden Tag des Fehlens.
(C) Nein, in keinem Fall.
(D) Nein, wenn die Fehlzeit nachgearbeitet wird.

25 ◯ **Wer ist in der Regel zuständig für Beschwerden über das Berufsausbildungsverhältnis?**

(A) Die Bundesagentur für Arbeit.
(B) Die Berufsschule.
(C) Der Betriebsrat.
(D) Das Gewerbeaufsichtsamt.
(E) Die Industrie- und Handelskammer.

26 ◯ **Der Ausbildungsplan ist nach dem Berufsbildungsgesetz vom Ausbildenden**

(A) bei der Berufsschule zu hinterlegen.
(B) dem Ausbildungsvertrag beizufügen.
(C) dem Auszubildenden auf Verlangen zu zeigen.
(D) der Gewerkschaft zur Prüfung vorzulegen.
(E) im Betrieb auszuhängen.

27 Welches Mindestalter ist für die fachliche Eignung zur Ausbildung vorgeschrieben?

(A) 18 Jahre
(B) 21 Jahre
(C) 24 Jahre
(D) 28 Jahre
(E) 30 Jahre

28 Die Berufsschulpflicht ist geregelt im/in der

(A) Ausbildungsförderungsgesetz.
(B) Berufsbildungsgesetz.
(C) Jugendarbeitsschutzgesetz.
(D) Schulpflichtgesetz/Schulgesetz.
(E) Schulverwaltungsgesetz.

29 Wer erlässt die Lehrpläne für die Berufsschulen?

(A) Das Bundesministerium für Bildung und Forschung.
(B) Das Bundesministerium für Wirtschaft und Technologie.
(C) Die Kultusministerkonferenz.
(D) Das Kultusministerium des jeweiligen Bundeslandes.
(E) Ein Sondergremium aus Vertretern der Berufsschulen.

30 Wer erteilt einem Betrieb die Genehmigung zur Ausbildung?

(A) Der Arbeitgeberverband.
(B) Die Bundesagentur für Arbeit.
(C) Die Berufsgenossenschaft.
(D) Der Deutscher Gewerkschaftsbund.
(E) Die Industrie- und Handelskammer.

31 Die Berufsschule gehört zu den

(A) allgemeinbildenden Schulen.
(B) berufsbildenden Schulen.
(C) berufsvorbereitenden Schulen.
(D) Fachschulen.
(E) Mittelschulen.

32 Wer soll den Auszubildenden zur Teilnahme am Berufsschulunterricht anmelden?

(A) Die abgebende Schule (z. B. Hauptschule).
(B) Die Arbeitsagenturen (Berufsberatung).
(C) Der Ausbildende bzw. Ausbilder.
(D) Die Industrie- und Handelskammer.
(E) Die Eltern.

33 Von der Berufsschulpflicht ist *nicht* befreit:

(A) eine Schülerin vor und nach der Niederkunft.
(B) wer in der Probezeit voll schulpflichtig ist.
(C) wer Wehrdienst ableistet.
(D) wer zivilen Ersatzdienst ableistet.

34 Wie lange hat der Berufsschulunterricht für Auszubildende unter 18 Jahren an einem Tag mindestens zu dauern, um als voller betrieblicher Ausbildungstag zu gelten?

(A) 5 Schulstunden einschließlich der Pausen.
(B) Mehr als 5 Schulstunden von je 45 Minuten.
(C) 5 Zeitstunden einschließlich der Pausen.
(D) 5 Zeitstunden ohne Pause.
(E) 6 Schulstunden.

35 Wer kann einen Antrag auf vorzeitige Zulassung zur Abschlussprüfung stellen?

(A) Ausbildender
(B) Auszubildender
(C) Berufsschule
(D) Betriebsrat
(E) Ausbilder

36 In welchem Fall verlängert sich die Berufsschulpflicht bei Nichtbestehen einer Abschlussprüfung?

(A) Auf Wunsch des Auszubildenden, die Prüfung zu wiederholen.
(B) Bei Verlängerung des Berufsausbildungsvertrages.
(C) In jedem Fall um ein halbes Jahr.
(D) Überhaupt nicht.
(E) In jedem Fall.

7 ◯ **Welche Aussage ist im Normalfall** *falsch?* **Die Berufsschulpflicht**

(A) besteht bei Verlängerung eines Berufs-
ausbildungsverhältnisses weiter.

(B) dauert in der Regel drei Jahre.

(C) entfällt nach Besuch einer Berufsfachschule.

(D) kann durch die Polizeibehörde erzwungen
werden.

8 ◯ **Wie viel Zwischenprüfungen sind während der Berufsausbildung nach dem Berufsbildungsgesetz mindestens durchzuführen?**

(A) Eine.

(B) Eine nach jedem Ausbildungsjahr.

(C) Zwei.

(D) Drei.

(E) Keine zwingende Vorschrift.

9 ◯ **Wen wird die Industrie- und Handelskammer, bei der ein Auszubildender einen Antrag auf vorzeitige Zulassung zur Abschlussprüfung stellt, vor ihrer Entscheidung anhören?**

(A) Den Ausbildenden und die Berufsschule.

(B) Den gesetzlichen Vertreter des Auszubildenden.

(C) Den Prüfungsausschuss.

(D) Den Prüfungsausschuss-Vorsitzenden und
die Berufsschule.

(E) Den Auszubildenden.

40 ◯ **Kann nach dem Berufsbildungs- gesetz einem Auszubildenden am letzten Ausbildungstag mitgeteilt werden, dass seine Tätigkeit mit diesem Tag beendet ist, ohne dass zuvor eine Vereinbarung getroffen wurde?**

(A) Ja.

(B) Nein; Arbeitgeber hat schriftlich zu kündigen.

(C) Nein; mündliche Mitteilung hat mindestens
sechs Wochen vorher zu erfolgen.

(D) Nein; Auszubildender ist noch ein weiteres
Jahr als Facharbeiter zu beschäftigen.

41 ◯ **Der Umfang der Kenntnisse und Fertigkeiten, die bei der Abschluss- prüfung geprüft werden können, ist fest- gelegt in der/dem**

(A) Ausbildungsordnung und Prüfungsordnung
der Berufsschule.

(B) Ausbildungsvertrag und Berufsbildungsgesetz.

(C) Ausbildungsordnung und Rahmenlehrplan der
Berufsschule.

(D) Ausbildungsvertrag.

42 ◯ **Der Prüfungsausschuss entschei- det bei einer Abschlussprüfung allein über**

(A) die Bewertungsmaßstäbe.

(B) das Prüfungsergebnis.

(C) den Prüfungsort.

(D) den Prüfungstermin.

(E) die Zeiteinteilung während der Prüfung.

43 ◯ **Wann endet das Berufsausbil- dungsverhältnis, wenn der Auszubildende die Abschlussprüfung vor Ab- lauf der Ausbildungszeit besteht? Mit dem**

(A) Ablauf der Ausbildungszeit.

(B) Ablauf des Monats, in dem die Abschlussprüfung bestanden wird.

(C) Beginn des Monats, in dem die Abschlussprüfung bestanden wird.

(D) Tag der Feststellung des Prüfungsergebnisses.

(E) Tag der Zeugnisausgabe.

44 ◯ **Wie oft darf die Abschlussprüfung einer Berufsausbildung wiederholt werden?**

(A) Einmal.

(B) Zweimal.

(C) Dreimal.

(D) Beliebig.

(E) Nach Ermessen des Prüfungsausschusses.

45 Der Prüfungsausschuss zur Abnahme der Abschlussprüfung besteht aus mindestens

(A) einem Ausbilder, einem Berufsschullehrer und einem Ausbildungsberater.

(B) einem Gewerkschaftsbeauftragten, einem Unternehmer und einem Ausbilder.

(C) in der Regel aus je einem Beauftragten der Arbeitgeber, der Arbeitnehmer und der Berufsschule.

(D) zwei Ausbildern, zwei Berufsschullehrern und einem Gewerkschaftsbeauftragten.

(E) einem Ausschussvorsitzenden.

46 Ein Auszubildender hat die Abschlussprüfung nicht bestanden; das Ausbildungsverhältnis

(A) besteht zwar weiter, kann aber vom Ausbildenden fristlos gekündigt werden.

(B) endet mit Bekanntgabe des Nichtbestehens.

(C) verlängert sich kraft Gesetzes bis zum nächstmöglichen Prüfungstermin.

(D) wird dadurch nicht berührt und besteht bis zum Ablauf der im Vertrag festgelegten Zeit weiter. Der Auszubildende kann eine Verlängerung verlangen.

47 Wenn der Auszubildende die Abschlussprüfung nach Ablauf der Ausbildungszeit besteht, endet das Berufsausbildungsverhältnis mit dem

(A) Ablauf der Ausbildungszeit.

(B) Ablauf des Monats, in dem die Abschlussprüfung bestanden wird.

(C) Beginn des Monats, in dem die Abschlussprüfung bestanden wird.

(D) Tag der Feststellung des Prüfungsergebnisses.

(E) Tag der Zeugnisausgabe.

48 Welche Angabe ist in das Zeugnis eines Auszubildenden nur auf Verlangen aufzunehmen?

(A) Art der Berufsausbildung.

(B) Dauer der Berufsausbildung.

(C) Führung und Leistungen.

(D) Ziel der Berufsausbildung.

49 Welche Aussage im Zusammenhang mit der Fürsorgepflicht des Ausbilders ist zutreffend?

(A) Er ist verpflichtet, regelmäßig die Ausbildungsvergütung zu zahlen.

(B) Der Auszubildende darf körperlich nicht gezüchtigt und nicht zu Arbeiten herangezogen werden, die gesundheitsschädlich sind, und soll während der Ausbildung charakterlich gefördert werden.

(C) Der Ausbildende hat planmäßig die Fähigkeiten und Kenntnisse zu vermitteln, die zum Bestehen der Abschlussprüfung der Ausbildung erforderlich sind.

(D) Der Ausbildende ist auch für das private Wohlergehen des Auszubildenden mit verantwortlich.

(E) Für vorsätzlich oder grob fahrlässig angerichtete Schäden des Auszubildenden haften Ausbilder und Auszubildender gleichermaßen.

50 Ein Auszubildender arbeitet in seiner Freizeit und im Urlaub bei einem anderen Unternehmen, um zusätzlich zu seiner Ausbildungsvergütung Geld zu verdienen. Verstößt er gegen den Ausbildungsvertrag?

(A) Nein, solange der Ausbildende davon nichts erfährt.

(B) Nur, wenn der Ausbildende dies ausdrücklich verbietet.

(C) Ja, dies verstößt gegen die Treuepflicht.

(D) Das geht niemand etwas an, solange das Erreichen des Ausbildungsziels nicht gefährdet ist.

(E) Nur dann nicht, wenn die Ausbildungsvergütung so gering ist, dass ihm nichts anderes übrig bleibt.

51 Unter welchen Voraussetzungen kann die zuständige Stelle die Ausbildungsdauer verkürzen?

(A) Wenn der Ausbildende dies beantragt.

(B) Wenn die wirtschaftliche Situation des Auszubildenden es notwendig erscheinen lässt, dass er schnell "richtig" Geld verdienen muss.

(C) Wenn zu erwarten ist, dass der Auszubildende die Ausbildung auch in der verkürzten Zeit mit Erfolg abschließen kann.

(D) Wenn in der Zwischenprüfung mindestens eine ausreichende Leistung erreicht worden ist.

(E) Wenn der Prüfungsausschuss die Verkürzung befürwortet.

52 **Welche der folgenden Vereinbarungen darf in einem Berufsausbildungsvertrag *nicht* enthalten sein?**

(A) Eine Vereinbarung über die Höhe der Ausbildungsvergütung.

(B) Eine Vereinbarung über die Länge des Urlaubs.

(C) Eine Vereinbarung über den Verbleib im Ausbildungsbetrieb nach Abschluss der Ausbildung.

(D) Eine Vereinbarung über die Dauer der wöchentlichen Arbeitszeit.

(E) Eine Verpflichtung über die Führung des Ausbildungsnachweises (Berichtsheft).

53 **Es gibt bestimmte Mindestangaben, die in einem Berufsausbildungsvertrag enthalten sein müssen. Welche der folgenden Angaben gehört *nicht* dazu?**

(A) Die Art der Ausbildung, die zeitliche und sachliche Gliederung sowie das Ziel der Ausbildung.

(B) Name und Anschrift der Berufsschule, deren Besuch erforderlich ist.

(C) Beginn und Dauer der Ausbildung.

(D) Die Voraussetzungen, unter denen das Ausbildungsverhältnis gelöst werden kann.

(E) Die Dauer der Probezeit.

54 **Ein Auszubildender wird beim Diebstahl von Waren im Umfang von 200,00 € erwischt. Drei Wochen nach diesem Vorfall wird ihm fristlos gekündigt, als Grund wird der Diebstahl angegeben. Ist die Kündigung rechtens?**

(A) Die fristlose Kündigung ist rechtens, weil ein wichtiger Grund vorliegt.

(B) Da es sich lediglich um einen geringen Betrag gehandelt hat, ist nur eine fristgerechte Kündigung zulässig.

(C) Die fristlose Kündigung ist unwirksam, weil die der Kündigung zu Grunde liegenden Tatsachen dem Ausbildenden länger als zwei Wochen bekannt waren.

(D) Diebstahl ist kein wichtiger Grund, als dass er eine fristlose Kündigung rechtfertigen würde.

55 **Welche der nachfolgenden Angaben gehört *nicht* zu den Pflichten des Auszubildenden?**

(A) Die Schweigepflicht, d. h. über Betriebs- und Geschäftsgeheimnisse Stillschweigen zu bewahren.

(B) Den Urlaub für Fortbildung und die Vorbereitung auf die Prüfung zu nutzen.

(C) Die Berufsschule zu besuchen.

(D) Die für den Ausbildungsbetrieb geltende Betriebsordnung zu beachten.

(E) Er hat an Ausbildungsmaßnahmen teilzunehmen, für die er freigestellt wird.

(F) Die ihm im Rahmen der Ausbildung übertragenen Aufgaben sorgfältig auszuführen.

56 **Lediglich während der Probezeit kann das Ausbildungsverhältnis ohne Angabe von Gründen gekündigt werden. Wie ist die Situation, wenn ein Auszubildender 6 Wochen nach Beendigung der Probezeit kündigen möchte, weil er eine Ausbildung in einem anderen Beruf beginnen möchte?**

(A) Er hat keine Möglichkeit zu kündigen, er muss erst die Ausbildung abschließen.

(B) Im Falle des Berufswechsels ist eine fristlose Kündigung möglich.

(C) In diesem Falle ist eine Kündigungsfrist von vier Wochen einzuhalten.

(D) Die Kündigung wird erst wirksam, wenn der Ausbildende einen neuen Auszubildenden gefunden hat.

(E) Solange er die Zwischenprüfung noch nicht abgelegt hat, ist eine fristlose Kündigung bei Ausbildungsplatzwechsel möglich.

57 **Wozu ist der Ausbildende nach dem Berufsbildungsgesetz *nicht* verpflichtet?**

(A) Der Ausbildende hat den Auszubildenden selbst auszubilden oder einen Ausbilder damit zu beauftragen.

(B) Er hat dem Auszubildenden kostenlos die Ausbildungsmittel, insbesondere die Werkzeuge und Werkstoffe zur Verfügung zu stellen.

(C) Er hat dafür zu sorgen, dass der Auszubildende am Berufsschulunterricht teilnimmt.

(D) Er hat neben der Ausbildungsvergütung auch die Fahrtkosten zwischen Wohnung und Ausbildungsstätte zu bezahlen.

(E) Er hat die Fürsorgepflicht zu wahren, d. h. dafür zu sorgen, dass der Auszubildende charakterlich gefördert sowie sittlich und körperlich nicht gefährdet wird.

58 Unter welchen Bedingungen darf in Betrieben ausgebildet werden, obwohl in ihnen die erforderlichen Kenntnisse und Fertigkeiten nicht in vollem Umfang vermittelt werden können?

(A) Wenn diese Lücken in der Berufsschule besonders intensiv geschlossen werden.

(B) Wenn die Auszubildenden einen Schulabschluss haben, der über dem erforderlichen Mindestabschluss liegt.

(C) Wenn die Ausbildungsdauer länger als die vorgeschriebene ist.

(D) Wenn dies den Parteien vor Abschluss des Ausbildungsvertrages lange genug bekannt war.

(E) Wenn diese Lücken durch Ausbildungsmaßnahmen außerhalb der Ausbildungsstelle geschlossen werden.

59 Grundlage der staatlich anerkannten Ausbildung sind die Berufsordnungsmittel. Welche der folgenden Angaben gehören *nicht* dazu?

(A) Lohnsteuerkarte

(B) Berufsbildungsgesetz

(C) Prüfungsordnung

(D) Berufsbild

(E) Krankenversicherungsnachweis

(F) Tätigkeitsnachweis

60 Das Berufsbild enthält Angaben über

(A) die historische Entwicklung des Berufes.

(B) die zukünftige Entwicklung des Berufes.

(C) die Anforderungen in der praktischen und theoretischen Prüfung.

(D) Fertigkeiten und Kenntnisse, die dem Auszubildenden zu vermitteln sind.

(E) technische Entwicklung des Berufes.

61 Die Berufsausbildung beginnt mit der Probezeit. Welche Aussagen treffen zu?

(A) Die Probezeit beträgt höchstens 2 Wochen.

(B) Die Probezeit beträgt höchstens 3 Wochen.

(C) Die Probezeit beträgt mindestens 4 Wochen.

(D) Die Probezeit beträgt höchstens 3 Monate.

(E) Die Probezeit beträgt mindestens 1 Monat.

62 Darf auf die Vereinbarung einer Probezeit im Ausbildungsvertrag verzichtet werden?

(A) Ja, wenn eine entsprechende Schulbildung angerechnet werden kann.

(B) Nur bei einem Wechsel des Ausbildungsplatzes.

(C) Ja, wenn alle Vertragsparteien einverstanden sind.

(D) Ja, wenn die zuständige Stelle zustimmt.

(E) Nein, in keinem Falle.

63 Welche Aussage über die Kündigung in der Probezeit ist zutreffend?

(A) Eine Kündigung ist erst zum Ende der Probezeit möglich.

(B) In der Probezeit beträgt die Kündigungsfrist lediglich einen Monat.

(C) Eine Kündigung während der Probezeit ist nur durch den Ausbilder zulässig.

(D) Eine Kündigung während der Probezeit ist nur durch den Auszubildenden zulässig.

(E) In der Probezeit ist eine Kündigung jederzeit von beiden Seiten ohne Einhaltung einer Frist möglich.

64 Welche Aussage über die Kündigung nach Ablauf der Probezeit trifft zu?

(A) Nach Ablauf der Probezeit ist eine Kündigung nicht mehr möglich.

(B) Eine Kündigung ist nur bei einem Ausbildungsplatzwechsel möglich.

(C) Eine Kündigung ist nur seitens des Auszubildenden möglich.

(D) Eine Kündigung ist nur seitens des Ausbildenden möglich.

(E) Eine Kündigung aus wichtigem Grund ist sowohl durch den Auszubildenden als auch durch den Ausbildenden möglich.

65 **Ein Auszubildender besteht die Abschlussprüfung nicht. Das Ausbildungsverhältnis**

(A) endet mit dem Tage des Nichtbestehens der Prüfung.
(B) besteht vorübergehend weiter, kann jedoch von beiden Seiten fristlos gekündigt werden.
(C) verlängert sich auch gegen den Willen des Auszubildenden automatisch bis zum nächsten Prüfungstermin.
(D) kann auf Verlangen des Auszubildenden verlängert werden.
(E) geht am folgenden Tag in ein ganz normales Arbeitsverhältnis über.

66 **Ein Auszubildender hat, wie er meint, aufgrund von erheblichen Mängeln in der betrieblichen Ausbildung, die Abschlussprüfung nicht bestanden und will nun deswegen Klage erheben. Welches Gericht ist zuständig?**

(A) Sozialgericht
(B) Amtsgericht
(C) Finanzgericht
(D) Verwaltungsgericht
(E) Vormundschaftsgericht
(F) Arbeitsgericht

67 **In der Bundesrepublik Deutschland ist die Berufsausbildung überwiegend nach dem dualen Ausbildungssystem organisiert. Welche Aussage trifft in diesem Zusammenhang zu?**

(A) Nach der beruflichen Erstausbildung kommt die Fortbildung.
(B) Die betriebliche Ausbildung wird durch eine überbetriebliche Ausbildung ergänzt.
(C) Die Ausbildung erfolgt überwiegend im Betrieb, darüber hinaus findet begleitend der Berufsschulunterricht statt.
(D) Die Ausbildung erfolgt in zwei Schritten, erst kommt die praktische, anschließend die theoretische Ausbildung.
(E) Duales Ausbildungssystem bedeutet, dass nie einer allein ausbilden darf, es muss immer ein Ausbilder und ein Auszubildender sein.

68 **Dem „mittleren Bildungsabschluss" entspricht die/der**

(A) Berufsreife.
(B) Fachhochschulreife.
(C) neunjährige Hauptschulabschluss.
(D) Realschulabschluss.
(E) abgeschlossene Berufsausbildung.

69 **Eine Berufsaufbauschule**

(A) setzt mittlere Reife voraus.
(B) vermittelt eine qualifizierte Berufsausbildung.
(C) vermittelt eine über das Ziel der Berufsschule hinausgehende allgemeine und fachtheoretische Bildung, die mit mittlerer Reife abschließt.
(D) wird unmittelbar nach Abschluss der Hauptschule besucht.

70 **Eine Berufsfachschule (Vollzeitschule)**

(A) bereitet auf einen Beruf vor und fördert die Allgemeinbildung.
(B) ersetzt eine praktische Berufsausbildung.
(C) führt zur Fachhochschulreife.
(D) setzt eine abgeschlossene Berufsausbildung voraus.
(E) führt zur Berufsreife.

71 **Voraussetzungen für den Besuch einer Fachschule (zweijährige Vollzeitschule) sind**

(A) eine abgeschlossene Berufsausbildung und der mittlere Bildungsabschluss.
(B) eine abgeschlossene Berufsausbildung, mindestens eine zweijährige Berufspraxis und der Hauptschulabschluss.
(C) eine abgeschlossene Berufsausbildung, mindestens eine zweijährige Berufspraxis und der mittlere Bildungsabschluss.
(D) der mittlere Bildungsabschluss und ein Berufspraktikum.
(E) eine abgeschlossene Berufsausbildung und der Hauptschulabschluss.

72 **Der Besuch und der Abschluss der Fachschule**

(A) dient im Wesentlichen der allgemeinen Bildung.
(B) dient überwiegend der beruflichen Fortbildung.
(C) berechtigt zum Besuch der Hochschulen.
(D) soll die Absolventen zur Übernahme von Führungsaufgaben in ihrem Beruf qualifizieren.
(E) berechtigt zum Besuch der Hochschule.

73 Der Besuch der einjährigen Fachoberschule setzt

(A) eine Berufsausbildung und den mittleren Bildungsabschluss voraus.

(B) ein Beufspraktikum und den mittleren
Bildungsabschluss voraus.

(C) lediglich eine abgeschlossene Berufsausbildung voraus.

(D) lediglich den mittleren Bildungsabschluss, aber
keine beruflichen Kenntnisse voraus.

(E) eine Berufsausbildung, eine zweijährige Berufspraxis und den mittleren Bildungsabschluss
voraus.

74 Der Abschluss einer Fachoberschule

(A) beinhaltet die fachgebundene Fachhochschulreife.

(B) beinhaltet die allgemeine Fachhochschulreife.

(C) beinhaltet die allgemeine Hochschulreife.

(D) beinhaltet die fachgebundene Hochschulreife.

(E) ist ein doppelqualifizierender Abschluss, d. h.
neben einer weitergehenden Berechtigung im
Bildungswesen (vgl. Antworten zu (A) bis (D))
wird auch eine Berufsausbildung abgeschlossen.

75 Der Besuch und der Abschluss von
Technischem bzw. Hauswirtschaftlichen
Gymnasium bzw. dem Wirtschaftsgymnasium

(A) beinhaltet immer auch einen doppelqualifizie-
renden Bildungsgang, neben der allgemeinen
Hochschulreife wird auch eine Berufsausbildung abgeschlossen.

(B) beinhaltet lediglich die allgemeine Fachhochschulreife.

(C) beinhaltet die fachgebundene Hochschulreife.

(D) beinhaltet die allgemeine Hochschulreife.

(E) dient im Wesentlichen der beruflichen Fortbildung.

76 Ein doppelqualifizierender Bildungsgang ist ein Bildungsgang,

(A) in dem mehrere allgemeinbildenden Bildungs-
gänge integriert sind.

(B) in dem zusätzlich zu cinom allgemeinbildenden
Abschluss ein berufsbildender Abschluss
erreicht wird.

(C) in der gegenüber einfachen Bildungsgängen
doppelt so qualifiziert gearbeitet wird.

(D) der doppelt so lange dauert wie einfache Bil-
dungsgänge.

(E) der mit Berufsbildung nichts zu tun hat.

77 Welche Aussage ist in der Regel
nicht richtig? Berufliche Fortbildung

(A) basiert normalerweise auf einer abgeschlossenen Berufsausbildung.

(B) erhöht die berufliche Mobilität.

(C) gibt rechtlichen Schutz bei Arbeitsplatzverlust.

(D) verbessert und erweitert die beruflichen
Kenntnisse und Fertigkeiten.

(E) aktualisiert den Kenntnisstand.

78 Umschulungsmaßnahmen der
Bundesagentur für Arbeit dienen
in erster Linie der

(A) beruflichen Bildungserweiterung von
Arbeitnehmern.

(B) Erhöhung von Löhnen und Gehältern.

(C) Fortbildung der Jugendlichen.

(D) Verhinderung struktureller Arbeitslosigkeit.

(E) persönlichen Mobilität.

79 Unter beruflicher Mobilität versteht
man die Fähigkeit,

(A) seine Arbeitszeit dem wechselnden Auf-
tragsstand des Betriebes anzupassen.

(B) sich aktiv am Betriebsgeschehen zu
beteiligen.

(C) sich den wandelnden Anforderungen des
Arbeitslebens anzupassen.

(D) sowohl Arbeitnehmer- als auch Arbeit-
geberinteressen vertreten zu können.

80 Was fördert die Bundesagentur für
Arbeit finanziell *nicht*? Förderung der

(A) Aufnahme einer Beschäftigung (Mobilitätshil-
fen).

(B) Aufnahme einer selbstständigen Beschäftigung.

(C) Berufsausbildung.

(D) beruflichen Weiterbildung.

(E) beruflichen Eingliederung (berufliche Rehabilitation).

(F) schulischen Erstausbildung.

81 ◯ **Als berufliche Umschulung bezeichnet man eine Ausbildungsmaßnahme für**

(A) behinderte Jugendliche zur Verbesserung ihrer Fähigkeiten.

(B) Erwachsene, um den Übergang in eine andere, aussichtsreichere Berufstätigkeit zu ermöglichen.

(C) Facharbeiter zur Erfahrung neuer Technologien.

(D) Handwerker zur Vorbereitung auf industrielle Tätigkeiten in ihrem Beruf.

82 ◯ **Welche Aussage ist in der Regel richtig? Die Abschlussprüfung nach einer Umschulung**

(A) besteht nur aus einer Fertigkeitsprüfung.

(B) besteht nur aus einer Kenntnisprüfung.

(C) kann auf Antrag erlassen werden.

(D) stimmt mit der regulären Abschlussprüfung nach einer Ausbildung überein.

(E) wird vom Arbeitsamt durchgeführt.

83 ◯ **Leistungen nach dem Arbeitsförderungsgesetz werden grundsätzlich gewährt**

(A) auch ohne Antrag, da ein Rechtsanspruch auf Förderung besteht.

(B) immer, wenn eine Bildungsmaßnahme förderungsfähig ist, ohne Rücksicht auf einen Antrag oder den Zeitpunkt der Antragstellung.

(C) nur auf Antragstellung, aber nicht rückwirkend.

(D) generell.

84 ◯ **Die Beiträge zur gesetzlichen Krankenversicherung für Leistungsempfänger nach dem Arbeitsförderungs-Reformgesetz (AFRG) – SGB III – bezahlt**

(a) die Bundesagentur für Arbeit.

(B) die Deutsche Rentenversicherung.

(C) das Finanzamt.

(D) der letzte Arbeitgeber.

(E) der Versicherte.

85 ◯ **Hilfen zur Erhaltung oder Erlangung eines Arbeitsplatzes, zur Umschulung und Fortbildung sind gesetzlich geregelt im/in der**

(A) Arbeitsförderungs-Reformgesetz (AFRG) – SGB III.

(B) Berufsbildungsgesetz (BBiG).

(C) Reichsversicherungsordnung (RVO).

(D) Handelsgesetzbuch (HGB).

(E) Bundessozialhilfegesetz (BSHG).

2. Betrieb in Wirtschaft und Gesellschaft

86 Was ist im Wirtschaftsleben allgemein zu verstehen unter

◯ **Betrieb?**

◯ **Firma?**

◯ **Unternehmen?**

(A) Bezeichnung eines größeren Handelsgeschäftes.

(B) Gesetzlich geschützter Handelsname eines Vollkaufmanns.

(C) Technisch-organisatorische, örtlich begrenzte Wirtschaftseinheit der Produktion oder Dienstleistung.

(D) Persönlichkeit, die auf eigene Rechnung und Verantwortung ein Geschäft leitet.

(E) Rechtlich selbstständige Wirtschaftseinheit.

87 ◯ **Die betriebswirtschaftlichen Produktionsfaktoren sind**

(A) Betriebsmittel, Werkstoffe, Arbeit.

(B) Boden, Arbeit, Kapital.

(C) Produktionsmittel, Güter, Dienstleistungen.

(D) Urproduktion, Verarbeitung, Handel.

(E) Arbeiter und Maschinen.

88 ◯ **Welcher Betriebstyp kann seinen Standort frei wählen?**

(A) Bergbau

(B) Dienstleistungsbetrieb

(C) Kiesgrube

(D) Saline

(E) Werft

89 ◯ **Ein Steinkohlebergwerk hat einen**

(A) absatzorientierten Standort.

(B) arbeitskraftorientierten Standort.

(C) freien Standort.

(D) gebundenen Standort.

(E) verkehrsorientierten Standort.

90 ◯ **Welcher Betrieb hat einen arbeitskraftorientierten Standort?**

(A) Raffinerie

(B) Elektrizitätswerk

(C) Landwirtschaftlicher Betrieb

(D) Schuhfabrik

(E) Bücherei

91 ◯ **Der Kaufmann versteht unter Standort**

(A) die geografische Lage eines Betriebes bzw. Unternehmens.

(B) die Kenngröße, die etwas über die juristische Form aussagt.

(C) den Standort einzelner Maschinen innerhalb eines Betriebes.

(D) die Zugehörigkeit eines Unternehmens zu einem bestimmten Wirtschaftszweig.

(E) seine Sichtweise der Wirtschaftspolitik.

92 ◯ **Welcher Betrieb kann seinen Standort *nicht* frei wählen?**

(A) Bank

(B) Bergbau

(C) Erdölraffinerie

(D) Handel

(E) Handwerk

93 ◯ **Ein Handelsunternehmen wird bei der Wahl seines Standorts neben den dadurch gegebenen Kosten besonders Folgendes beachten:**

(A) Die Bezugskosten.

(B) Die Energiekosten.

(C) Die Konsumdichte und -häufigkeit.

(D) Die Steuerbelastung.

(E) Den Arbeitsmarkt.

4 ○ **Was ist das Handelsregister?**

(A) Das amtliches Verzeichnis aller Vollkaufleute eines Amtsgerichtsbezirkes.

(B) Die Aufstellung über alle Einzelhandelsgeschäfte eines Kammerbezirkes.

(C) Das Mitgliederverzeichnis der IHK eines bestimmten Bezirks.

(D) Das Verzeichnis aller Kaufleute (Handelsunternehmen) im Bundesgebiet.

(E) Das Register aller Handelsbetriebe eines Amtsgerichtsbezirks.

5 ○ **Das Handelsregister wird geführt bei dem/der zuständigen**

(A) Amtsgericht.

(B) Finanzamt.

(C) Gewerbeaufsichtsamt.

(D) Industrie- und Handelskammer.

(E) Kammer für Handelssachen.

6 ○ **Das Handelsregister führt die Abteilungen A und B. Welche Aussagen sind in diesem Zusammenhang richtig?**

(A) In der Abteilung A werden die Großunternehmen, in der Abteilung B alle anderen Unternehmen geführt.

(B) In der Abteilung A werden die Unternehmen geführt, die zur Zeit am Markt tätig sind, während in der Abteilung B diejenigen geführt werden, die gerade erst gegründet werden und die, die sich vom Markt zurückgezogen haben.

(C) In der Abteilung A werden die Personengesellschaften geführt, in der Abteilung B die Kapitalgesellschaften.

(D) In der Abteilung A werden die Kapitalgesellschaften geführt, in der Abteilung B die Personengesellschaften.

(E) In jedem Handelsregister gibt es zwei Sachbearbeiter, der eine führt die Abteilung A, der andere die Abteilung B.

7 ○ **Wo braucht das Unternehmen eines Kaufmanns *nicht* angemeldet zu werden?**

(A) Finanzamt

(B) Gewerbeaufsichtsamt

(C) Haftpflichtversicherung

(D) Industrie- und Handelskammer

(E) Kammer für Handelssachen

98 ○ **Aufgaben der Aufbauorganisation eines Industriebetriebes sind:**

(A) Analysen und Zerlegung der Gesamtaufgabe des Betriebes; anschließend Zusammenfassung der Einzelaufgaben durch Bilden von Stellen.

(B) Festlegung des Produktionsprogramms und anschließend zeitliche Gliederung in die einzelnen Produktionsstufen.

(C) Zusammenfassung der Leitungsaufgaben, die sich auf Ausführungsarbeiten verschiedener Stellen beziehen, zu einer ranghöheren Stelle; ihr werden dann rangniedere Stellen zugeordnet.

(D) Festlegung und Steuerung der Investitionen.

99 ○ **Was ist unter Betriebsorganisation zu verstehen?**

(A) Grundprinzip wirtschaftlichen Handelns zur Erreichung eines großen Erfolgs mit gegebenem Aufwand.

(B) Planmäßige innerbetriebliche Gestaltung der Arbeitsabläufe nach Ordnungsprinzipien.

(C) Überwachung der Lieferbedingungen und der betrieblichen Gütesicherung.

(D) Vernünftige und sinnvolle Maßnahmen zur Steigerung der Wirtschaftlichkeit.

(E) Die Belegschaft.

100 ○ **Zum kaufmännischen Bereich eines Betriebes gehört die Abteilung**

(A) Einkauf.

(B) Fertigungsvorbereitung.

(C) Forschung.

(D) Konstruktion.

(E) Entwicklung.

101 In Industriebetrieben obliegen bestimmte Aufgaben in der Regel den dafür zuständigen Abteilungen. Welche Abteilungen sind für die folgenden Tätigkeitsarten zuständig?

◯ Anfragen wegen Warenlieferungen einholen

◯ Arbeitskräfte einstellen

◯ Aufträge bearbeiten

◯ Außenstände anmahnen

◯ Begleitpapiere für Güterbeförderung ausstellen

◯ Bezugsquellen ermitteln

(A)   Buchhaltung
(B)   Einkaufsabteilung
(C)   Personalabteilung
(D)   Verkaufsabteilung
(E)   Versandabteilung

102 ◯◯ Welche Abteilungen gehören *nicht* zu den kaufmännischen Abteilungen eines Unternehmens?

(A)   Forschung und Entwicklung
(B)   Rechnungswesen
(C)   Einkauf
(D)   Produktion
(E)   Verkauf

103 ◯◯ Welches sind die beiden wichtigsten Abteilungen eines Handelsbetriebes?

(A)   Personalabteilung
(B)   Einkauf
(C)   Produktion
(D)   Rechnungswesen
(E)   Verkauf
(F)   Forschung und Entwicklung
(G)   Verwaltung

◯◯◯ Welches sind die wichtigsten Abteilungen eines Industriebetriebes?

(A)   Personalabteilung
(B)   Einkauf
(C)   Produktion
(D)   Rechnungswesen
(E)   Verkauf
(F)   Forschung und Entwicklung
(G)   Verwaltung

◯ Welche volkswirtschaftliche Aufgabe hat ein privates Unternehmen in unserer Wirtschaft?

(A)   Beschäftigung von Arbeitnehmern.
(B)   Gewinnerzielung.
(C)   Abführung von Steuern.
(D)   Deckung des Bedarfs der Bevölkerung.
(E)   Sozialer Ausgleich.

◯ Welches sind die drei wichtigsten betriebswirtschaftlichen Aufgaben eines Betriebes?

(A)   Einkauf, Lagerung, Verkauf.
(B)   Planung, Fertigung, Verkauf.
(C)   Kalkulation, Einkauf, Buchführung.
(D)   Einkauf, Produktion, Verkauf.
(E)   Leitung, Personaleinsatz, Gewinnrealisation.

◯ Welches ist die wesentliche Aufgabe eines Handwerksbetriebes?

(A)   Erstellung, Wartung und Reparatur von Sachgütern.
(B)   Herstellung von Sachgütern.
(C)   Erstellung von Dienstleistungen, z. B. Beratung.
(D)   Ein- und Verkauf von Waren.
(E)   Erzeugung von Lebensmitteln.

◯ Welches ist die wesentliche Aufgabe eines Industriebetriebes?

(A)   Erstellung, Wartung und Reparatur von Sachgütern.
(B)   Herstellung von Sachgütern.
(C)   Erstellung von Dienstleistungen, z. B. Beratung.
(D)   Ein- und Verkauf von Waren.
(E)   Erzeugung von Lebensmitteln.

Welches ist die wesentliche Aufgabe eines Dienstleistungsbetriebes?

(A) Erstellung, Wartung und Reparatur von Sachgütern.

(B) Herstellung von Sachgütern.

(C) Erstellung von Dienstleistungen, z. B. Beratung.

(D) Ein- und Verkauf von Waren.

(E) Erzeugung von Lebensmitteln.

Welche Tätigkeiten gehören *nicht* zur Produktion im betriebswirtschaftlichen Sinne?

(A) Ein Landwirt baut Getreide an.

(B) Ein Anwalt berät einen Mandanten.

(C) Ein Unternehmer bestellt in seiner Freizeit seinen Kleingarten.

(D) Ein Händler kauft Ware ein.

(E) In einer Werkstatt werden Fahrzeuge repariert.

(F) Ein Kfz-Schlosser repariert in seiner Freizeit sein Auto.

Welche Tätigkeiten gehören *nicht* zum Einkauf im betriebswirtschaftlichen Sinne?

(A) Der Landwirt kauft Saatgut für den nächsten Anbau.

(B) Der Händler kauft seiner Tochter eine neue CD zum Geburtstag.

(C) Ein Maler beschafft Tapeten für seinen nächsten Auftrag.

(D) Ein Anwalt beschafft Tapeten um seine Wohnung zu tapezieren.

(E) Ein Kfz-Händler beschafft neue Reifen um ein Gebrauchtfahrzeug aufzumöbeln.

(F) Die Einkaufsabteilung einer Fabrik beschafft Rohstoffe.

Welche Tätigkeiten gehören *nicht* zum Verkauf im betriebswirtschaftlichen Sinne? 112

(A) Ein Landwirt verkauft seine Briefmarkensammlung.

(B) Ein Kfz-Händler verkauft ein Autoradio und baut es auch gleich in das Fahrzeug des Kunden ein.

(C) Ein Unternehmensberater verkauft sein Auto an seinen Bekannten.

(D) Der Malermeister verkauft Farbe an einen Kunden, der diese aber selber verarbeiten möchte.

(E) In einem Warenhaus werden Lebensmittel verkauft.

(F) In der Filiale eines Kaffeegeschäftes werden Textilien verkauft.

Der Begriff „Einkauf" im Industriebetrieb bezieht sich in der Regel nur auf die Beschaffung von 113

(A) Dienstleistungen (Steuer-, Werbe-, Betriebs-, Rechtsberatung usw.).

(B) finanziellen Mitteln.

(C) Kapital und Arbeitskräften.

(D) Werkstoffen und Betriebsmitteln.

(E) Rohstoffen.

Was gehört *nicht* zur betrieblichen Beschaffung? 114

(A) Angebotseinholung

(B) Angebotsvergleich

(C) Bedarfsplanung

(D) Wareneingangskontrolle

(E) Werbung

Der Einkauf kann in der Regel auf längere Zeit gesichert werden durch Abschluss 115

(A) eines Fixgeschäftes.

(B) eines Spezifikationskaufes.

(C) eines Vorauszahlungsvertrages.

(D) eines Werklieferungsvertrages.

(E) langfristiger Lieferverträge.

116 ◯ **Was versteht man unter Produktion im betriebswirtschaftlichen Sinn?**

(A) Erwirtschaften eines Gewinns.

(B) Herstellen von Gütern und Erbringen von Dienstleistungen.

(C) Verhältnis zwischen Aufwands- und Ertragsmenge.

(D) Verkauf erzeugter Waren.

(E) Wirtschaftliche Tätigkeit des Menschen im Produktionsbetrieb.

117 ◯ **Was ist unter dem Begriff „Produktion" im weiteren Sinne zu verstehen?**

(A) Aufbietung menschlicher Arbeitskraft.

(B) Einsatz von Maschinen.

(C) Erwirtschaften von Gewinn.

(D) Güterverteilung an Konsumenten.

(E) Prozess der betrieblichen Leistungserstellung.

118 ◯ **Produktionsfaktoren der Volkswirtschaft sind:**

(A) Arbeit, Güter, Kapital

(B) Arbeit, Kapital, Boden

(C) Kapital, Boden, Dienstleistungen

(D) Industrie, Handel, Verkehr

(E) Produktionsmittel, Kapital, Dienstleistungen

119 ◯ **Produktion ist betriebswirtschaftlich die Kombination der Faktoren**

(A) Arbeitgeber und Arbeitnehmer.

(B) Kapital, Werkstoffe, Arbeit.

(C) Produktionsmittel, Güter, Dienstleistungen.

(D) Urproduktion, Verarbeitung, Handel.

(E) Arbeit, Boden, Kapital.

120 ◯ **Welcher Begriff gehört *nicht* zu den betrieblichen Produktionsfaktoren?**

(A) Ausführende Arbeit

(B) Betriebsmittel

(C) Dispositive Arbeit

(D) Produktionsprogramm

(E) Werkstoffe

◯ **Unter Produktion im engeren Sinne versteht man die/den**

(A) Bearbeitung von Rohstoffen mit Maschinen.

(B) Erzeugung und Fertigung von Gütern.

(C) Transport fertiggestellter Erzeugnisse zu Verbrauchermärkten.

(D) Verbrauch investierten Kapitals in Produktionsbetrieben.

◯ **Wo herrscht der Produktionsfaktor Kapital im Vergleich zu anderen vor?**

(A) Chemische Großindustrie

(B) Landwirtschaft

(C) Dienstleistungsgewerbe

(D) Handwerk

(E) Freie Berufe

Welche Art der Produktion ist für den angeführten Industriezweig in der Regel bestimmend?

◯ **Automobilindustrie**

◯ **Flugzeugfabrik**

◯ **Optische Industrie**

◯ **Walzwerk**

◯ **Werft**

(A) Arbeitsintensiv

(B) Kapitalintensiv

(C) Materialintensiv

Was versteht man grundsätzlich unter

◯ **Finanzierung?**

◯ **Investition?**

(A) Die Aufnahme von Krediten.

(B) Die Entnahme von Gewinnen.

(C) Die Beschaffung von Kapital.

(D) Die Verwendung von Kapital für betriebliche Zwecke.

(E) Die Rückzahlung von Kapital an die Gesellschafter des Unternehmens.

5 Unter Finanzierung versteht man die

(A) Beschaffung finanzieller Mittel zur Sicherung der Zahlungsfähigkeit eines Unternehmens.
(B) regelmäßige Bezahlung der Arbeitnehmer.
(C) Vergabe von Krediten an Geschäftsfreunde.
(D) Aufnahme von Krediten zur Bezahlung von Konsumgütern.

6 Unter Investition versteht man allgemein

(A) die Beschaffung von Maschinen zum Ersatz veralteter Anlagen.
(B) die Beschaffung von Geld zur Beschaffung von Investitionsgütern.
(C) die Umwandlung flüssiger Mittel in Wirtschaftsgüter eines Betriebes.
(D) jegliche Beschaffung langlebiger Wirtschaftsgüter.
(E) die Errichtung langlebiger öffentlicher Einrichtungen (z. B. Schulen, Krankenhäuser usw.).

7 Wirtschaftsgüter im Gegensatz zu freien Gütern

(A) dienen unmittelbar der Bedürfnisbefriedigung.
(B) sind in unbegrenztem Maß vorhanden.
(C) sind nur für die Produktion bestimmt.
(D) stehen nicht in unbegrenzter Menge zur Verfügung.
(E) stehen nur für den Verbrauch bereit.

8 Der Ausdruck „freie Güter" bedeutet für eine Volkswirtschaft

(A) Erzeugnisse der Land- und Forstwirtschaft.
(B) freier Handel auf dem schwarzen Markt.
(C) freie Verfügbarkeit der Güter unter normalen Umständen.
(D) Güter der freien Marktwirtschaft.
(E) zollfrei ein- und ausführbare Ware.

9 Investitionsgüter sind Güter, die

(A) Fabrikationsfehler haben.
(B) für den Export bestimmt sind.
(C) lohnintensiv sind.
(D) zur Produktion dienen.
(E) zum Konsum bestimmt sind.

130 Unter Konsumgütern versteht man Güter,

(A) die durch die Produktion verbraucht werden.
(B) die der Staat benötigt, um seinen Aufgaben nachzukommen.
(C) mit denen Konsumgüter hergestellt werden.
(D) die in den privaten Haushalten verbraucht werden.
(E) die über die Konsumgenossenschaften verkauft werden.

131 Unter Non-Food-Artikeln versteht man alle Gebrauchsartikel

(A) besonderer Qualität.
(B) die keine Lebensmittel sind.
(C) die besonders teuer sind.
(D) die durch Warenzeichen gekennzeichnet und in stets gleicher Art, Qualität und Aufmachung überall erhältlich sind.
(E) mit großer Handelsspanne.

132 Zu den Hauptaufgaben der Produktionswirtschaft gehört *nicht* die

(A) Fertigungskontrolle (Qualitätskontrolle).
(B) Fertigungssteuerung (Aufgabenausführung).
(C) Gestaltung der Arbeitszeit.
(D) Lagerverwaltung (Bestandsführung).
(E) Planung der für den Fertigungsprozess erforderlichen Aufgaben.

133 Markenartikel sind Waren

(A) besonderer Qualität.
(B) die keine Lebensmittel sind.
(C) die besonders teuer sind.
(D) die durch Warenzeichen gekennzeichnet und in stets gleicher Art, Qualität und Aufmachung überall erhältlich sind.
(E) mit großer Handelsspanne.

134 ◯ **Teil der Fertigungsvorbereitung ist zunächst die Fertigungsplanung. Unter ihr versteht man die**

(A) Bereitstellung der Produktionsfaktoren zur Erzeugung.

(B) Ermittlung, welche Arten und Mengen von Produktionsfaktoren zur Erzeugung erforderlich sind.

(C) Erprobung eines neu entwickelten Produktes von der Versuchsabteilung.

(D) technische Entwicklung eines Produktes vom Konstruktionsbüro.

(E) technische Untersuchung des Fertigungsablaufes.

135 ◯ **Die Fertigungsvorbereitung setzt sich aus zwei Teilen zusammen, die zeitlich aufeinanderfolgen. Was umfasst die Fertigungslenkung?**

(A) Bereitstellung der Produktionsfaktoren zur Erzeugung.

(B) Ermittlung, welche Arten und Mengen von Produktionsfaktoren zur Erzeugung erforderlich sind.

(C) Erprobung eines neu entwickelten Produktes von der Versuchsabteilung.

(D) Technische Entwicklung eines Produktes vom Konstruktionsbüro.

(E) Technische Untersuchung des Fertigungsablaufes.

136 ◯ **Was ist Normung?**

(A) Arbeitsteilung durch Selektion.

(B) Beschränkung der Produktion auf bestimmte Erzeugnisse.

(C) Rationelle Gestaltung des Produktionsablaufes.

(D) Vereinheitlichung von Einzelteilen.

(E) Vereinheitlichung von Arbeitsabläufen.

Was ist kennzeichnend für die 1⬛

◯ **Einzelfertigung?**

◯ **Massenfertigung?**

◯ **Serienfertigung?**

◯ **Sortenfertigung?**

(A) Mehrere Produkte werden auf derselben Produktionsanlage hintereinander in begrenzter Menge gefertigt.

(B) Stets das gleiche Produkt wird in sehr hoher Zahl hergestellt.

(C) Von einem Produkt wird in der Regel nur eine Einheit hergestellt.

(D) Zwischen den einzelnen Produkten, die in begrenzter Menge hergestellt werden, bestehen fertigungstechnische Unterschiede.

◯ **Änderungen des Produktionsprogramms führen in der Regel nicht zu** 13⬛

(A) Änderung des Kostenniveaus.

(B) Engpässen an einzelnen Betriebsstellen.

(C) Nachfrageverschiebungen.

(D) neuen Kombinationen der Produktionsfaktoren.

(E) schlechteren Produktionsbedingungen des Betriebes.

◯ **Wie heißt in der deutschen Wirtschaft der Ausschuss, der Grundsätze der Typenbeschränkung, des Materialflusses im Betrieb, Verpackungsnormen usw. erarbeitet?** 13⬛

(A) Ausschuss für Lieferbedingungen und Gütesicherung beim DNA (RAL)

(B) Ausschuss für wirtschaftliche Fertigung (AWF)

(C) Deutsches Institut für Normung e.V. (DIN)

(D) Rationalisierungskuratorium der Deutschen Wirtschaft (RKW)

(E) Verband für Arbeitsstudien e.V. (REFA)

Was bezeichnet man bei der Fertigung als Stückliste?

(A) Bereitstellung der Produktionsfaktoren, die zur Erzeugung erforderlich sind.

(B) Erfassung sämtlicher Einzelteile, aus denen sich ein Produkt zusammensetzt.

(C) Konstruktionszeichnung eines zu fertigenden Produktes.

(D) Menge einer Sorte oder Serie, die jeweils in die Fertigung gegeben wird.

(E) Weg eines Produktes während des Fertigungsablaufes.

Als Serie oder Los wird bezeichnet

(A) der Anteil einer bestimmten Erzeugnisart am gesamten Verkaufsprogramm eines Unternehmens.

(B) die gesamte Menge, die in einer Erzeugnisart produziert wird.

(C) die Menge von Zwischen- oder Fertigerzeugnissen, die zwischen zwei Maschinenumrüstungsvorgängen hintereinander auf einer Maschine hergestellt wird.

(D) die Menge der Betriebsmittel, die für die Produktion eines Produktes benötigt werden.

Der Weg der Werkstücke wird vom Standort der Maschinen und Arbeitsplätze bestimmt bei der

(A) Fließbandfertigung.

(B) Gruppenfertigung.

(C) Reihenfertigung.

(D) Werkstattfertigung.

(E) Auftragsfertigung.

Die Gruppenfertigung ist eine Zwischenform zwischen

(A) Einzel- und Massenfertigung.

(B) Fließ- und Werkstattfertigung.

(C) Reihen- und Fließfertigung.

(D) Serien- und Sortenfertigung.

(E) Werkstatt- und Automatenfertigung.

144 **Mehrere Erzeugnisse verschiedener Konstruktion und mit unterschiedlichem Fertigungsgang werden hergestellt bei der**

(A) Einzelfertigung.

(B) Massenfertigung.

(C) Serienfertigung.

(D) Sortenfertigung.

(E) Auftragsfertigung.

145 **Die Herstellungskosten je Stück sind am niedrigsten bei der**

(A) Einzelfertigung.

(B) Massenfertigung.

(C) Serienfertigung.

(D) Sortenfertigung.

(E) Auftragsfertigung.

146 **Was ist *kein* Vorteil der Werkstattfertigung?**

(A) Errichtung oder Stilllegung neuer Arbeitsplätze in den einzelnen Werkstätten sind möglich, ohne den gesamten Fertigungsprozess umzustellen.

(B) Größte Anpassungsfähigkeit an Nachfrageschwankungen und Modeänderungen.

(C) Sehr schneller Durchlauf der Werkstücke.

(D) Verwendbarkeit von Universalmaschinen für verschiedene Zwecke.

(E) Vielseitige Ausbildung und große Arbeitserfahrung der Arbeitskräfte aufgrund häufiger Produktionsumstellungen.

147 **Merkmal für die organisatorische Gestaltung des Fertigungsablaufes ist bei der Fließbandfertigung:**

(A) Durchlauf der Werkstücke hängt vom Standort der Betriebsmittel und Arbeitsplätze ab.

(B) Standort der Betriebsmittel und Arbeitsplätze wird nach dem Fertigungsablauf bestimmt.

(C) Viele Produkte der gleichen Art werden gleichzeitig im Betrieb hergestellt.

(D) Wenige Produkte der gleichen Art werden unmittelbar nacheinander hergestellt.

148 ◯ **Welche Behauptung trifft für die Reihenfertigung zu?**

(A) Anteil des einzelnen Arbeiters am Fertigungsprodukt ist sehr groß.

(B) Arbeit bleibt stets abwechslungsreich.

(C) Fertigung kann sich schnell an die Marktverhältnisse anpassen.

(D) Innerbetriebliche Transportwege sind relativ kurz.

149 ◯ **Was ist Voraussetzung für die Automatisierung des Produktionsprozesses?**

(A) Einzelfertigung

(B) Großbetrieb

(C) Massenfertigung

(D) Neu entwickeltes Produkt

(E) Technisch ausgereiftes Produkt

150 ◯ **Zielrichtung für ein Unternehmen, modernes und systematisches Marketing zu betreiben, ist/sind**

(A) der Käufermarkt.

(B) staatliche Eingriffe in die Marktwirtschaft.

(C) steigender Import und Export.

(D) steigende inflationistische Tendenzen.

151 ◯ **Die Wirtschaftswerbung hat die Aufgabe,**

(A) die geeignetsten Werbemittel und Werbeträger einzusetzen.

(B) Mitbewerber durch gezielte und wirksame Werbung auszuschalten.

(C) Produkte durch planmäßigen Einsatz von Mitteln bekannt und begehrenswert zu machen.

(D) Qualitätsware zum günstigsten Preis und zur richtigen Zeit anzubieten.

152 ◯ **Gemeinschaftswerbung ist eine Werbung**

(A) mit mehreren Werbemitteln.

(B) nur bei Unternehmungen und Verbänden.

(C) von mehreren Unternehmungen eines Geschäftszweiges gemeinsam.

(D) zur Erfassung der Gesamtheit der potenziellen Kunden eines Teilmarktes.

◯ **Was sind „public relations"?** 1

(A) Alle Bemühungen eines Unternehmens, das Vertrauen der Öffentlichkeit zu erwerben und zu erhalten.

(B) In der Bundesrepublik Deutschland nicht erlaubte Werbung.

(C) Veröffentlichungspflicht der Kosten für Werbung.

(D) Verstöße gegen das Gesetz über den unlauteren Wettbewerb.

(E) Werbungen der Verbraucherverbände.

◯ ◯ **Was gehört *nicht* zu den Grundsätzen der Werbung?** 1

(A) Aufwendigkeit

(B) Klarheit

(C) Wirksamkeit

(D) Wirtschaftlichkeit

(E) Verbraucheraufklärung

◯ **Bei gezielter Werbung wird/werden** 1

(A) ein möglichst großer Kreis von Personen angesprochen.

(B) nur bestimmte, namentlich bekannte Unternehmen oder Personen angesprochen.

(C) nur Hausfrauen als potenzielle Käufer angesprochen.

(D) nur mit einem bestimmten Werbemittel gearbeitet.

(E) nur im TV-Spot geworben.

(F) nur im Internet geworben.

◯ **Was ist ein Werbeetat?** 1

(A) Agentur, die für fremde Unternehmen Werbung plant und durchführt.

(B) Erfolgskontrolle einer durchgeführten Werbung.

(C) Jede Verkaufsförderungsmaßnahme.

(D) Voranschlag für Werbeaufwendungen eines Unternehmens oder Organisation.

(E) Das Geld zur Abwerbung von Arbeitnehmern.

57 ◯ **Ein Bäckermeister möchte seine Stammkunden auf Wiedereröffnung seines umgebauten Ladens gezielt aufmerksam machen. Welches Werbemittel ist hierzu geeignet?**

(A) Anzeige in einer Fachzeitschrift

(B) Inserat in „Illustrierten"

(C) Werbebrief

(D) Werbefunk oder -fernsehen

(E) Homepage im Internet

58 ◯ **Unlauterer Wettbewerb liegt z. B. vor, wenn ein Kaufmann**

(A) den größten Teil seiner Einnahmen zu Werbezwecken verwendet.

(B) sich nicht an Schlussverkäufen beteiligt.

(C) ständig unter Einkaufspreisen verkauft.

(D) weniger als den branchenüblichen Bonus und Rabatt bietet.

(E) ständig Werbung betreibt.

59 ◯ **Die Werbung hat ihr Ziel erreicht, wenn**

(A) die Anzeigen erschienen sind.

(B) der Etat für die Werbung verbraucht ist.

(C) die Umworbenen zu Käufern werden.

(D) die Werbemittel die Umworbenen erreichen.

60 ◯ **Werbekosten (nicht Werbungs-kosten) sind für den Kaufmann**

(A) abzugsfähige Kosten sozial-, finanz- und wirtschaftspolitischer Art.

(B) Geschenke für Jubiläen von Kunden.

(C) Kosten zur Erhaltung der Einnahmen.

(D) Kosten zur Verkaufsförderung.

61 ◯ **Welche Hauptaufgabe hat der Großhandel?**

(A) Angebot eines vielfältigen Sortiments.

(B) Mittlerrolle zwischen Hersteller und Einzelhandel bzw. Großverbraucher.

(C) Persönlicher Kontakt zwischen Käufer und Lieferer.

(D) Verhinderung des Absatzrisikos für den Hersteller.

(E) Vorratshaltung für Katastrophenfälle.

162 **Es gibt verschiedene Formen des Einzel- und Großhandels. Die folgenden typischen Tätigkeitsmerk-male sind entsprechend zuzuordnen:**

◯ **Anbieten einer großen Waren-auswahl (Kollektion)**

◯ **An- und Verkauf industrieller Halbfabrikate**

◯ **Handel mit Fertigwaren**

◯ **Sammeln und Kauf von Altmetall und Abfallstoffen**

◯ **Vertriebsform, bei welcher der Käufer seine Auswahl anhand von Katalogen usw. trifft**

(A) Absatzgroßhandel

(B) Ankaufgroßhandel

(C) Produktionsverbindungshandel

(D) Sortimentsgroßhandel

(E) Versandhandel

163 **Welche Form des Großhandels trifft für die aufgeführten Tätigkeiten zu?**

◯ **Cash- und Carry-Großhandel**

◯ **Handel mit Gebrauchsgütern aller Art**

◯ **Handel zwischen verschiedenen Fabrikationsstufen**

◯ **Kauf und Verkauf von Rohstoffen**

(A) Absatzgroßhandel

(B) Ankaufgroßhandel

(C) Produktionsverbindungshandel

(D) Sortimentsgroßhandel

164 ◯ **Was ist ein Shopping-Center?**

(A) Aufkaufgroßhandel

(B) Einkaufszentrum verschiedener selbst-ständiger Einzelhandelsunternehmen und Dienstleistungsbetriebe

(C) Ladenstraße mit Warenautomaten

(D) Supermarkt-Filialbetrieb

(E) Warenhauskonzern

(F) E-Shopping im Internet

165 Wie wird die beschriebene Kooperations-
form des Handels bezeichnet?

◯ Einkaufszentrum verschiedener selbstständiger Einzelhandelsunternehmen.

◯ Großhandelsform, die ihre Waren
im Selbstbedienungssystem zu
niedrigen Preisen verkauft, jedoch
keinen Kundendienst anbietet.

◯ Zusammenschluss kleinerer und
mittlerer Einzelhandelsbetriebe,
die durch gemeinsamen Großeinkauf
Preisvorteile ausnutzen.

◯ Zusammenschluss von Groß- und
Einzelhändlern, die sich gemein-
sam um Einkauf, Absatz und rationelle
Betriebsführung bemühen.

(A) Cash- and Carry-Laden
(B) Einkaufsgenossenschaft
(C) Freiwillige Kette
(D) Shopping-Center

166 Welches Merkmal kennzeichnet ein

◯ Fachgeschäft?

◯ Filialunternehmen?

◯ Kaufhaus?

◯ Warenhaus?

(A) Auf eine bestimmte Warengruppe
beschränktes Sortiment.
(B) Es werden alle Waren einer oder weniger
Branchen geführt.
(C) Gebäudekomplex, in dem zahlreiche
Einzelhandelsgeschäfte untergebracht sind.
(D) Breites Sortiment, das viele Bereiche
abdeckt.
(E) Unternehmen mit mehreren Verkaufs-
stellen bzw. Werkstätten an verschie-
denen Orten.

167 ◯ Beim direkten Absatzweg verkauft
ein Unternehmen ausschließlich

(A) an den Endverbraucher.
(B) an den Großhandel.
(C) mithilfe von Kommissionären an den Fachhan-
del.
(D) über Handelsvertreter an den Endverbraucher.
(E) über das Internet.

◯ Welches Argument trifft *nicht* für
den direkten Absatzweg zu?

(A) Bessere Beratung durch betriebseigenes
Fachpersonal.
(B) Bessere Kontakte zu den Kunden.
(C) Einsatz kostengünstiger Handelsvertreter.
(D) Keine Gewinne des Zwischenhandels.
(E) Raschere Belieferung.

Der Absatz wird vorgenommen durch

◯ Versandabteilung.

◯ Handelsvertreter.

◯ Kommissionäre.

◯ Reisende.

◯ Automaten.

◯ Verkaufsfilialen.

◯ Internet.

(A) Direkter Absatzweg
(B) Indirekter Absatzweg

Ordnen Sie bitte zu.

◯ Breites Sortiment

◯ Enges Sortiment

◯ Tiefes Sortiment

◯ Flaches Sortiment

(A) Wenige Arten von Artikeln.
(B) Von jeder Warenart wenige Ausführungen.
(C) Von jeder Warenart viele Ausführungen.
(D) Viele Arten von Artikeln.

171 ◯ **Was versteht man unter einer Absatzkette?**

(A) Die Produktion der gleichen Art eines Verbrauchermarktes.

(B) Eine Reihe von Warenhäusern eines einzigen Unternehmens.

(C) Die Stufen, die ein Produkt von der Herstellung bis zur Verwendung durchläuft.

(D) Das Verkaufsangebot des Sortimentgroßhandels.

(E) Die Versandhausbetriebe eines bestimmten Bezirks.

172 **Welche Unterbegriffe gehören zu den folgenden Absatzmethoden?**

◯ **Absatzformen**

◯ **Absatzwege**

◯ **Vertriebssysteme**

(A) Direkter und indirekter Absatz.

(B) Verkauf direkt von der Unternehmung aus oder durch ausgegliederte Vertriebsorgane.

(C) Verkauf durch betriebseigene oder betriebsfremde Organe.

173 ◯ **In welchem Fall handelt es sich um Direktvertrieb?**

(A) Eine Kleiderfabrik beschickt eine Mustermesse.

(B) Ein Mineralwasserhersteller beliefert Haushalte durch Fahrverkauf.

(C) Ein Schmuckhersteller pachtet eine Warenhausabteilung und verkauft dort durch eigene Angestellte.

(D) Ein Spülmaschinenhersteller verkauft an Versandhäuser, beliefert jedoch auf deren Weisung direkt die Haushalte.

174 ◯ **Den Einzelhandelsgeschäften obliegt im Wirtschaftsablauf als Aufgabe die/der**

(A) Dienstleistung.

(B) Herstellung.

(C) Urproduktion.

(D) Verbrauch.

(E) Verteilung.

175 ◯ **Wann dürfen so genannte „Schlussverkäufe" im Einzelhandel durchgeführt werden?**

(A) Nach Erlaubnis der Stadtverwaltung.

(B) Nach Unbedenklichkeitsbescheinigung der Industrie- und Handelskammer.

(C) Zu genau festgelegten Terminen zweimal im Jahr.

(D) Zu jeder Zeit.

(E) Nur zu besonderen Anlässen.

176 ◯ **Ist der Einzelhändler verpflichtet, eine Ware aus dem Schaufenster zu nehmen, wenn ein Kunde auf sofortigem Kauf besteht?**

(A) Ja, da er an sein Angebot gebunden ist.

(B) Ja, da sonst die Auslage ein Lockvogelangebot wäre.

(C) Nein, da die Schaufensterauslage eine Anpreisung, aber kein Angebot ist.

(D) Nein, wenn er den Kaufvertrag sofort anficht.

177 ◯ **Die Dienstleistungsbetriebe unterscheiden sich von den übrigen Wirtschaftszweigen, weil sie**

(A) billige Importware liefern.

(B) eine große Auswahl haben.

(C) nicht mit Waren handeln.

(D) nur Exportware fertigen.

(E) nur Reparaturarbeiten vornehmen.

178 ◯ **Die Verkaufszeiten im Einzelhandel sind geregelt im**

(A) Betriebsverfassungsgesetz.

(B) Bürgerlichen Gesetzbuch.

(C) Handelsgesetzbuch.

(D) Ladenschlussgesetz.

(E) Arbeitsschutzgesetz.

179 ◯ **Wie lange dürfen so genannte „Schlussverkäufe" höchstens dauern?**

(A) 6 Werktage

(B) 1 Woche

(C) 12 Werktage

(D) 3 Wochen

(E) 4 Wochen

(F) über einen überschaubaren Zeitraum

180 ◯ **Was ist Dumping?**

(A) Geldaufwertung.

(B) Kaufkraftschwund.

(C) Unsichere Außenstände.

(D) Warenverkauf im Ausland zu niedrigeren Preisen als im Inland.

(E) Warenverkauf im Inland zu niedrigeren Preisen als im Ausland.

◯ ◯ **Welche Betriebe gehören *nicht* zu den Betrieben der Urproduktion?**

(A) Stahlwerk

(B) Braunkohletagebau

(C) Kiesgrube

(D) Ziegelei

(E) Weinberg

181 **Ordnen Sie bitte zu.**

◯ **Urerzeugung (Primärer Sektor)**

◯ **Verarbeitender Sektor (Sekundärer Sektor)**

◯ **Dienstleistungssektor (Tertiärer Sektor)**

(A) In den Betrieben dieses Wirtschaftssektors werden Waren verteilt, Kunden beraten, Güter transportiert, Geldgeschäfte getätigt und versichert.

(B) In den Betrieben dieses Wirtschaftssektors werden der Natur die für die Bedürfnisbefriedigung erforderlichen Güter "abgerungen", d.h. angebaut und geerntet bzw. abgebaut.

(C) In den Betrieben dieses Wirtschaftssektors werden die geernteten bzw. abgebauten Güter so bearbeitet, wie sie dann die Wünsche der Kunden erfüllen.

◯ **Die Volkswirtschaftslehre ordnet Betriebe verschiedenen Sektoren zu. Betriebe der Energiewirtschaft gehören in**

(A) den Primären Sektor.

(B) den Sekundären Sektor.

(C) den Tertiären Sektor.

(D) keinen der genannten Sektoren.

◯ **Welche Aussage ist richtig? Je unterentwickelter eine Volkswirtschaft ist, desto mehr Betriebe sind im**

(A) Primären Sektor.

(B) Sekundären Sektor.

(C) Tertiären Sektor.

(D) Quartiären Sektor.

Ordnen Sie bitte zu.

◯ **Flugzeugbau**

◯ **Metallgießerei**

◯ **Nahrungsmittelindustrie**

◯ **Mineralölverarbeitung**

◯ **Möbelindustrie**

◯ **Schiffbau**

◯ **Pharmazeutische Industrie**

(A) Grundstoffindustrie

(B) Investitionsgüterindustrie

(C) Konsumgüterindustrie

182 **Ordnen Sie bitte zu.**

◯ **Urerzeugung (Primärer Sektor)**

◯ **Verarbeitender Sektor (Sekundärer Sektor)**

◯ **Dienstleistungssektor (Tertiärer Sektor)**

(A) Dieser Sektor spielt für die Wirtschaft der Bundesrepublik Deutschland keine wesentliche Rolle, er ist in den letzten Jahrzehnten immer kleiner geworden.

(B) Dieser Sektor spielt für die Wirtschaft der Bundesrepublik Deutschland eine immer größere Rolle, er ist in den letzten Jahrzehnten enorm gewachsen.

(C) Dieser Sektor spielt für die Wirtschaft der Bundesrepublik Deutschland nach wie vor eine wichtige Rolle, auch wenn sein Anteil an der volkswirtschaftlichen Produktion geringer geworden ist.

7 ◯ **Jeder dritte Arbeitsplatz in der Bundes-republik soll direkt oder indirekt von einem bestimmten Industriezweig abhängen. Welcher ist gemeint?**

(A) Nahrungsmittelindustrie
(B) Fahrzeugbau
(C) Stahlindustrie
(D) Maschinenbau
(E) Chemische Industrie

8 **Zu welchem Wirtschaftszweig zählt in der Regel die folgende Industriebranche?**

◯ **Bekleidungsindustrie**

◯ **Nahrungs- und Genussmittelindustrie**

◯ **Optische Industrie**

◯ **Steine und Erden**

◯ **Zellstoffindustrie**

(A) Grundstoffindustrie
(B) Investitionsgüterindustrie
(C) Konsumgüterindustrie
(D) Urerzeugung
(E) Dienstleistungen

89 ◯ **Zur Produktionsmittelindustrie zählt die**

(A) Bekleidungsindustrie.
(B) Fernsehindustrie.
(C) Holzverarbeitungsindustrie.
(D) Konsumgüterindustrie.
(E) Maschinenbauindustrie.

Zu welchem Wirtschaftszweig zählt die **190**

◯ **Blechwarenindustrie?**

◯ **Chemische Industrie?**

◯ **Tourismusindustrie?**

◯ **Glasindustrie?**

◯ **Lederwarenindustrie?**

(A) Grundstoffindustrie
(B) Investitionsgüterindustrie
(C) Konsumgüterindustrie
(D) Urerzeugung
(E) Dienstleistungen

Zu welchem Wirtschaftszweig gehört die aufgeführte Branche? **191**

◯ **Fahrzeugbau**

◯ **Maschinenbau**

◯ **Metallgießerei**

◯ **Mineralölindustrie**

◯ **Möbelindustrie**

(A) Grundstoffindustrie
(B) Investitionsgüterindustrie
(C) Konsumgüterindustrie
(D) Urerzeugung
(E) Dienstleistungen

192 **Zu welchem Wirtschaftsbereich zählt z. B. eine/ein**

◯ **Automobilfabrik?**

◯ **Einzelhandelsgeschäft?**

◯ **Erzbergwerk?**

◯ **Hotel?**

(A) Dienstleistung
(B) Urerzeugung
(C) Verbrauch
(D) Verteilung
(E) Weiterverarbeitung

193 ◯ **Ein landwirtschaftlicher Betrieb zählt zum Wirtschaftsbereich**

(A) Dienstleistung.
(B) Urerzeugung.
(C) Verbrauch.
(D) Verteilung.
(E) Weiterverarbeitung.

194 ◯ *Nicht* **zu Dienstleistungs-, sondern zu Sachleistungsbetrieben zählen/zählt**

(A) Banken.
(B) Handwerk.
(C) Post.
(D) Verkehrsbetriebe.
(E) Versicherungsunternehmen.

195 ◯ **Zum Wirtschaftsbereich Urerzeugung gehören**

(A) Banken.
(B) Erzbergwerke.
(C) Fuhrunternehmen.
(D) Großmärkte.
(E) Großmühlen.

◯ **Dienstleistungsbetrieb** **19** **ist z. B. eine/ein**

(A) Autofabrik.
(B) Bäckerei.
(C) Bergwerk.
(D) Hotel.
(E) landwirtschaftlicher Betrieb.

◯ **Welches Unternehmen gehört nach** **19** **dem Gegenstand seiner betrieblichen Betätigung** *nicht* **zu den Sachleistungs-, sondern zu den Dienstleistungsbetrieben?**

(A) Bergbau
(B) Eisenbahn
(C) Energiewirtschaft
(D) Forstwirtschaft
(E) Landwirtschaft

◯ **Welche Aussage trifft auf einen** **19** **Handwerksbetrieb zu?**

(A) Ein Eingehen auf Kundenwünsche ist kaum möglich.
(B) Die Fertigung ist in der Regel lohnintensiv.
(C) Die Güter werden fast nur in Arbeitsteilung hergestellt.
(D) Die Serienfertigung überwiegt.
(E) Unternehmer erfüllt ausschließlich Führungsaufgaben.

◯ ◯ **Neben den privaten Unter-** **19** **nehmen gibt es in unserer Volkswirtschaft auch Betriebe der öffentlichen Hand, d.h. die Eigentümer oder Miteigentümer dieser Betriebe sind Bund, Länder und Gemeinden. Welche Aussagen treffen in diesem Zusammenhang zu?**

(A) Betriebe der öffentlichen Hand reagieren am Markt wesentlich flexibler als private Unternehmen.
(B) Betriebe der öffentlichen Hand müssen bei ihrer Unternehmenspolitik auch oft soziale Gesichtspunkte berücksichtigen.
(C) Betriebe der öffentlichen Hand arbeiten in Bereichen, die für private Unternehmen zu risikoreich sind.
(D) Betriebe der öffentlichen Hand betreiben im Gegensatz zu privaten Betrieben keine Werbung.
(E) Betriebe der öffentlichen Hand sind hauptsächlich in Bereichen tätig, in denen nicht nur wirtschaftliche Gesichtspunkte wichtig sind, sondern z. B. auch Sicherheit der Versorgung.

200 Welche Aussage trifft auf Handwerks-betriebe zu?

(A) Der Kundenkontakt fehlt, da die Produkte überwiegend über den Fachhandel vertrieben werden.

(B) Es sind überwiegend Klein- und Kleinstbetrie-be mit geringer Beschäftigtenzahl.

(C) Sie sind Mitglied der Industrie- und Handels-kammer.

(D) Sie erledigen kaum Reparaturarbeiten, son-dern produzieren überwiegend.

(E) Die meisten haben ein ausgefeiltes Rech-nungswesen und eine umfangreiche Verwal-tung.

201 In einem Handwerksbetrieb sind neben dem Meister drei Gesellen und ein Auszubildender beschäftigt. Dieser Betrieb gehört zu den

(A) Kleinstbetrieben.

(B) Kleinbetrieben.

(C) Mittelbetrieben.

(D) Großbetrieben.

202 Welche Aussage trifft *nicht* zu hinsichtlich der Vorteile eines Großbetriebes?

(A) Die Kosten pro Stück werden durch Massen-produktion sehr niedrig.

(B) Beim Einkauf können Mengenrabatte in An-spruch genommen werden.

(C) Er kann hinsichtlich seiner Fertigung sehr schnell auf Änderungen des Marktes reagieren.

(D) Er hat die Möglichkeiten, bei der Produktion Spezialmaschinen einzusetzen.

(E) Der Anteil der Verwaltung und Organisation am betrieblichen Geschehen ist relativ hoch.

203 Welche Aussage trifft zu hinsichtlich der Vorteile eines Kleinstbetriebes?

(A) Die Kosten pro Stück werden durch Massen-produktion sehr niedrig.

(B) Beim Einkauf können Mengenrabatte in An-spruch genommen werden.

(C) Er kann hinsichtlich seiner Fertigung sehr schnell auf Änderungen des Marktes reagieren.

(D) Er hat die Möglichkeiten, bei der Produktion Spezialmaschinen einzusetzen.

(E) Der Anteil der Verwaltung und Organisation am betrieblichen Geschehen ist relativ hoch.

204 Das wesentliche Ziel eines privaten Unternehmens wird sein,

(A) die Umwelt zu schützen.

(B) sein Geld anzulegen.

(C) Gewinn zu erzielen.

(D) Arbeitsplätze bereit zu stellen.

(E) die Ausgaben möglichst klein zu halten.

205 Welche Rechnungen führen zur Ermittlung des Gewinnes?

(A) Betriebseinnahmen - Betriebsausgaben

(B) Umsatz + Kosten

(C) Einnahmen + Umsatz

(D) Umsatz - Kosten

(E) Umsatz + Abschreibungen

206 Welche Aussagen sind hin-sichtlich der Veränderung des Gewinns zutreffend?

(A) Wenn der Umsatz steigt, steigt bei gleichen Kosten auch der Gewinn.

(B) Wenn die Betriebseinnahmen steigen, steigt in jedem Fall auch der Gewinn.

(C) Bei geringerem Umsatz wird in jedem Fall auch der Gewinn geringer.

(D) Wenn der Umsatz geringer wird, kommt es auf die Kosten an, um zu ermitteln, wie sich der Gewinn verändert.

(E) Wenn die Kosten steigen, steigt auch der Ge-winn.

(F) Steigen die Kosten, wird der Gewinn auf jeden Fall geringer.

207 Was versteht der Kaufmann unter Wirtschaften?

(A) Jede erlaubte, dauernde, auf Gewinnerzielung gerichtete Tätigkeit aller Gewerbebetriebe.

(B) Planmäßige Gütergewinnung, sinnvolle Ver-teilung und sparsamer Verbrauch zur Bedarfs-deckung.

(C) Tätigkeit aller gewerblichen Unternehmen, die in Verbänden zusammengeschlossen sind.

(D) Jede Maßnahme, die zur Kostensenkung führt.

208 ◯ **Was ist unter Wirtschaftlichkeitsprinzip zu verstehen?**

(A) Erzielung des größtmöglichen Erfolgs mit gegebenen Mitteln oder Erzielung eines gegebenen Erfolgs mit möglichst geringen Mitteln.
(B) Rentabilitätssteigerung durch höhere Gewinne.
(C) Umsatzerhöhung bei sinkenden Kosten.
(D) Umsatzsteigerung durch Erhöhung von Preisen und abgesetzter Menge.
(E) Kostensenkung allgemein.

209 ◯ **Was versteht man unter Produktivität?**

(A) Das Verhältnis von Fremdkapital zu Eigenkapital.
(B) Die kurzfristige Zahlungsfähigkeit eines Unternehmens.
(C) Das Verhältnis von Gewinn zu eingesetztem Kapital.
(D) Das Verhältnis der Leistung zu den Kosten.
(E) Das Verhältnis der Kosten zum erzielten Umsatz.
(F) Das Verhältnis des Gewinns zum Umsatz.
(G) Das Verhältnis von Einsatz eines Produktionsfaktors zur Ausbringung.

210 ◯ **Was versteht man unter Liquidität?**

(A) Das Verhältnis von Fremdkapital zu Eigenkapital.
(B) Die Zahlungsfähigkeit eines Unternehmens.
(C) Das Verhältnis von Gewinn zu eingesetztem Kapital.
(D) Das Verhältnis der Leistung zu den Kosten.
(E) Das Verhältnis der Kosten zum erzielten Umsatz.
(F) Das Verhältnis des Gewinns zum Umsatz.

211 ◯ **Was versteht man unter Rentabilität?**

(A) Das Verhältnis von Fremdkapital zu Eigenkapital.
(B) Die kurzfristige Zahlungsfähigkeit eines Unternehmens.
(C) Das Verhältnis von Gewinn zu eingesetztem Kapital.
(D) Das Verhältnis der Leistung zu den Kosten.
(E) Das Verhältnis der Kosten zum erzielten Umsatz.
(F) Das Verhältnis des Gewinns zum Umsatz.

21 ◯ **Was versteht man unter der Wirtschaftlichkeit eines Unternehmens?**

(A) Das Verhältnis von Fremdkapital zu Eigenkapital.
(B) Die kurzfristige Zahlungsfähigkeit eines Unternehmens.
(C) Das Verhältnis von Gewinn zu eingesetztem Kapital.
(D) Das Verhältnis der Leistung zu den Kosten.
(E) Das Verhältnis der Güterausbringung zum Einsatz.
(F) Das Verhältnis des Gewinns zum Umsatz.

21 ◯ **Was versteht man unter Umsatzrentabilität?**

(A) Das Verhältnis von Fremdkapital zu Eigenkapital.
(B) Die kurzfristige Zahlungsfähigkeit eines Unternehmens.
(C) Das Verhältnis von Gewinn zu eingesetztem Kapital.
(D) Das Verhältnis der Leistung zu den Kosten.
(E) Das Verhältnis der Kosten zum erzielten Gewinn.
(F) Das Verhältnis des Gewinns zum Umsatz.

214 ◯ **Wenn von Produktivität die Rede ist, ist normalerweise die Produktivität des Produktionsfaktors**

(A) Boden gemeint.
(B) Arbeit, die Arbeitsproduktivität, gemeint.
(C) Kapital, die Kapitalproduktivität, gemeint.
(D) Betriebsmittel gemeint.
(E) dispositiver Faktor gemeint.

215 ◯ ◯ **Die Produktivität der Unternehmen ist in den letzten Jahren erheblich gesteigert worden, durch**

(A) höhere Umsätze.
(B) den Ersatz von menschlicher Arbeitskraft durch Maschinen.
(C) den Abbau der Produktion.
(D) die Ausweitung der Produktion.
(E) den Abbau von Arbeit aufgrund einer besseren Organisation der Arbeitsabläufe.

216 Was kann in der Regel *nicht* die Folge von Produktivitätssteigerung sein?

(A) Gewinnerhöhung bei Preisstabilität.
(B) Lohnerhöhung bei Preisstabilität.
(C) Preissenkungen bei konstanten Löhnen und Gewinnen.
(D) Vermehrter Einsatz von Arbeitskräften.
(E) Kostensenkung.

217 Die Arbeitsproduktivität eines Betriebes kann erhöht werden durch

(A) die Einführung von Schichtarbeit.
(B) die Rationalisierung der Fertigung.
(C) die Senkung der Materialkosten.
(D) die Vermehrung der Überstunden.
(E) den Abbau von Überstunden.

218 Absatz ist der / die

(A) Maßstab für den Kaufkraftschwund.
(B) Steigerung des Warenausstoßes.
(C) Verkauf oder Vertrieb von Waren.
(D) Wert abgesetzter Güter und erbrachter Leistungen einer Rechnungsperiode.
(E) Menge der abgesetzten Güter einer Rechnungsperiode.

219 Das betriebswirtschaftliche Ziel eines privatwirtschaftlich organisierten Unternehmens ist gerichtet auf

(A) Bedarfsdeckung.
(B) betriebliche Sozialleistungen.
(C) Gewinnerzielung.
(D) sozialen Ausgleich.
(E) Versorgung der Bevölkerung.

220 Beschäftigungsgrad ist die/das

(A) Beschäftigtenzahl eines Betriebes.
(B) Höhe der Ausnutzung der betrieblichen Leistungsfähigkeit.
(C) Leistung eines Beschäftigten.
(D) Verhältnis von Kapital zu Arbeit.
(E) mögliche Leistung eines Betriebes.

221 Unter Wertschöpfung ist in der Betriebswirtschaftslehre zu verstehen

(A) alle bewerteten Güter und Dienstleistungen.
(B) Gesamtleistung aus Vor- und Eigenleistung.
(C) Nettoproduktion aus dem Produkt von Vor- und Eigenleistung.
(D) Nettoproduktion als Differenz von Gesamtleistung und Vorleistung.

222 Umsatz ist der / die

(A) Maßstab für den Kaufkraftschwund.
(B) Steigerung des Warenausstoßes.
(C) Verkauf oder Vertrieb von Waren.
(D) Wert abgesetzter Güter und erbrachter Leistungen einer Rechnungsperiode.
(E) Menge der abgesetzten Güter einer Rechnungsperiode.

223 Was ist in der Wirtschaft „Rentabilität"?

(A) Erzielung des größtmöglichen Ertrages mit geringstem Aufwand.
(B) Leistungskraft eingesetzter Produktionsfaktoren.
(C) Übereinstimmung der Fristen in Aktiv- und Passivgeschäft.
(D) Verhältnis von Kapitalertrag zu Kapitaleinsatz.
(E) Verhältnis von Umsatz zu Kosten.

224 Das Verhältnis

$$\frac{\text{genutzte Kapazität}}{\text{vorhandene Kapazität}}$$

wird berechnet als

(A) Beschäftigungsgrad.
(B) Liquidität.
(C) Produktivität.
(D) Rentabilität.
(E) Wirtschaftlichkeit.

225 Das Handelsgesetzbuch kennt verschiedene Unternehmensformen. Welche gehören *nicht* dazu?

(A) Offene Handelsgesellschaft

(B) Gesellschaft bürgerlichen Rechts

(C) Kommanditgesellschaft

(D) Stille Gesellschaft

(E) Gesellschaft mit beschränkter Haftung

(F) Aktiengesellschaft

(G) Einzelkaufleute

226 Welche Unternehmensform ist in der Bundesrepublik Deutschland zahlenmäßig am stärksten vertreten?

(A) Aktiengesellschaft

(B) Einzelunternehmen

(C) Gesellschaft mit beschränkter Haftung

(D) Kommanditgesellschaft

(E) Offene Handelsgesellschaft

227 Was sind die Hauptgründe für die Wahl der Rechtsform einer Unternehmung?

(A) Größe, Art und rechtliche Unabhängigkeit der Unternehmung.

(B) Größe des Unternehmens, Höhe des Gewinns und Zahl der Gesellschafter.

(C) Grundkapital sowie rechtliche und wirtschaftliche Unabhängigkeit.

(D) Haftung, Leitungsbefugnisse, Kapitalstruktur und steuerliche Belastung.

(E) Art der zu erstellenden Güter.

228 Welches sind *keine* Kriterien für die Auswahl einer Unternehmensform?

(A) Kapitalbedarf

(B) Standort

(C) Haftung

(D) Gewinnverteilung

(E) Steuerlast

(F) Sortiment

22 Zu den wesentlichen Kriterien für die Auswahl einer Unternehmensform gehören

(A) der Kapitalbedarf.

(B) der Standort.

(C) die Haftung.

(D) die Gewinnhöhe.

(E) die Steuerlast.

(F) das Sortiment.

23 Welche Aussage trifft für die Personengesellschaften im Wesentlichen zu?

(A) Bei den Personengesellschaften steht nicht nur der unternehmerische Sachverstand, sondern auch die persönliche Haftung des Unternehmens im Vordergrund.

(B) Im Gegensatz zu einer Kapitalgesellschaft kann die Zahl der beteiligten Personen sehr groß sein.

(C) Dies sind Gesellschaften, deren beteiligte Personen sich zum Ziel gesetzt haben, möglichst hohes Kapital anzusammeln.

(D) Die beteiligten Personen spielen bei dieser Unternehmensform keine wesentliche Rolle.

231 Welche Aussagen treffen für die Kapitalgesellschaften zu?

(A) Nicht nur das beschaffte Kapital, auch die beteiligten Personen spielen eine wesentliche Rolle bei den unternehmerischen Entscheidungen.

(B) Die Haftung ist auf das Geschäftsvermögen beschränkt.

(C) Dies sind Unternehmen, die sich hauptsächlich mit dem Beschaffen von Kapital befassen.

(D) Das Kapital wird überwiegend über Kredit finanziert.

(E) Dies ist eine Gesellschaftform, bei der die Person des Teilhabers unbedeutend ist, nur seine Kapitalbeteiligung ist wichtig.

232 Welche Unternehmensformen gehören zu den Kapitalgesellschaften?

(A) Offene Handelsgesellschaften

(B) Konsumgenossenschaften

(C) Aktiengesellschaften

(D) Gesellschaften mit beschränkter Haftung

(E) Kommanditgesellschaften

33 Ordnen Sie bitte zu.

◯ **Kommanditgesellschaft**

◯ **Aktiengesellschaft**

◯ **Gesellschaft mit beschränkter Haftung**

◯ **Offene Handelsgesellschaft**

(A) Kapitalgesellschaften

(B) Personengesellschaften

34 ◯ **Der wesentliche Vorteil einer Einzel-unternehmung ist, dass**

(A) der Unternehmer immer über erheblichen Sachverstand verfügt.

(B) unternehmerische Entscheidungen schnell ge-troffen werden können.

(C) die Kapitalbeschaffung kein großes Problem darstellt.

(D) die Haftung des Unternehmers begrenzt ist.

(E) es bei dem Tode des Unternehmers keine Nachfolgeprobleme gibt.

35 ◯ **Welche Aussage über die Einzel-unternehmung trifft zu?**

(A) Einzelunternehmungen sind sehr kreditwürdig.

(B) Bei Einzelunternehmen ist das Risiko breit ge-streut.

(C) Das Einzelunternehmen ist stark von den Kenntnissen und den Fähigkeiten des Unter-nehmers abhängig.

(D) Einzelunternehmen können sich nur schwer den Marktverhältnissen anpassen.

(E) Einzelunternehmen sind besonders kapitalin-tensiv.

36 ◯ ◯ **Welche Vorteile hat eine Personengesellschaft verglichen mit einer Einzelunternehmung?**

(A) Es kommt nicht zu Abstimmungsproblemen bei Entscheidungen.

(B) Das Unternehmerrisiko ist auf mehrere Perso-nen verteilt.

(C) Die Inhaber haften nur mit ihrem Geschäftsan-teil.

(D) Die Probleme beim Tod eines Teilhabers sind geringer.

(E) Die Steuerlast ist geringer.

237 ◯ **Als Einzelunternehmen wird in der Regel *nicht* geführt:**

(A) Architekturbüro

(B) Einzelhandelsgeschäft

(C) Handwerksbetrieb

(D) Supermarkt-Kette

(E) Taxiunternehmen

238 ◯ **Die Vorschriften über die Personen-gesellschaften finden wir im**

(A) Gesellschaftsgesetz.

(B) Aktiengesetz.

(C) Handelsgesetzbuch.

(D) GmbH-Gesetz.

(E) Personenstandsgesetz.

239 Was bedeutet bei der OHG

◯ **gesamtschuldnerische (solidarische) Haftung?**

◯ **unbeschränkte Haftung?**

Jeder Gesellschafter haftet

(A) den Gläubigern direkt.

(B) mit seinem Geschäftsvermögen.

(C) mit seinem Geschäfts- und Privatvermögen.

(D) zugleich für alle anderen.

(E) unmittelbar.

240 ◯ **Eine OHG geht in Liquidation. Wie haften die Gesellschafter?**

(A) Alle gemeinsam und solidarisch, unmittelbar und mit ihrem gesamten Vermögen.

(B) Jeder für die mit ihm abgeschlossenen Geschäfte.

(C) Jeder für sich mit seinem gesamten Ver-mögen.

(D) Jeder mit seiner Einlage.

241 ◯ **Welcher Rechtsgrundsatz gilt für die Gewinnverteilung bei einer Einzelunternehmung?**

(A) 4 % vom Gesellschaftskapital, Rest nach Köpfen.

(B) 12 % für Geschäftsführer, 6 % für Arbeit-nehmer, Rest nach Köpfen.

(C) Keine gesetzlichen Vorschriften.

(D) Zuführung zur gesetzlichen Rücklage, bis 10 % erreicht sind, dann unbeschränkte Verteilung.

242 Bei der Gründung einer OHG ist *nicht* erforderlich

(A) Aufnahme der Namen aller Gesellschafter in der Firma.

(B) Beteiligung von mindestens zwei Gesellschaftern.

(C) Betrieb eines Handelsgewerbes.

(D) unbeschränkte Haftung aller Gesellschafter.

(E) Anmeldung zum Handelsregister.

243 Ein aus einer OHG ausscheidender Gesellschafter haftet für die bis zu seinem Ausscheiden entstandenen Forderungen noch

(A) 6 Monate.

(B) 2 Jahre.

(C) 4 Jahre.

(D) 5 Jahre.

(E) 30 Jahre.

244 Erst im dritten Jahr nach Gründung einer OHG wurde Gewinn erzielt. Darf dieser ausgeschüttet werden?

(A) Erst nach Verlustausgleich.

(B) Ja.

(C) Nach gerichtlicher Entscheidung.

(D) Nein; Gewinn muss gesetzlicher Rücklage zugeführt werden.

245 Die Offene Handelsgesellschaft ist ein Zusammenschluss von

(A) Einzelhändlern.

(B) Großhändlern.

(C) Kannkaufleuten.

(D) Istkaufleuten.

(E) Gewerbetreibenden.

246 Welche Rechtsform kann „Meier e. Kfr." haben?

(A) Einzelkaufleute

(B) GmbH

(C) Nur KG

(D) Nur OHG

(E) OHG oder KG

247 Können auch Landwirte und Winzer ihr Unternehmen dem Handelsrecht unterstellen und Kaufmann werden?

(A) Ja, wenn sie kooperieren und eine OHG oder KG bilden.

(B) Laut HGB auf keinen Fall.

(C) Nein, weil ein kaufmännischer Geschäftsbetrieb nicht erforderlich ist.

(D) Nur in Ausnahmefällen als Kannkaufmann.

248 Welche Aussagen treffen auf die KG zu?

(A) Alle Gesellschafter sind gleich.

(B) Alle Gesellschafter haften unmittelbar, unbeschränkt und solidarisch.

(C) In einer KG gibt es Kommanditisten und Komplementäre.

(D) Der Gewinn wird gleichmäßig auf die Beteiligten verteilt.

(E) Komplementäre haften unmittelbar, unbeschränkt und solidarisch, Kommanditisten lediglich mit ihrer Einlage.

249 Die Abkürzung „KG" bedeutet im Wirtschaftsbereich

(A) Kapitalgesellschaft.

(B) Kartellgemeinschaft.

(C) Kommanditgesellschaft.

(D) Konsumgenossenschaft.

(E) Konsumgesellschaft.

250 Der § 19 (1) HGB erläutert die Bezeichnung der Firma bei Einzelkaufleuten. Welche allgemein verständlichen Abkürzungen werden dort *nicht* vorgeschlagen?

(A) „e.K."

(B) „e.Kfm."

(C) „e.Kfr."

(D) „eing. K."

(E) „eing. Kfm/Kfr."

251 Welchem Gesellschafter der KG stehen die folgenden Rechte zu?

◯ **Geschäftsführungsrecht**

◯ **Kapitalentnahmerecht (bis 4 %)**

◯ **Kontrollrecht**

◯ **Kündigungsrecht**

◯ **Widerspruchsrecht**

(A) Kommanditist
(B) Komplementär
(C) Komplementär und Kommanditist

252 ◯ **Zur Auflösung einer KG führt *nicht* der/die**

(A) Beschluss aller Gesellschafter.
(B) Eröffnung des Liquidationsverfahrens.
(C) gerichtliche Entscheidung.
(D) Kündigung eines Gesellschafters.
(E) Tod eines Kommanditisten.

253 ◯ **„GmbH & Co. KG" ist eine**

(A) GmbH als Gesellschafter einer anderen GmbH.
(B) GmbH mit mehr als zwei Gesellschaftern.
(C) KG, deren einziger Komplementär eine GmbH ist.
(D) KG mit einer GmbH als Kommanditisten.
(E) OHG, an der eine GmbH beteiligt ist.

254 ◯ **Die KGaA ist eine**

(A) bergrechtliche Kohlengewerkschaft auf Aktien.
(B) Kapitalgesellschaft mit mindestens einem Vollhafter und Kommandit-Aktionären.
(C) Konsumgenossenschaft auf Gegenseitigkeit.
(D) Kreditgesellschaft, die Kredite auf Anlagen vergibt.

255 ◯ **Eine Kapitalgesellschaft ist z. B. die**

(A) Aktiengesellschaft.
(B) Kommanditgesellschaft.
(C) Konsumgenossenschaft.
(D) Kreditgenossenschaft.
(E) Offene Handelsgesellschaft.

256 ◯ **Wie viel Gründer sind bei der AG mindestens erforderlich?**

(A) 1
(B) 2 bei Bargründung, wenn Bankenkonsortium Rest der Aktien übernimmt.
(C) 2 bei Sachgründung
(D) 5
(E) 7

257 ◯ **Die Einlage eines Kommanditisten beträgt mindestens:**

(A) 20.000,00 €
(B) 25.000,00 €
(C) 50.000,00 €
(D) 100.000,00 €
(E) Kein Mindestkapital vorgeschrieben.

258 ◯ **Was ist unter einer Kapitalgesellschaft zu verstehen?**

(A) Finanzierungsunternehmen
(B) Geldinstitut
(C) Gesellschaft, bei der die Mitgliedschaft auf der Kapitalbeteiligung der Teilhaber beruht.
(D) Gesellschaft mit besonderer Finanzstärke.

259 ◯ **Welche Rechtsform ist bei Großunternehmen vorherrschend?**

(A) Aktiengesellschaft
(B) Gesellschaft mit beschränkter Haftung
(C) Kommanditgesellschaft
(D) Offene Handelsgesellschaft
(E) Genossenschaft

260   ◯   **Die Organe einer AG heißen**

(A) Direktor, Aktionäre, Betriebsrat.

(B) Geschäftsführung, Aufsichtsrat, Versammlung der Gesellschafter.

(C) kaufmännische und technische Abteilungen.

(D) Klein- und Großaktionäre.

(E) Vorstand, Aufsichtsrat, Hauptversammlung.

261   ◯   **Die Geschäftsführung einer AG obliegt dem/der**

(A) Aufsichtsrat.

(B) Beirat.

(C) Betriebsrat.

(D) Hauptversammlung.

(E) Vorstand.

262   ◯   **Der Aufsichtsrat einer AG erhält für seine Tätigkeit als Vergütung**

(A) Dividende.

(B) Gehalt.

(C) Tantieme.

(D) Unternehmerlohn.

(E) Prämien.

263   ◯   **Aufgabe der Hauptversammlung einer AG ist u. a. die**

(A) Beschlussfassung über die Gewinnverteilung.

(B) Überwachung der Geschäftsführung.

(C) Wahl des Vorstandsvorsitzenden.

(D) Wahl des Vorstandes.

(E) Abschlussprüfung.

264   ◯   **Der Wirtschaftsausschuss einer Aktiengesellschaft hat das Recht auf**

(A) Information über die Absatzlage.

(B) Kontrolle des Vorstandes.

(C) Mitbestimmung über die Einführung neuer Produkte.

(D) Mitbestimmung über die Geschäftsauflösung.

(E) Vertretung des Aufsichtsrates in Sitzungen.

Nach dem Aktiengesetz   **26**

◯   **bestellt der Aufsichtsrat die Vorstandsmitglieder einer AG auf höchstens**

◯   **wird der Aufsichtsrat einer AG gewählt auf**

(A) 1 Jahr.

(B) 2 Jahre.

(C) 3 Jahre.

(D) 4 Jahre.

(E) 5 Jahre.

26

◯   **Für die Mitglieder des Aufsichtsrates einer Aktiengesellschaft gilt** *nicht* **die/das**

(A) Schadenersatzpflicht.

(B) Schweigepflicht.

(C) Sorgfaltspflicht.

(D) Wettbewerbsverbot.

(E) Kontrollpflicht.

26

◯   **Bei der AG wird die ordentliche Hauptversammlung einberufen durch den**

(A) Abschlussprüfer.

(B) Aufsichtsrat.

(C) Mehrheitsaktionär.

(D) Vorstand.

(E) Vorstand und Aufsichtsrat.

268

◯   **„Grundkapital der AG" bedeutet**

(A) Anlagevermögen.

(B) Anlagevermögen als Rücklagen.

(C) Betrag von 100.000 €.

(D) Summe des Nennwertes sämtlicher Aktien.

(E) Wert der Grundstücke.

269

◯   **Von den Einlagen auf das Grundkapital dürfen bei der AG höchstens ausstehen:**

(A) 25 %.

(B) 50 %.

(C) 66 $\frac{2}{3}$ %.

(D) 75 %.

(E) 80 %.

270 ○ **Gesetzliche Vorschriften über das Mindestkapital gibt es für die**

(A) AG.

(B) eG.

(C) KG.

(D) OHG.

(E) Stille Gesellschaft.

271 ○ **Das so genannte „genehmigte Kapital" entsteht bei der AG durch**

(A) Ermächtigung des Vorstandes durch die Hauptversammlung, über die Ausgabe junger Aktien zu entscheiden.

(B) gesetzliche Rücklagen.

(C) Teil des Eigenkapitals, der das Anlagevermögen decken darf.

(D) von Vorstand und Aufsichtsrat genehmigtes Kapital für Investitionen.

272 ○ **Wie lange haftet ein Aktionär noch auf Leistung seiner ausstehenden Einlage, wenn er durch Verkauf seiner Aktien ausscheidet?**

(A) Bis zum Verkauf

(B) 2 Jahre

(C) 3 Jahre

(D) 5 Jahre

(E) Überhaupt nicht

273 ○ **Die Genehmigung zur Erhöhung des Grundkapitals einer AG gibt der/die**

(A) Aufsichtsrat.

(B) Deutsche Bundesbank.

(C) Emissionsbank.

(D) Hauptversammlung.

(E) Vorstand.

274 ○ **Das Eigenkapital der AG besteht aus**

(A) Grundkapital.

(B) Grundkapital und freien Rücklagen.

(C) Grundkapital und Rücklagen (gesetzlichen und freien).

(D) Grundkapital und stillen Rücklagen.

(E) Rücklagen und Rückstellungen.

275 ○ **Eine nominelle Kapitalerhöhung wird bei der AG durchgeführt durch**

(A) Einzahlungen der Aktionäre.

(B) Einziehung von Aktien.

(C) Schaffung eines besonderen Bezugsrechts.

(D) Umwandlung vorhandener Reserven in Grundkapital.

(E) Zusammenlegung von Aktien 3 : 1.

276 ○ **Vom Reingewinn einer AG beträgt die gesetzliche Rücklage**

(A) 5 %, bis sie 10 % des Grundkapitals erreicht hat.

(B) 10 %, bis sie 5 % des Grundkapitals erreicht hat.

(C) 10 %, bis sie $\frac{1}{5}$ des Grundkapitals erreicht hat.

(D) $\frac{1}{5}$, bis sie $\frac{1}{10}$ des Grundkapitals erreicht hat.

277 ○ **Eine Dividende ist der**

(A) an Aktionäre ausgeschüttete Anteil am Jahresgewinn einer AG.

(B) an Inhaber einer Schuldverschreibung zu zahlende Zins.

(C) Gewinnanteil des Gesellschafters einer OHG.

(D) Jahresgewinn einer AG.

(E) Jahresgewinn jeder Unternehmung.

278 ○ **Den Aktionären kann ein gesetzliches Bezugsrecht gewährt werden bei**

(A) Ausgabe von jungen Aktien.

(B) Ausgabe von Wandelschuldverschreibungen.

(C) Kapitalerhöhung aus Gesellschaftsmitteln.

(D) Gewinnausschüttungen.

279 ○ **Was ist eine Aktie?**

(A) Anteil am ausgeschütteten Gewinn eines Unternehmens.

(B) Erlös aus einem Kassageschäft.

(C) Kapitalanlage mit festen Zinserträgen.

(D) Schuldverschreibung.

(E) Urkunde über die Beteiligung an einer AG.

280   ◯   **Der Nennwert einer Aktie lautet in der Bundesrepublik Deutschland mindestens über:**

(A)   5 €
(B)   10 €
(C)   50 €
(D)   100 €
(E)   500 €
(F) 1000 €
(G)   0 €; nennwertlos

281   ◯   **Aktionäre haben das Recht auf**

(A) Geschäftsführung.
(B) Gewinnbeteiligung.
(C) Vertretung der AG nach außen.
(D) Wahl des Vorstandes.

282   ◯   **Banken- oder Depotstimmrecht ist das Stimmrecht**

(A) der Bank, nach Ermächtigung durch den Aktionär, für bei ihr deponierte Aktien.
(B) des Staates über das Bankwesen.
(C) einer Bank-AG für Depotkunden in ihrer eigenen Hauptversammlung.
(D) einer Bank für eigene Aktien.
(E) Wahl des Aufsichtsrates.

283   ◯   **Der Inhaber einer Aktie ist bei der AG**

(A) Berechtigter für eine feste Verzinsung seines Kapitalanteils.
(B) Gläubiger.
(C) Teilhaber.
(D) Vollhafter.
(E) Teilhafter.

284   ◯   **Wie heißt der Ertrag einer Aktie?**

(A) Bonus
(B) Dividende
(C) Prämie
(D) Rendite
(E) Zins

Was ist kennzeichnend für die aufgeführten Aktien?

◯   **Inhaberaktie**

◯   **Junge Aktie**

◯   **Namensaktie**

◯   **Stammaktie**

◯   **Vinkulierte Namensaktie**

(A) Ausstellung auf den Namen des Aktionärs.
(B) Keine Sonderrechte.
(C) Neuausgabe bei Kapitalerhöhung.
(D) Übertragung durch Einigung und Übergabe.
(E) Verkauf nur mit Zustimmung der Gesellschaft.

28.   ◯   **Eine Aktiengesellschaft schützt sich gegen „Unterwanderung"**
durch die Konkurrenz oder eine andere Gruppe am besten durch

(A) Ausgabe junger Aktien.
(B) Ausgabe vinkulierter Aktien.
(C) Erhöhung des Stammkapitals.
(D) Herabsetzung des Stammkapitals.

287   ◯   **Welchen Vorteil hat u. a. eine AG gegenüber einer GmbH?**

(A) Erhöhung des Kapitals durch Neuausgabe von Aktien.
(B) Genau festgelegte Aufgaben des Aufsichtsrates.
(C) Haftung auf Grundkapital beschränkt.
(D) Möglichkeit der Bar- und Sachgründung.

288   ◯ ◯   **Was trifft für eine nennwertlose Aktie zu?**

(A) Ausgabe als Investmentfondsanteil ungenannter Unternehmen.
(B) Ist nach deutschem Aktienrecht seit Einführung des € zulässig.
(C) Kursnotierung in Prozent des Marktwertes.
(D) Notierung nicht in Prozent des Wertes, sondern je Stück.

289 Welche Aktie kann nur der erhalten, der bereits Aktionär ist?

(A) Gratisaktie
(B) Inhaberaktie
(C) Namensaktie
(D) Stammaktie
(E) Junge Aktie

290 Das „Agio" im Zusammenhang mit dem Aktienverkauf bei Gründung einer AG bedeutet:

(A) Aufgeld bei Verkauf über dem Nennwert (über pari).
(B) Ausgabekurs unter dem Nennwert.
(C) Einräumung bestimmter Vorzugsrechte für den Aktionär.
(D) Gewährung eines Rabattes für die Gründer bei Übernahme der Aktien.
(E) Mindestsumme von 25 % des Nennwertes.

291 „GmbH" ist die Abkürzung für

(A) Genossenschaft mit beschränkter Haftung.
(B) Genossenschaft mit unbeschränkter Haftung.
(C) Gesellschaft des bürgerlichen Rechts.
(D) Gesellschaft mit beschränkter Haftung.
(E) Gesellschaft mit besonderer Haftung.

292 Die GmbH ist gesellschaftsrechtlich eine

(A) Genossenschaft.
(B) Gesellschaft des bürgerlichen Rechts.
(C) Kapitalgesellschaft.
(D) Personengesellschaft.
(E) Mischgesellschaft.

293 Den Gläubigern einer GmbH haftet das

(A) Eigenkapital.
(B) Gesamtkapital.
(C) Gesellschaftsvermögen.
(D) Grundkapital.
(E) Rücklagenvermögen.

294 Wer leitet eine GmbH?

(A) Aufsichtsrat
(B) Generalbevollmächtigter
(C) Geschäftsführer
(D) Gesellschafterversammlung
(E) Vorstand

295 Was besagt das Abandonrecht eines Gesellschafters der GmbH?

(A) Anspruch auf prozentualen Gewinnanteil.
(B) Recht auf Erwerb mehrerer Stammeinlagen.
(C) Zurverfügungstellung des Anteils bei unbeschränkter Nachschusspflicht.
(D) Recht auf Geschäftsführung.

296 Das Mindestkapital der GmbH ist und heißt

(A) 20.000 € Eigenkapital.
(B) 20.000 € Grundkapital.
(C) 25.000 € Stammkapital.
(D) 30.000 € Einlagekapital.
(E) 50.000 € Stammkapital.

297 Was ist ein Geschäftsanteil?

(A) Anteil an Erbengemeinschaft.
(B) Anteil an Geschäftshaus.
(C) Anteil an Investmentfonds.
(D) Mitgliedschaftsrecht bei der GmbH, bestimmt nach übernommener Stammeinlage.
(E) Anteil an einer AG.

298 Wie heißt die Zusammenkunft der Gesellschafter einer GmbH?

(A) Generalversammlung
(B) Gesellschafterversammlung
(C) Hauptversammlung
(D) Mitgliederversammlung
(E) Vollversammlung

299 Im Gesellschaftsvertrag kann eine beschränkte oder unbeschränkte Nachschusspflicht vorgesehen werden bei der

(A) AG.

(B) GmbH.

(C) KG.

(D) KGaA.

(E) OHG.

30 Hinter „Rhein Chemie GmbH" verbirgt sich eine

(A) Genossenschaft mit beschränkter Haftung.

(B) Genossenschaft mit unbeschränkter Haftung.

(C) Gesellschaft mit beschränkter Haftung.

(D) KG auf Aktien.

(E) Gesellschaft mit unbeschränkter Haftung.

300 Für die GmbH ist ein Aufsichtsrat zwingend vorgeschrieben ab

(A) 100 Beschäftigten.

(B) 300 Beschäftigten.

(C) 500 Beschäftigten.

(D) 1.000 Beschäftigten.

(E) 2.000 Beschäftigten.

30 Welcher Unterschied besteht zwischen einer Aktie und einem GmbH-Anteil bezüglich der Übertragbarkeit?

(A) Aktie ist leicht übertragbar, GmbH-Anteil nur durch notariell beurkundete Abtretung.

(B) Aktienverkauf möglich; GmbH-Anteil-Verkauf nicht.

(C) Aktionär kann keine GmbH-Anteile erwerben.

(D) Kein Unterschied, Handel an der Börse.

301 Grundsätzlich unterscheiden sich AG und GmbH durch die/das

(A) Eintragung ins Handelsregister.

(B) Geschäftsführung.

(C) Gründung.

(D) Mindestkapital.

(E) Vertretung.

306 Eine der Voraussetzungen zur Gründung einer Genossenschaft ist die

(A) Aufstellung einer Satzung.

(B) Eintragung ins Handelsregister.

(C) Gesamtzahlung von mindestens 20.000 €.

(D) Gründung durch mindestens 5 Personen.

(E) Gründung durch mindestens 7 Personen.

302 Die Abkürzung „eG" bedeutet:

(A) eingetragene Genossenschaft.

(B) eingetragene Gesellschaft mit beschränkter Haftung.

(C) eingetragener Gewerbeverband.

(D) Gesellschaft mit beschränkter Haftung.

(E) eingetragene Gesellschaft.

307 Bei der Genossenschaft besteht Haftung

(A) in Höhe des Anteils und der Haftsumme.

(B) in Höhe des Anteils und mit dem Privatvermögen.

(C) nur in Höhe des Anteils.

(D) überhaupt nicht.

(E) bis zu maximal 10.000 €.

303 Geschäftsguthaben bei einer eG ist der/die

(A) Betrag, mit dem das Genossenschaftsmitglied haftet.

(B) Betrag, mit dem der Genosse jeweils am Geschäftsvermögen der eG beteiligt ist.

(C) Summe aller Vermögensbestandteile einer eG.

(D) Summe der Gewinnanteile.

08 **Ordnen Sie bitte zu.**

◯ **Verflechtung durch Kooperation**

◯ **Verflechtung durch Konzentration**

◯ **Vertikale Verflechtung**

◯ **Horizontale Verflechtung**

(A) Zusammenschluss von Unternehmen aufeinanderfolgender Produktions- bzw. Handelsstufen.

(B) Zusammenschluss rechtlich selbstständiger Unternehmen aufgrund von Verträgen.

(C) Zusammenschluss von Unternehmen der gleichen Produktions- bzw. Handelsstufe.

(D) Zusammenschluss von Unternehmen, die ihre wirtschaftliche Selbstständigkeit aufgeben und einer zentralen Leitung unterstellt werden.

09 ◯ **_Kein_ Ziel wirtschaftlicher Kooperation bzw. Konzentration ist**

(A) die Sicherung der Rohstoff- oder Absatzbasis.

(B) die Verstärkung der gegenseitigen Konkurrenz.

(C) die Erhaltung der Konkurrenzfähigkeit gegenüber Großunternehmen.

(D) eine größere Wirtschaftlichkeit durch gemeinsame Rationalisierung.

(E) gemeinsame Forschung und Entwicklungsarbeit.

10 **Ordnen Sie bitte zu.**

◯ **Horizontaler Zusammenschluss**

◯ **Vertikaler Zusammenschluss**

◯ **Anorganischer (gemischter) Zusammenschluss**

(A) Zwei Kaufhäuser schließen sich zusammen.

(B) Eine Brauerei schließt sich mit einem Fuhrunternehmen zusammen.

(C) Eine Brauerei schließt sich mit einem Getränkehandel und einem Hopfenbauer zusammen.

311 **Ordnen Sie bitte zu.**

◯ **Kartell**

◯ **Konzern**

◯ **Trust**

◯ **Arbeitsgemeinschaft**

(A) Zusammenschluss rechtlich und wirtschaftlich selbstständiger Unternehmen zur gemeinsamen Bewältigung einzelner Projekte.

(B) Zusammenschluss rechtlicher und wirtschaftlich selbstständiger Unternehmen unter Aufgabe eines Teils der wirtschaftlichen Selbstständigkeit.

(C) Zusammenschluss mehrerer rechtlich selbstständiger Unternehmen unter einer einheitlichen Leitung, d.h. unter Aufgabe der wirtschaftlichen Selbstständigkeit.

(D) Zusammenschluss mehrerer Unternehmen unter Aufgabe ihrer rechtlichen und wirtschaftlichen Selbstständigkeit, d.h. Verschmelzung zu einem Unternehmen.

312 ◯ **Unter einem Preiskartell versteht man**

(A) einen vertraglichen Zusammenschluss von Unternehmen zum Zwecke der Festsetzung bestimmter Produktionsmengen.

(B) einen vertraglichen Zusammenschluss von Unternehmen zum Zwecke der einheitlichen Preissetzung.

(C) einen vertraglichen Zusammenschluss von Unternehmen zum Zwecke der einheitlichen Gewährung von Rabatten.

(D) einen vertraglichen Zusammenschluss von Unternehmen zum Zwecke der Festsetzung des Absatzgebietes für jedes einzelne Kartellmitglied.

(E) einen vertraglichen Zusammenschluss von Unternehmen zum Zwecke der gemeinsamen Beschaffung bzw. des gemeinsamen Vertriebs.

(F) einen vertraglichen Zusammenschluss von Unternehmen zum Zwecke der Anwendung einheitlicher Geschäftsbedingungen, hauptsächlich Zahlungs- und Lieferungsbedingungen.

(G) einen vertraglichen Zusammenschluss von Unternehmen zum Zwecke gemeinsamer Rationalisierungsabkommen und der gemeinsamen Anwendung von Normen und Typen.

313   ◯ **Unter einem Produktionskartell versteht man**

(A) einen vertraglichen Zusammenschluss von Unternehmen zum Zwecke der Festsetzung bestimmter Produktionsmengen.

(B) einen vertraglichen Zusammenschluss von Unternehmen zum Zwecke der einheitlichen Preissetzung.

(C) einen vertraglichen Zusammenschluss von Unternehmen zum Zwecke der einheitlichen Gewährung von Rabatten.

(D) einen vertraglichen Zusammenschluss von Unternehmen zum Zwecke der Festsetzung des Absatzgebietes für jedes einzelne Kartellmitglied.

(E) einen vertraglichen Zusammenschluss von Unternehmen zum Zwecke der gemeinsamen Beschaffung bzw. des gemeinsamen Vertriebs.

(F) einen vertraglichen Zusammenschluss von Unternehmen zum Zwecke der Anwendung einheitlicher Geschäftsbedingungen, hauptsächlich Zahlungs- und Lieferungsbedingungen.

(G) einen vertraglichen Zusammenschluss von Unternehmen zum Zwecke gemeinsamer Rationalisierungsabkommen und der gemeinsamen Anwendung von Normen und Typen.

31   ◯ **Unter einem Konditionenkartell versteht man**

(A) einen vertraglichen Zusammenschluss von Unternehmen zum Zwecke der Festsetzung bestimmter Produktionsmengen.

(B) einen vertraglichen Zusammenschluss von Unternehmen zum Zwecke der einheitlichen Preissetzung.

(C) einen vertraglichen Zusammenschluss von Unternehmen zum Zwecke der einheitlichen Gewährung von Rabatten.

(D) einen vertraglichen Zusammenschluss von Unternehmen zum Zwecke der Festsetzung des Absatzgebietes für jedes einzelne Kartellmitglied.

(E) einen vertraglichen Zusammenschluss von Unternehmen zum Zwecke der gemeinsamen Beschaffung bzw. des gemeinsamen Vertriebs.

(F) einen vertraglichen Zusammenschluss von Unternehmen zum Zwecke der Anwendung einheitlicher Geschäftsbedingungen, hauptsächlich Zahlungs- und Lieferungsbedingungen.

(G) einen vertraglichen Zusammenschluss von Unternehmen zum Zwecke gemeinsamer Rationalisierungsabkommen und der gemeinsamen Anwendung von Normen und Typen.

314   ◯ **Unter einem Syndikat versteht man**

(A) einen vertraglichen Zusammenschluss von Unternehmen zum Zwecke der Festsetzung bestimmter Produktionsmengen.

(B) einen vertraglichen Zusammenschluss von Unternehmen zum Zwecke der einheitlichen Preissetzung.

(C) einen vertraglichen Zusammenschluss von Unternehmen zum Zwecke der einheitlichen Gewährung von Rabatten.

(D) einen vertraglichen Zusammenschluss von Unternehmen zum Zwecke der Festsetzung des Absatzgebietes für jedes einzelne Kartellmitglied.

(E) einen vertraglichen Zusammenschluss von Unternehmen zum Zwecke der gemeinsamen Beschaffung bzw. des gemeinsamen Vertriebs.

(F) einen vertraglichen Zusammenschluss von Unternehmen zum Zwecke der Anwendung einheitlicher Geschäftsbedingungen, hauptsächlich Zahlungs- und Lieferungsbedingungen.

(G) einen vertraglichen Zusammenschluss von Unternehmen zum Zwecke gemeinsamer Rationalisierungsabkommen und der gemeinsamen Anwendung von Normen und Typen.

31   ◯ **Unter einem Gebietskartell versteht man**

(A) einen vertraglichen Zusammenschluss von Unternehmen zum Zwecke der Festsetzung bestimmter Produktionsmengen.

(B) einen vertraglichen Zusammenschluss von Unternehmen zum Zwecke der einheitlichen Preissetzung.

(C) einen vertraglichen Zusammenschluss von Unternehmen zum Zwecke der einheitlichen Gewährung von Rabatten.

(D) einen vertraglichen Zusammenschluss von Unternehmen zum Zwecke der Festsetzung des Absatzgebietes für jedes einzelne Kartellmitglied.

(E) einen vertraglichen Zusammenschluss von Unternehmen zum Zwecke der gemeinsamen Beschaffung bzw. des gemeinsamen Vertriebs.

(F) einen vertraglichen Zusammenschluss von Unternehmen zum Zwecke der Anwendung einheitlicher Geschäftsbedingungen, hauptsächlich Zahlungs- und Lieferungsbedingungen.

(G) einen vertraglichen Zusammenschluss von Unternehmen zum Zwecke gemeinsamer Rationalisierungsabkommen und der gemeinsamen Anwendung von Normen und Typen.

17 ◯ **Unter einem Rabattkartell versteht man**

(A) einen vertraglichen Zusammenschluss von Unternehmen zum Zwecke der Festsetzung bestimmter Produktionsmengen.

(B) einen vertraglichen Zusammenschluss von Unternehmen zum Zwecke der einheitlichen Preissetzung.

(C) einen vertraglichen Zusammenschluss von Unternehmen zum Zwecke der einheitlichen Gewährung von Rabatten.

(D) einen vertraglichen Zusammenschluss von Unternehmen zum Zwecke der Festsetzung des Absatzgebietes für jedes einzelne Kartellmitglied.

(E) einen vertraglichen Zusammenschluss von Unternehmen zum Zwecke der gemeinsamen Beschaffung bzw. des gemeinsamen Vertriebs.

(F) einen vertraglichen Zusammenschluss von Unternehmen zum Zwecke der Anwendung einheitlicher Geschäftsbedingungen, hauptsächlich Zahlungs- und Lieferungsbedingungen.

(G) einen vertraglichen Zusammenschluss von Unternehmen zum Zwecke gemeinsamer Rationalisierungsabkommen und der gemeinsamen Anwendung von Normen und Typen.

18 ◯ **Unter einem Rationalisierungskartell versteht man**

(A) einen vertraglichen Zusammenschluss von Unternehmen zum Zwecke der Festsetzung bestimmter Produktionsmengen.

(B) einen vertraglichen Zusammenschluss von Unternehmen zum Zwecke der einheitlichen Preissetzung.

(C) einen vertraglichen Zusammenschluss von Unternehmen zum Zwecke der einheitlichen Gewährung von Rabatten.

(D) einen vertraglichen Zusammenschluss von Unternehmen zum Zwecke der Festsetzung des Absatzgebietes für jedes einzelne Kartellmitglied.

(E) einen vertraglichen Zusammenschluss von Unternehmen zum Zwecke der gemeinsamen Beschaffung bzw. des gemeinsamen Vertriebs.

(F) einen vertraglichen Zusammenschluss von Unternehmen zum Zwecke der Anwendung einheitlicher Geschäftsbedingungen, hauptsächlich Zahlungs- und Lieferungsbedingungen.

(G) einen vertraglichen Zusammenschluss von Unternehmen zum Zwecke gemeinsamer Rationalisierungsabkommen und der gemeinsamen Anwendung von Normen und Typen.

319 **Ordnen Sie bitte zu.**

◯ **Preiskartell**

◯ **Produktionskartell**

◯ **Rabattkartell**

◯ **Rationalisierungskartell**

◯ **Konditionenkartell**

◯ **Gebietskartell**

◯ **Syndikat (Verkaufskartell)**

(A) Grundsätzlich verboten
(B) Erlaubnispflichtig
(C) Anmeldepflichtig
(D) Teilweise verboten

320 **Wie werden die beschriebenen Unternehmungszusammenschlüsse bezeichnet?**

◯ **Beteiligungsgesellschaft, deren Aufgabe in der Verwaltung von Kapitalanteilen verschiedener Unternehmen besteht.**

◯ **Rechtliche und wirtschaftliche Verschmelzung von Unternehmen.**

◯ **Vertraglicher Zusammenschluss rechtlich selbstständiger Unternehmen zur Regelung bestimmter Wettbewerbselemente.**

◯ **Zusammenschluss rechtlich selbstständig bleibender Unternehmen unter einheitlicher wirtschaftlicher Leitung.**

◯ **Zusammenschluss von Unternehmen, der deren rechtliche und wirtschaftliche Selbstständigkeit zu Gunsten einer gemeinsamen Leitung aufhebt.**

(A) Fusion
(B) Holding-Gesellschaft
(C) Kartell
(D) Konzern
(E) Trust

321 ◯ **Was ist eine Holdinggesellschaft?**

(A) Dachgesellschaft eines Konzerns.
(B) Fusion mehrerer Unternehmen.
(C) Genehmigungspflichtiges Kartell höherer Ordnung.
(D) Monopolunternehmen.

322 ◯ **Kartelle sind**

(A) Absprachen über Festlegung von Produktionsmengen.
(B) marktbeherrschende Unternehmen durch Herstellung spezieller Erzeugnisse.
(C) vertragliche Vereinbarungen zur Steigerung des wirtschaftlichen Erfolges durch Rationalisierung.
(D) vertragliche Zusammenschlüsse rechtlich selbstständiger Unternehmen zur Regelung bestimmter Wettbewerbselemente.

323 ◯ **Ein Konzern ist ein Zusammenschluss von Unternehmungen, die**

(A) ihre rechtliche Selbstständigkeit aufgaben.
(B) rechtlich selbstständig bleiben, unter einheitlicher wirtschaftlicher Leitung.
(C) rechtlich und wirtschaftlich selbstständig bleiben.
(D) gemeinsamen, zentralen Absatz anstreben.

324 ◯ **Welches Merkmal trifft *nicht* für einen Konzern zu?**

(A) Einheitliche wirtschaftliche Leitung.
(B) Gegenseitige finanzielle Beteiligung (Aktientausch oder Aktienmajorität).
(C) Rechtliche Selbstständigkeit der einzelnen Unternehmen.
(D) Verschmelzung von Aktiengesellschaften.

325 ◯ **Zusammenschlüsse von Unternehmen, die aber rechtlich *und* wirtschaftlich weitgehend selbstständig bleiben, sind**

(A) Interessengemeinschaften.
(B) Kartelle.
(C) Konzerne.
(D) Syndikate.
(E) Trusts.

32 ◯ **Was wird u. a. durch die Bildung eines Kartells erreicht?**

(A) Absprachen auf gleicher Produktionsstufe, um durch Beschränkung des Wettbewerbs wirtschaftlich stärker zu sein.
(B) Günstigere Preise durch bessere Produktionsbedingungen.
(C) Sanierung durch innerbetriebliche Neuplanung und Organisation.
(D) Völlige Haftungsbeschränkung.

32 ◯ **Was ist für ein Kalkulationskartell typisch?**

(A) Abgrenzung bestimmter Verkaufsgebiete.
(B) Einheitliche Gestaltung der Kostenrechnung.
(C) Festlegung einheitlicher Verkaufskonditionen.
(D) Vereinbarung gleicher Lieferungs- und Zahlungsbedingungen.
(E) Vereinbarungen gleicher Zahlungsbedingungen.

32 ◯ **Welches Kartell ist in der Bundesrepublik Deutschland *nicht* erlaubt?**

(A) Exportkartell
(B) Importkartell
(C) Preiskartell
(D) Rabattkartell
(E) Rationalisierungskartell
(F) Alle

32 ◯ **Was ist ein Trust?**

(A) Gelegenheitsgesellschaft zur Durchführung großer Geschäfte für begrenzte Dauer.
(B) Zusammenschluss mehrerer rechtlich selbstständig bleibender Unternehmen unter einheitlich Leitung.
(C) Zusammenschluss von Unternehmungen, der deren rechtlich und wirtschaftlich Selbstständigkeit zu Gunsten einer gemeinsamen Leitung aufhebt.
(D) Zusammenschluss wirtschaftlich und rechtlich selbstständig bleibender Unternehmungen gleicher Wirtschaftsstufe zur Wettbewerbsbeschränkung.

Fusion ist ein / eine

(A) finanzielle und organisatorische Gesundung eines Unternehmens.

(B) Gesamtheit wirtschaftspolitischer Maßnahmen zur Marktregulierung.

(C) rechtliche und wirtschaftliche Verschmelzung von Unternehmen.

(D) wirtschaftlicher Zusammenschluss von Unternehmen.

(E) Störung im Wirtschaftsablauf.

Syndikat ist ein

(A) Exportkartell.

(B) Importkartell.

(C) Produktionskartell.

(D) Rationalisierungskartell.

(E) Vertriebskartell.

Das Bruttosozialprodukt ist

(A) die Summe der in der Wirtschaft gezahlten Bruttolöhne und -gehälter.

(B) der Wert der in der Industrie produzierten Güter.

(C) der Wert der in einer Volkswirtschaft produzierten Güter und Dienstleistungen.

(D) der Wert des gesamten Konsums einer Volkswirtschaft.

(E) der Wert aller Investitionen in einer Volkswirtschaft.

Das Bruttoinlandsprodukt steigt unmittelbar durch

(A) die Erhöhung der Steuern durch den Staat.

(B) die Erhöhung der Löhne aufgrund von Tarifverhandlungen.

(C) zunehmende Produktion aufgrund höherer Löhne.

(D) zunehmenden Import aufgrund höherer Löhne.

(E) zunehmende Produktion aufgrund höherer Investitionen.

Das Volkseinkommen setzt sich zusammen aus
334

(A) den Bruttolöhnen und -gehältern.

(B) dem Einkommen der Arbeitnehmer und der Rentner und Pensionäre.

(C) Bruttolöhnen und -gehältern und den vom Staat gezahlten Sozialleistungen, wie z. B. Arbeitslosengeld II, Wohngeld, Bafög.

(D) dem Bruttoeinkommen aus nichtselbstständiger Arbeit (Löhne und Gehälter) und dem Bruttoeinkommen aus Unternehmertätigkeit und Vermögen (Mieten, Pachten, Zinsen und Gewinne).

(E) dem Bruttoeinkommen aus nichtselbstständiger Arbeit (Löhne und Gehälter), dem Bruttoeinkommen aus Unternehmertätigkeit und Vermögen (Mieten, Pachten, Zinsen und Gewinne) und den vom Staat gezahlten Sozialleistungen.

Das Volkseinkommen steigt durch
335

(A) die Erhöhung des Arbeitslosengeld II.

(B) die Zahlung zusätzlicher Löhne aufgrund zusätzlicher Beschäftigung.

(C) die Erhöhung der Renten.

(D) die Steigerung der Gewinne.

(E) Kapitalzuflüsse aus dem Ausland.

Die Lohnquote ist der Anteil
336

(A) des Nettolohnes am Bruttolohn.

(B) der Bruttoeinkommen aus nichtselbstständiger Arbeit am Volkseinkommen.

(C) der Bruttoeinkommen aus nichtselbstständiger Arbeit am Steueraufkommen.

(D) des Volkseinkommens am Brutto-Inlandsprodukt.

(E) der Nettoeinkommen aus nichtselbstständiger Arbeit am Volkseinkommen.

Die Staatsquote ist
337

(A) der Anteil der Staatseinnahmen am Volkseinkommen.

(B) der Anteil der Staatsausgaben am Volkseinkommen.

(C) das Verhältnis von Staatseinnahmen zu Staatsausgaben.

(D) das Verhältnis der Staatsausgaben am Brutto-Inlandsprodukt.

(E) alles das, was der Staat in einer Volkswirtschaft einnimmt bzw. ausgibt.

338 Zu den wesentlichen Einnahmen des Staates zählen

(A) die Steuern.
(B) die Lizenzgebühren.
(C) die Zinsen.
(D) die Gebühren und Beiträge.
(E) Versicherungsprämien.

339 Unter Transferzahlungen des Staates versteht man *nicht*

(A) die Zahlung von Löhnen und Gehältern an die öffentlich Bediensteten.
(B) Zahlungen des Staates ohne unmittelbare Gegenleistung.
(C) die Zahlung von Wohngeld, Sozialhilfe, Bafög etc.
(D) die Rückerstattung zu viel gezahlter Steuern durch die Finanzämter.
(E) die Umverteilung der Einkommen durch den Staat.

340 Unter einer Inflation versteht man die

(A) Erhöhung der Geldwertstabilität.
(B) Verbesserung der Wechselkurse.
(C) Verringerung des Geldwertes.
(D) Vergrößerung der Geldmenge.
(E) Verkleinerung der Geldmenge.

341 Unter Deflation versteht man die

(A) Erhöhung des Geldwertes.
(B) Verbesserung der Wechselkurse.
(C) Verringerung des Geldwertes.
(D) Vergrößerung der Geldmenge.
(E) Verkleinerung der Geldmenge.

342 Rhythmische Schwankungen im Wirtschaftskreislauf werden bezeichnet als

(A) Boom.
(B) Deflation.
(C) Inflation.
(D) Konjunkturzyklus.
(E) Rezession.

Unter Stagnation versteht man

(A) stetiges Wachstum einer Volkswirtschaft.
(B) das Schrumpfen einer Volkswirtschaft.
(C) die Verringerung des Geldwertes in einer Volkswirtschaft.
(D) stetiges Wachstum einer Volkswirtschaft bei gleichzeitiger Verringerung des Geldwertes.
(E) die Tatsache, dass eine Volkswirtschaft weder wächst noch schrumpft.

Unter einer Stagflation versteht man

(A) stetiges Wachstum einer Volkswirtschaft bei gleichzeitig abnehmendem Geldwert.
(B) das Schrumpfen einer Volkswirtschaft bei gleichzeitiger Inflation.
(C) die Verringerung des Geldwertes in einer Volkswirtschaft.
(D) stetiges Wachstum einer Volkswirtschaft bei gleichzeitiger Verringerung des Geldwertes.
(E) die Tatsache, dass eine Volkswirtschaft weder wächst noch schrumpft.

Als Boom bezeichnet man die Phase

(A) des Aufschwungs innerhalb des Konjunkturzyklus.
(B) der Hochkonjunktur.
(C) der Konjunktur, in der Produktion und Umsatz auf hohem Niveau sind und die Preise und Löhne zunehmend steigen.
(D) der Konjunktur, in der sich Produktion und Umsätze auf niedrigem Niveau eingependelt haben, die Arbeitslosigkeit zunimmt und zunehmend Unternehmen Konkurs machen.
(E) der Konjunktur, in der Produktion und Umsätze abnehmen und zu unausgelasteten Produktionskapazitäten führen.

Rezession ist die Phase der Konjunktur,

(A) in der Produktion und Umsätze auf hohem Niveau sind und die Preise und Löhne zunehmend steigen.

(B) in der sich Produktion und Umsätze auf niedrigem Niveau eingependelt haben, die Arbeitslosigkeit zunimmt und zunehmend Unternehmen in Insolvenz gehen.

(C) in der Produktion und Umsätze abnehmen und zu unausgelasteten Produktionskapazitäten führen.

(D) die auch als Krise bezeichnet wird.

(E) die auch als Anschwung bezeichnet wird.

Welche der folgenden Begriffe kennzeichnen *keine* Phase der Konjunktur?

(A) Deflation

(B) Aufschwung

(C) Abschwung

(D) Inflation

(E) Depression

(F) Boom

In der Phase des Aufschwungs

(A) steigt die Arbeitslosigkeit.

(B) steigt die Produktion.

(C) nimmt die Preissteigerung ab.

(D) nimmt die Arbeitslosigkeit ab.

(E) steigen die Befürchtungen über die wirtschaftliche Zukunft.

In der Phase des Abschwungs

(A) steigt die Arbeitslosigkeit.

(B) steigt die Produktion.

(C) nimmt die Preissteigerung ab.

(D) nimmt die Arbeitslosigkeit ab.

(E) steigen die Befürchtungen über die wirtschaftliche Zukunft.

Depression in der Wirtschaft bedeutet 350

(A) die Ausdehnung der Produktion.

(B) die Steigerung des Geldumlaufes.

(C) der Tiefstand im Konjunkturverlauf.

(D) Wirtschaftsaufschwung.

(E) Wirtschaftsabschwung.

Was versteht man unter „Wirtschaftspolitik"? 351

(A) Alle staatlichen Maßnahmen zur Gestaltung des Wirtschaftslebens.

(B) Das Auftreten von Nachfragern und Anbietern am Markt im freien Wettbewerb ohne Einschränkungen.

(C) Die Überführung von Wirtschaftsgütern aller Art in Gemeinschaftseigentum (Volkseigentum).

(D) Die zentrale Wirtschaftsordnung, die nach einem einheitlichen Wirtschaftsplan gelenkt wird.

Welches wichtige Ziel verfolgt die Wirtschaftspolitik in der Bundesrepublik Deutschland vor allem? 352

(A) Exportüberschuss

(B) Erhöhung von Geldmenge und Geldwert

(C) Soziale Symmetrie

(D) Vollbeschäftigung, Preisniveaustabilität und Wirtschaftswachstum

(E) Gerechte Einkommens- und Vermögensverteilung

Welches ist *kein* wirtschaftspolitisches Ziel der Bundesregierung? 353

(A) Preisstabilität

(B) Angemessenes Wirtschaftswachstum

(C) Hoher Beschäftigungsstand

(D) Erhaltung der natürlichen Lebensgrundlagen

(E) Außenwirtschaftliches Gleichgewicht

Die Stabilität des Preisniveaus ist gewährleistet, wenn 354

(A) die Preise schneller steigen als die Löhne.

(B) das Preisniveau insgesamt nicht höher liegt als im Vergleichszeitraum des Vorjahres.

(C) die Löhne schneller steigen als die Preise.

(D) das Volkseinkommen stabil bleibt.

(E) einzelne Waren billiger werden als im Vergleichszeitraum des Vorjahres.

355 ◯ **Von Vollbeschäftigung spricht man, wenn**

(A) die Arbeitnehmer zu Überstunden aufgefordert werden.

(B) für alle Arbeitnehmer die 35-Stunden-Woche eingeführt worden ist.

(C) die Arbeitslosenquote bei ca. 1 % – 1,5 % liegt.

(D) alle Arbeitsplätze auch tatsächlich besetzt sind.

(E) bei der Bundesagentur für Arbeit niemand mehr als Arbeitsuchender gemeldet ist.

356 ◯ ◯ **Wirtschaftswachstum liegt vor, wenn**

(A) das nominale Bruttoinlandsprodukt steigt.

(B) das reale Bruttoinlandsprodukt steigt.

(C) der Bundeshaushalt steigt.

(D) mehr Sachgüter und Dienstleistungen produziert worden sind als im Vergleichszeitraum des Vorjahres.

(E) die Auslastung der Produktionskapazität höher liegt als im Vergleichszeitraum des Vorjahres.

357 ◯ ◯ **Welche wirtschaftspolitische Maßnahmen des Staates erhöhen die Nachfrage?**

(A) Die Senkung der Steuern.

(B) Die Streichung von Subventionen.

(C) Die Gewährung von Investitionszulagen.

(D) Die Erhebung eines Konjunkturzuschlages auf die Lohn- und Einkommensteuer.

(E) Die Förderung vermögenswirksamen Sparens.

358 ◯ ◯ **Welche wirtschaftspolitische Maßnahmen des Staates verringern die Nachfrage?**

(A) Die Senkung der Steuern.

(B) Die Gewährung von Subventionen.

(C) Die Gewährung von Investitionszulagen.

(D) Die Erhebung eines Konjunkturzuschlages auf die Lohn- und Einkommensteuer.

(E) Die Förderung vermögenswirksamen Sparens.

3 **Ordnen Sie bitte zu.**

◯ **Ein Hamburger Fabrikant liefert Fertigerzeugnisse nach Schweden.**

◯ **Ein Düsseldorfer Modehaus führt Schuhe aus Italien ein.**

◯ **Ein Münchner Urlauber übernachtet in einem Hotel in Paris.**

◯ **Ein Bremer Händler lässt sich von einem belgischen Berater Gutachten erstellen.**

◯ **Ein britischer Urlauber wohnt in einem Dortmunder Hotel und bezahlt in englischen Pfund.**

◯ **Ein spanischer Händler lässt sich von einer Mannheimer Agentur ein Gutachten über den deutschen Markt anfertigen.**

(A) Export von Sachgütern oder Dienstleistungen.

(B) Import von Sachgütern oder Dienstleistungen.

(C) Weder Ex- noch Import.

36 ◯ ◯ **Welche Aussagen treffen zu?**

(A) Deutschlands Wirtschaft kann auch ohne ausländische Wirtschaftspartner bestens existieren.

(B) Deutschland hat eine exportorientierte Wirtschaft.

(C) Ziel der Wirtschaftspolitik muss es sein, möglichst hohe Exportüberschüsse zu haben, dies sichert Arbeitsplätze.

(D) Von Importen ist die deutsche Wirtschaft nicht abhängig.

(E) Ohne Importe ist die deutsche Wirtschaft nicht funktionsfähig.

36 ◯ ◯ **Als Außenbeitrag bezeichnet man**

(A) alles, was in das Ausland geliefert wird.

(B) alle Sachgüter und Dienstleistungen, die importiert werden.

(C) die Differenz zwischen Exporten und Importen.

(D) den Überschuss der Exporte über die Importe.

(E) den Beitrag einzelner Unternehmen am Außenhandel.

Die Zahlungsbilanz

(A) umfasst eine Gegenüberstellung der eingenommenen und ausgegebenen Beträge eines Unternehmens in einem Jahr.

(B) setzt sich aus unterschiedlichen Teilbilanzen zusammen, wie z. B. der Handelsbilanz, der Dienstleistungsbilanz, der Kapitalverkehrsbilanz.

(C) kann nur für einzelne Unternehmen aufgestellt werden, wie die Eröffnungsbilanz und die Schlussbilanz.

(D) ist die Gegenüberstellung sämtlicher Zahlungsaufforderungen und Zahlungsverpflichtungen eines Landes gegenüber dem Ausland innerhalb eines Jahres.

(E) eines Unternehmens muss von einem Wirtschaftsprüfer geprüft werden.

Zu den Teilbilanzen der Zahlungsbilanz gehören *nicht* die

(A) Handelsbilanz.
(B) Eröffnungsbilanz.
(C) Dienstleistungsbilanz.
(D) Kapitalverkehrsbilanz.
(E) Schlussbilanz.
(F) Bilanz der Übertragungen (Schenkungsbilanz).

In der Handelsbilanz

(A) werden die Ausfuhren und Einfuhren der Unternehmen gegenübergestellt.

(B) werden die Ein- und Ausfuhren von Sachgütern einer Volkswirtschaft gegenübergestellt.

(C) werden die Ein- und Ausfuhren von Sachgütern und Dienstleistungen einer Volkswirtschaft gegenübergestellt.

(D) wird der Überschuss des Sachgüterexports über den Sachgüterimport ermittelt.

(E) wird die Zahl der am Außenhandel beteiligten Unternehmen festgehalten.

Ordnen Sie bitte zu. 365

Handelsbilanz

Dienstleistungsbilanz

Bilanz der Übertragungen

Kapitalverkehrsbilanz

Zahlungsbilanz

(A) Gegenüberstellung sämtlicher Zahlungsaufforderungen und Zahlungsverpflichtungen eines Landes gegenüber dem Ausland.

(B) Gegenüberstellung des Ex- und Importes von lang- und kurzfristigem Kapital.

(C) Erfasst die Zahlungsströme aus dem grenzüberschreitenden Reiseverkehr, aus Lizenzen, Provisionen und anderen Dienstleistungen.

(D) Gegenüberstellung des Exportes und des Importes von Sachgütern.

(E) Gegenüberstellung von Zahlungsein- und -ausgängen, denen keine Gegenleistungen bzw. keine Forderungen oder Verbindlichkeiten gegenüberstehen.

Wodurch kommt ein Staat zu einer / einem 366

aktiver Handelsbilanz?

Handelsbilanzausgleich?

passiver Handelsbilanz?

(A) Export ist größer als Import.
(B) Handel überwiegt gegenüber der Erzeugung.
(C) Import ist größer als Export.
(D) Import und Export sind gleich groß.
(E) Investitionen von ausländischen Unternehmen im Inland sind sehr hoch.

Schutzzölle dienen in erster Linie der/dem 367

(A) Ausfuhrerleichterung für die Exportwirtschaft.
(B) Einfuhrerleichterung für die Importwirtschaft.
(C) Erschließung staatlicher Einnahmequellen.
(D) Schutz der inländischen Wirtschaft vor zu starker Auslandskonkurrenz.

368   ◯ **Ein bilateraler Handelsvertrag ist ein Abkommen zwischen zwei Staaten über**

(A) freien Austausch von Arbeitskräften.
(B) gegenseitige Hilfe in vertraglich festgelegten Notfällen.
(C) gegenseitigen Handelsverkehr.
(D) Wirtschaftshilfe bei Blockade durch Feindstaaten.
(E) gegenseitigem Kapitalverkehr.

369   ◯ **Multilaterale Handelsabkommen im Außenhandel sind**

(A) Abkommen zwischen mehreren Ländern, die sich gegenseitig als Gläubiger und Schuldner betrachten.
(B) Exportgeschäfte mit Risikoübernahme durch den Staat.
(C) internationale Regeln für die Auslegung von Handelsbräuchen.
(D) kurzfristige Verrechnungsabkommen.
(E) langfristige Verrechnungsabkommen.

370   ◯ **Was ist das GATT?**

(A) Allgemeines Zoll- und Handelsabkommen.
(B) Gemeinschaft für internationale Zusammenarbeit.
(C) Handelsabkommen der EU mit den ehemaligen Ostblockstaaten.
(D) Internationales Bankenkonsortium.
(E) Nationales Bankenkonsortium.

371   ◯ **Ziel der OECD (Organization for Economic Cooperation and Development) ist die**

(A) Abschaffung der Zölle, gemeinsame Sozial-, Währungs- und Wirtschaftspolitik.
(B) Planung, Koordinierung und Vertiefung der wirtschaftlichen Zusammenarbeit.
(C) Standardisierung industrieller Erzeugnisse auf internationaler Ebene.
(D) Verteidigung gegen einen bewaffneten Angriff in Europa.

Was versteht man unter

◯ **Dumping?**

◯ **Freihandel?**

◯ **Subvention?**

(A) Außenhandel ohne Auferlegung von Zöllen.
(B) Unterstützung aus öffentlichen Mitteln.
(C) Verkauf ohne Preisbindung.
(D) Warenverkauf im Ausland zu niedrigeren Preisen als im Inland.
(E) Zollfreie Einfuhr von Waren.

◯ **Wozu sollen grundsätzlich die Subventionen des Bundes für die Landwirtschaft dienen?**

(A) Erhaltung unrentabler Betriebe.
(B) Ausgleich wirtschaftlicher Nachteile gegenüber der Industrie.
(C) Beseitigung des personellen Notstandes.
(D) Eindämmung der Abwanderung der Arbeitskräfte zur Industrie.

◯ **Wer bezahlt letztlich die Subventionen des Staates für bestimmte Wirtschaftszweige?**

(A) Alle Steuerzahler.
(B) Der Begünstigte selbst.
(C) Die Deutsche Bundesbank.
(D) Die Käufer subventionierter Erzeugnisse.

◯ **Die Gesamtheit der Arbeitgeber und Arbeitnehmer heißt**

(A) Sozialpartner.
(B) Verbandsmitglieder.
(C) Vereinsmitglieder.
(D) Vertragspartner.

◯ **Berufsbedingte Zusammenschlüsse der Arbeitnehmer sind die**

(A) Berufsgenossenschaften.
(B) Gesellschaften.
(C) Gewerkschaften bzw. Berufsverbände.
(D) Innungen.
(E) Kammern.

7 Der Deutsche Gewerkschaftsbund (DGB)

(A) führt Arbeitskampfmaßnahmen durch.
(B) ist die Dachorganisation der Einzelgewerkschaften.
(C) ist von Weisungen der Regierung abhängig.
(D) schließt Tarifverträge ab.
(E) zieht die notwendigen finanziellen Mittel von allen Arbeitnehmern ein.

8 Gewerkschaften als Interessenvertretung der Arbeitnehmer gibt es seit dem/der

(A) Anfang des 19. Jahrhunderts.
(B) Mitte des 19. Jahrhunderts.
(C) Anfang des 20. Jahrhunderts.
(D) Ende des 2. Weltkrieges.
(E) Anfang der 60er-Jahre.

9 Koalitionsfreiheit der Tarifpartner ist das Recht

(A) auf freie Arbeitsplatzwahl.
(B) auf Versammlungsfreiheit der Gewerkschaften.
(C) sich zu Berufs- oder Interessenverbänden zusammenzuschließen.
(D) Tarifverträge ohne staatlichen Einfluss abzuschließen.

0 „Organisiert sein" bedeutet für einen Arbeitnehmer, dass er

(A) an einem Streik teilnimmt.
(B) Betriebsratsmitglied ist.
(C) einer politischen Partei angehört.
(D) Gewerkschaftsmitglied ist.

1 Nach dem Prinzip der Einheitsgewerkschaft

(A) darf in einem Betrieb nur eine Einzelgewerkschaft tätig sein.
(B) gibt es für alle Arbeitnehmer nur eine Gewerkschaft.
(C) muss jeder Arbeitnehmer Mitglied einer Gewerkschaft sein.
(D) werden in eine Einzelgewerkschaft nur Mitglieder einer Partei aufgenommen.

382 Welche Hauptaufgabe haben die Gewerkschaften?

(A) Interessenvertretung der Arbeitnehmer gegenüber Arbeitgebern und Staat.
(B) Politische Mitbestimmung außerhalb der Parlamente.
(C) Unterstützung ihrer Mitglieder bei Streiks und Aussperrungen.
(D) Vermittlung von Arbeitsplätzen.

383 Was trifft für Gewerkschaften *nicht* zu?

(A) Berufsbildungsförderung der Mitglieder.
(B) Die Mitglieder sind nur voll ausgebildete Arbeitnehmer.
(C) Führung von Verhandlungen über Lohntarife und Arbeitsbedingungen.
(D) Vertretung der Forderungen der Arbeitnehmer gegenüber Arbeitgebern.

384 Was trifft für Arbeitgeberverbände *nicht* zu?

(A) Berufliche Interessenverbände.
(B) Pflichtmitgliedschaft aller Unternehmer.
(C) Spitzenorganisation ist die „Bundesvereinigung der Deutschen Arbeitgeberverbände".
(D) Tarifpartner bei Lohnverhandlungen.

385 Satzungsgemäß *kein* Aufgabengebiet des Bundesverbandes der Deutschen Industrie ist der/die

(A) Außenhandel.
(B) Bildungspolitik.
(C) Finanzpolitik.
(D) Lohn- und Tarifpolitik.
(E) Umweltschutz.

386 Die Kosten für die Tätigkeit der Gewerkschaften werden hauptsächlich gedeckt durch

(A) Beiträge der Mitglieder.
(B) Erträge aus Bank- und Versicherungsgeschäften.
(C) Gewinne aus gewerkschaftseigenen Unternehmen.
(D) Zuschüsse des Bundes.

387 ◯ **In welcher Wirtschaftsorganisation werden hauptsächlich die Rationalisierungsbestrebungen in der Bundesrepublik Deutschland zusammengefasst?**

(A) BDA

(B) BDI

(C) DIHK

(D) REFA

(E) RKW

(F) DIN

388 ◯ **Zu den Forderungen der Arbeitgeberverbände gehört *nicht* die / der**

(A) Abwehr gewerkschaftlicher Forderungen.

(B) Ausweitung der betrieblichen Mitbestimmung der Arbeitnehmer.

(C) Interessenvertretung der Unternehmer.

(D) Schutz vor unlauterem Wettbewerb.

(E) Stärkung der Wettbewerbsfähigkeit ihrer Mitglieder.

389 ◯ **Welcher Bereich zählt *nicht* zu den Aufgaben der Bundesvereinigung der Deutschen Arbeitgeberverbände (BDA)?**

(A) Arbeitsmarktpolitik

(B) Arbeitsrecht

(C) Lohn- und Tarifpolitik

(D) Sozialpolitik

(E) Verkehrspolitik

390 ◯ **Die Zugehörigkeit zu Berufsverbänden oder Gewerkschaften berechtigt die Arbeitnehmer *nicht* zu/zur**

(A) arbeitsrechtlicher Beratung.

(B) erhöhtem Kündigungsschutz.

(C) finanzieller Unterstützung bei Streiks.

(D) Inanspruchnahme gewerkschaftlicher Bildungsmaßnahmen.

(E) Rechtsvertretung vor dem Arbeitsgericht.

◯ **Anstalten des öffentlichen Rechts erfüllen Aufgaben, die**

(A) ihnen auf einem bestimmten Sachgebiet durch Gesetz zum Zweck eigenständiger Regelung zugewiesen sind.

(B) mit hoheitlichen Mitteln nur unter staatlicher Aufsicht geregelt werden können.

(C) nicht von besonderer Bedeutung für das wirtschaftliche Leben der Gemeinschaft sind.

(D) ohne hoheitliche Mittel unausführbar wären.

(E) Rechtsprechung zu regeln.

◯ **Bei welcher Körperschaft besteht für alle kaufmännischen Unternehmen eine Pflichtmitgliedschaft?**

(A) Allgemeine Ortskrankenkasse

(B) Einzelhandelsverband

(C) Gewerkschaft

(D) Industrie- und Handelskammer

(E) Werbegemeinschaft

◯ **Welche öffentlich-rechtliche Körperschaft vertritt in der Bundesrepublik Deutschland die wirtschaftlichen und beruflichen Interessen der gewerbetreibenden Unternehmen (ohne handwerkliche Betriebe)?**

(A) Bundesverband der Deutschen Industrie

(B) Bundesministerium für Arbeit und Soziales

(C) Gewerbeaufsichtsamt

(D) Industrie- und Handelskammer

(E) Bundesministerium für Wirtschaft und Technologie

◯ **Körperschaft des öffentlichen Rechts ist eine**

(A) eingetragene Vereinigung von Rechtswissenschaftlern.

(B) Interessengemeinschaft zur Wahrung der Rechtsordnung.

(C) rechtsfähige Verwaltungseinheit von Mitgliedern unter staatlicher Aufsicht.

(D) Vereinigung einzelner Rechtspersonen zur Klärung ihrer Rechtsbeziehungen.

(E) Richtervereinigung.

5 Die Handwerkskammern sind Körperschaften des öffentlichen Rechts. Welches Merkmal trifft für sie zu?

(A) Abschluss von Tarifverträgen mit Gewerkschaften.

(B) Freiwillige Mitgliedschaft der Handwerksbetriebe.

(C) Interessenvertretung aller Wirtschaftszweige im Bereich der Industrie.

(D) Pflichtmitgliedschaft der Handwerksbetriebe.

6 Die Hauptaufgabe der Industrie- und Handelskammern (IHK) besteht in der

(A) Ausarbeitung von Tarifverträgen.

(B) Interessenvertretung aller Wirtschaftszweige im Bereich von Industrie und Handel eines Bezirks.

(C) Interessenvertretung bestimmter Branchen.

(D) Wahrnehmung sozialpolitischer Belange.

397 Wofür sind die Industrie- und Handelskammern z. B. *nicht* zuständig?

(A) Abnahme von Zwischen- und Abschlussprüfungen.

(B) Feststellen der Eignung von Ausbildungsbetrieben.

(C) Führung der Verzeichnisse von Berufsausbildungsverhältnissen.

(D) Überwachung der Berufsausbildung.

(E) Überwachung des Berufsschulunterrichts.

398 Wie heißt die Spitzenorganisation der Industrie- und Handelskammern in der Bundesrepublik Deutschland?

(A) Bundesverband der Deutschen Industrie (BDI)

(B) Bundesvereinigung der Deutschen Arbeitgeberverbände (BDA)

(C) Deutscher Industrie- und Handelskammertag (DIHK)

(D) Bundesministerium für Wirtschaft und Technologie

(E) Bundesministerium der Finanzen

3. Arbeits- und Tarifrecht, Arbeitsschutz

9 Das Arbeitsrecht ist ein in Gesetzen festgelegtes Sonderrecht zum Schutz der unselbstständigen Arbeitnehmer. Dazu gehört *nicht* das

(A) Bundesurlaubsgesetz.

(B) Bundesversorgungsgesetz.

(C) Jugendarbeitsschutzgesetz.

(D) Kündigungsschutzgesetz.

(E) Mutterschutzgesetz.

0 Ein Arbeitsvertrag unterliegt dem/der

(A) Formzwang.

(B) Tarifzwang.

(C) Typenzwang.

(D) Vertragsfreiheit.

(E) Kontrollierungszwang.

1 Der Arbeitsvertrag ist rechtlich ein

(A) Dienstvertrag.

(B) Mietvertrag.

(C) Rechtsverhältnis besonderer Art.

(D) Werkvertrag.

(E) Verwaltungsakt.

2 Das Arbeitsrecht regelt die Beziehungen zwischen

(A) Arbeitgebern und Arbeitnehmern.

(B) Arbeitgebern und Arbeitsgerichten.

(C) Arbeitsgerichten, Arbeitgebern und Arbeitnehmern.

(D) Unternehmern und Gewerbeaufsichtsämtern.

3 Die Eigenschaft als Arbeitgeber besitzt

(A) ein Unternehmer mit mindestens zwei Arbeitnehmern.

(B) jeder, der einen anderen als Arbeitnehmer gegen Entgelt beschäftigt.

(C) nur ein Gewerbetreibender im Sinne des § 1 HGB.

(D) nur, wer als Istkaufmann im Handelsregister eingetragen ist.

404 Welcher Form bedarf in der Regel ein Arbeitsvertrag hinsichtlich seiner Wirksamkeit?

(A) Keiner Form.

(B) Schriftliche Bestätigung des Arbeitgebers.

(C) Schriftliche Festlegung.

(D) Schriftliche Form und Unterschrift der Vertragspartner.

(E) Notarieller Form.

405 Was ist im Grundgesetz (Art. 12) über die Berufsausübung festgelegt?

(A) Alle Deutschen haben das Recht, Beruf, Arbeitsplatz und Ausbildungsstätte frei zu wählen.

(B) Die Berufsausübung ist von vorhandenem Eigenkapital abhängig.

(C) Die Berufswahl kann nur mit Genehmigung des zuständigen Arbeitsamtes erfolgen.

(D) Ein Beruf kann nur dann ausgeübt werden, wenn der Nachweis einer abgeschlossenen Ausbildung und bestandener Prüfung erbracht wird.

406 Ist es rechtlich möglich, dass Familienangehörige des Arbeitgebers in dessen Betrieb Arbeitnehmer sind?

(A) Grundsätzlich ja.

(B) Mit Genehmigung des Gewerbeaufsichtsamtes.

(C) Niemals.

(D) Nur bei Abschluss eines schriftlichen Vertrages.

(E) Nur mit Zustimmung der Arbeitsagentur.

407 Kann ein Arbeitnehmer ohne besondere Vereinbarung eine Nebenbeschäftigung ausüben?

(A) In jedem Falle.

(B) In keinem Falle.

(C) Mit Zustimmung der Sozialversicherungsträger.

(D) Wenn sie nicht gegen Arbeitszeitordnung, Wettbewerbs- und Schwarzarbeitsverbot verstößt.

408 ◯ **Aufgrund des gesetzlichen Wettbewerbsverbots darf ein Arbeitnehmer**

(A) keine Betriebsgeheimnisse verraten.

(B) nicht gegen das Gesetz gegen den unlauteren Wettbewerb verstoßen.

(C) sich nicht abfällig über den Betriebsinhaber äußern.

(D) sich nicht abfällig über die Konkurrenz äußern.

(E) während seines Dienstverhältnisses ohne Einwilligung des Arbeitgebers keine weitere gewerbliche Tätigkeit ausüben.

409 ◯ **Welche Unterlagen hat ein Arbeitnehmer beim Arbeitsantritt seinem Arbeitgeber mindestens auszuhändigen?**

(A) Bewerbungsschreiben und Lohnsteuerkarte

(B) Lichtbild und Versicherungsnachweis

(C) Personalausweis und polizeiliches Führungszeugnis

(D) Versicherungsnachweis und Lohnsteuerkarte

(E) Zeugnisse und Lebenslauf

410 ◯ **Eine werdende Mutter möchte während der Arbeitszeit zum Arzt, um die vorgeschriebene Schwangerschaftsuntersuchung durchführen zu lassen. Muss der Arbeitgeber ihr frei geben und darf er das Gehalt kürzen?**

(A) Er muss ihr nicht frei geben.

(B) Er muss sie zur Untersuchung lassen, kann aber das Gehalt anteilig kürzen.

(C) Er muss sie zur Untersuchung lassen und kann das Gehalt nicht kürzen.

(D) Nur Frauen, die in der gesetzlichen Krankenversicherung sind, dürfen ohne Gehaltskürzung zur Untersuchung.

(E) Der Arbeitgeber muss sie zur Untersuchung lassen, kann aber den Urlaub entsprechend kürzen.

411 ◯ **Für einen ausgeschiedenen Arbeitnehmer besteht das Wettbewerbsverbot weiter bei bzw. gemäß**

(A) vertraglicher Vereinbarung.

(B) Gesetz gegen den unlauteren Wettbewerb.

(C) Nachwirkung der Treuepflicht.

(D) Verordnung des Bundesarbeitsministers.

◯ **Kann ein unter Vertragsbruch ausgeschiedener Arbeitnehmer von seinem bisherigen Arbeitgeber auf Unterlassung der Tätigkeit bei einem anderen Arbeitgeber gerichtlich belangt werden?**　4

(A) Grundsätzlich ja.

(B) In keinem Fall.

(C) Mit Billigung des Betriebsrates.

(D) Nur in besonderen Fällen, z. B. bei Verstoß gegen das Wettbewerbsverbot.

◯ **Ein ausscheidender Arbeitnehmer hat einen Anspruch auf ein Arbeitszeugnis**　4

(A) in einfacher oder auf sein Verlangen in qualifizierter Form.

(B) nur bei einvernehmlicher Aufhebung des Arbeitsverhältnisses.

(C) nur bei Kündigung seinerseits.

(D) nur in einfacher Form.

(E) nur bei Auszubildenden.

◯ **Wer ist Träger der amtlichen Statistik über den Arbeitsmarkt in der Bundesrepublik Deutschland?**　4

(A) Bundesagentur für Arbeit

(B) Bundesministerium für Wirtschaft und Technologie

(C) Bundesministerium für Arbeit und Soziales

(D) Statistisches Bundesamt

(E) Statistische Landesämter

◯ **Welche Pflicht hat der Arbeitnehmer innerhalb des Arbeitsverhältnisses nicht?**　4

(A) Die Arbeitszeit einzuhalten.

(B) Regelmäßig Überstunden abzuleisten.

(C) Unfallverhütungsvorschriften zu beachten.

(D) Die übertragenen Arbeiten weisungsgerecht auszuführen.

(E) Betriebsmittel pfleglich zu behandeln.

◯ **Ist das Abwerben von Arbeitnehmern zulässig?**　4

(A) Bei Beschränkung auf 5 Arbeitnehmer.

(B) Grundsätzlich ja.

(C) Grundsätzlich nein.

(D) Mit Zustimmung der IHK.

(E) Mit Zustimmung der Arbeitsagentur.

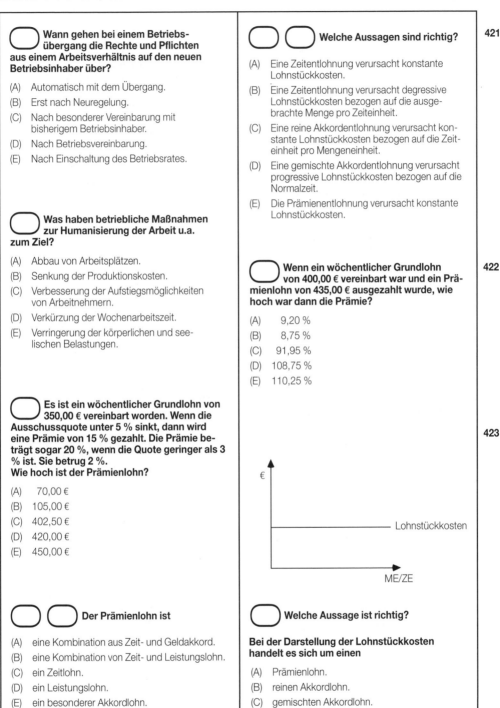

17 Wann gehen bei einem Betriebsübergang die Rechte und Pflichten aus einem Arbeitsverhältnis auf den neuen Betriebsinhaber über?

(A) Automatisch mit dem Übergang.
(B) Erst nach Neuregelung.
(C) Nach besonderer Vereinbarung mit bisherigem Betriebsinhaber.
(D) Nach Betriebsvereinbarung.
(E) Nach Einschaltung des Betriebsrates.

18 Was haben betriebliche Maßnahmen zur Humanisierung der Arbeit u.a. zum Ziel?

(A) Abbau von Arbeitsplätzen.
(B) Senkung der Produktionskosten.
(C) Verbesserung der Aufstiegsmöglichkeiten von Arbeitnehmern.
(D) Verkürzung der Wochenarbeitszeit.
(E) Verringerung der körperlichen und seelischen Belastungen.

19 Es ist ein wöchentlicher Grundlohn von 350,00 € vereinbart worden. Wenn die Ausschussquote unter 5 % sinkt, dann wird eine Prämie von 15 % gezahlt. Die Prämie beträgt sogar 20 %, wenn die Quote geringer als 3 % ist. Sie betrug 2 %.
Wie hoch ist der Prämienlohn?

(A) 70,00 €
(B) 105,00 €
(C) 402,50 €
(D) 420,00 €
(E) 450,00 €

420 Der Prämienlohn ist

(A) eine Kombination aus Zeit- und Geldakkord.
(B) eine Kombination von Zeit- und Leistungslohn.
(C) ein Zeitlohn.
(D) ein Leistungslohn.
(E) ein besonderer Akkordlohn.

421 Welche Aussagen sind richtig?

(A) Eine Zeitentlohnung verursacht konstante Lohnstückkosten.
(B) Eine Zeitentlohnung verursacht degressive Lohnstückkosten bezogen auf die ausgebrachte Menge pro Zeiteinheit.
(C) Eine reine Akkordentlohnung verursacht konstante Lohnstückkosten bezogen auf die Zeiteinheit pro Mengeneinheit.
(D) Eine gemischte Akkordentlohnung verursacht progressive Lohnstückkosten bezogen auf die Normalzeit.
(E) Die Prämienentlohnung verursacht konstante Lohnstückkosten.

422 Wenn ein wöchentlicher Grundlohn von 400,00 € vereinbart war und ein Prämienlohn von 435,00 € ausgezahlt wurde, wie hoch war dann die Prämie?

(A) 9,20 %
(B) 8,75 %
(C) 91,95 %
(D) 108,75 %
(E) 110,25 %

423

€

Lohnstückkosten

ME/ZE

Welche Aussage ist richtig?

Bei der Darstellung der Lohnstückkosten handelt es sich um einen

(A) Prämienlohn.
(B) reinen Akkordlohn.
(C) gemischten Akkordlohn.
(D) Zeitlohn.
(E) Prämien- und Zeitlohn.

424 Welche Aussage ist richtig?

Bei der Darstellung der Lohnstückkosten handelt es sich um einen

(A) Prämienlohn.
(B) reinen Akkordlohn.
(C) gemischten Akkordlohn.
(D) Zeitlohn.
(E) Prämien- und Zeitlohn.

425 Was versteht man unter „Ecklohn"?

(A) Grundlohn eines 21-jährigen ledigen Facharbeiters.
(B) Mindestlohn eines 18-jährigen ledigen Hilfsarbeiters.
(C) Niedrigster Akkordrichtsatz.
(D) Sonderform des Prämienlohnes.
(E) Übertariflicher Zuschlag.

426 Was bedeutet der Begriff Bruttolohn?

(A) Entlohnung in Waren.
(B) Gütermenge, die mit dem Nettolohn gekauft werden kann.
(C) Lohn vor Abzug von Steuern und Sozialversicherungsbeiträgen.
(D) Nettolohn zuzüglich der Steuern.
(E) Übertariflicher Lohn.

42 Welche Lohnform wird durch die aufgeführte Begriffsbestimmung gekennzeichnet?

○ Arbeitgeber behält einen Teil des Lohnes eines Arbeitnehmers zur Kapitalbeteiligung am Unternehmen ein.

○ Beim Lohn werden Familienstand, Alter und Dauer der Betriebszugehörigkeit berücksichtigt.

○ Dieser Lohn sagt am meisten über die Kaufkraft des Geldes aus.

○ Zum normalen Lohnsatz wird für bestimmte Sonderleistungen ein Zuschlag gezahlt.

(A) Investivlohn
(B) Prämienlohn
(C) Reallohn
(D) Soziallohn
(E) Nettolohn

42 Welche Begriffsbestimmung kennzeichnet den

○ Akkordlohn?

○ Indexlohn?

○ Nominallohn?

○ Zeitlohn?

(A) In Geld ausgedrückter Lohn ohne Berücksichtigung der realen Kaufkraft dieses Lohnes.
(B) Koppelung des Lohnes mit einer oder mehreren anderen wirtschaftlichen Größen.
(C) Lohnhöhe wird durch geleistete Arbeitseinheiten bestimmt.
(D) Maßstab für Berechnung der Lohnhöhe ist die im Betrieb zugebrachte Zeit.

42 Wie heißt der Lohn nach folgender Berechnung?

○ Lohnsatz je Zeiteinheit x Anzahl der Zeiteinheiten = Bruttoverdienst

○ Stückzahl x Geldsatz/Stück = Bruttoverdienst

○ Stückzahl x Minutenfaktor = Bruttoverdienst

(A) Leistungslohn
(B) Stückgeldakkordlohn
(C) Stückzeitakkordlohn
(D) Zeitlohn
(E) Prämienlohn

Akkordrichtsatz ist der Verdienst, der einem Akkordarbeiter gezahlt wird

(A) auf jeden Fall als fixer, von der Leistung unabhängiger Grundlohn.

(B) bei Normalleistung.

(C) bis zum Überschreiten der Normalleistung (als Teil des Akkordlohns).

(D) bei zusätzlicher Leistung.

(E) als Durchschnittssatz.

Welche Lohnart ist heute weitgehend unzulässig?

(A) Akkordlohn

(B) Leistungslohn

(C) Naturallohn

(D) Prämienlohn

(E) Stückzeitakkordlohn

Wer legt in der Bundesrepublik Deutschland im Allgemeinen die Höhe der Löhne und Gehälter fest?

(A) Arbeitgeber allein

(B) Agentur für Arbeit

(C) Berufsgenossenschaften

(D) Gewerkschaften

(E) Tarifparteien

Wo sind die jeweils geltenden Mindestsätze der Ausbildungsvergütungen festgelegt?

(A) Berufsausbildungsvertrag

(B) Berufsbildungsgesetz

(C) Jugendarbeitsschutzgesetz

(D) Lohn- und Gehaltstarifvertrag

(E) Tarifvertragsgesetz

Beim Zeitlohn werden die Lohnkosten je Stück bei sinkendem Ausstoß, aber gleichbleibender Arbeitnehmerzahl und Arbeitszeit

(A) konstant bleiben.

(B) sich nicht ändern.

(C) sinken.

(D) steigen.

(E) schwanken.

435 In welchem Fall kann einem Arbeitnehmer eine Mobilitätszulage gewährt werden?

(A) Die Arbeit ist unter äußerst schlechten Witterungsverhältnissen zu leisten.

(B) Die Arbeitsplatzverhältnisse sind besonders ungünstig.

(C) Die erbrachten Leistungen sind überdurchschnittlich.

(D) Der Arbeitsplatz liegt nicht am Wohnsitz oder am früheren Arbeitsort.

(E) In keinem Fall.

436 Die Vergütung eines Auszubildenden muss

(A) auch verrechnete Sachleistungen von über 50,00 € enthalten.

(B) bei Krankheit nicht fortgezahlt werden.

(C) bei vorzeitig bestandener Prüfung bis zum Ende der vertraglich vereinbarten Ausbildungszeit weiter gezahlt werden.

(D) mindestens jährlich ansteigen.

(E) jeweils spätestens am letzten Arbeitstag des Monats gezahlt werden.

437 Wer bezahlt den Verdienstausfall eines Arbeiters, der zur Erfassungsbehörde der Bundeswehr vorgeladen wird?

(A) Arbeitgeber

(B) Agentur für Arbeit

(C) Bundesministerium der Verteidigung

(D) Erfassungsbehörde der Bundeswehr

(E) Verdienstausfall wird nicht gezahlt

438 Wer kann im Rahmen der Vermögensbildung vermögenswirksame Beiträge anlegen?

(A) Alle Arbeiter und Rentner

(B) Jeder Arbeitnehmer bis zu einer bestimmten Einkommensgrenze.

(C) Jeder Arbeitnehmer, der das 18. Lebensjahr vollendet hat.

(D) Nur Angestellte

(E) Nur Auszubildende

439 ⬭ **Wer kann Anträge auf Gewährung von Kurzarbeitergeld stellen und wer zahlt dieses letztlich aus?**

(A) Arbeitgeber

(B) Bundesagentur für Arbeit

(C) Betriebsratsvorsitzender

(D) Gewerkschaft

(E) Bundesministerium für Wirtschaft und Technologie

440 ⬭ **Welche Bezüge sind lohnsteuerfrei?**

(A) 13. Monatsgehälter

(B) Freie Kost und Wohnung

(C) Grundlöhne

(D) Leistungen aus der Krankenversicherung

(E) Urlaubsgelder

441 ⬭ **Lohn- oder Gehaltsfortzahlung im Krankheitsfall scheidet aus bei**

(A) grobem Verschulden des Arbeitnehmers.

(B) Sportverletzungen.

(C) unverschuldeten Unfällen im Privatbereich des Arbeitnehmers.

(D) Wegeunfällen.

(E) Arbeitsunfällen während der Mitagspause.

442 ⬭ **Kann ein Arbeitnehmer trotz eines ungültigen Arbeitsvertrages für bereits geleistete Arbeit eine Vergütung verlangen?**

(A) Entsprechend der Beschäftigungsdauer in voller Höhe.

(B) Nein.

(C) Nur die Hälfte des Tariflohnes.

(D) Nur ohne Arbeitgeberanteile zur Sozialversicherung.

(E) Nur für den laufenden Monat.

443 ⬭ **Lohn- und Gehaltsforderungen verjähren in der Regel nach**

(A) 1 Jahr.

(B) 3 Jahren.

(C) 4 Jahren.

(D) 10 Jahren.

(E) 30 Jahren.

44⬤ ⬭ **Bei Lohnpfändungen ist/sind ausschließlich pfändbar**

(A) soziale Leistungen und Sondervergütungen.

(B) Teile des Arbeitsentgelts.

(C) Überstundenvergütungen.

(D) Urlaubsgeld.

(E) vermögenswirksame Leistungen.

44⬤ ⬭ **Die Zeitspanne, innerhalb der ein Arbeitnehmer Beginn und Ende seiner täglichen Arbeitszeit selbst bestimmen kann, heißt**

(A) Bandbreite.

(B) Freizeit.

(C) Gleitzeit.

(D) Kernzeit.

(E) Überstunden.

44⬤ ⬭ **Welche Aufgabe haben die Gewerbeaufsichtsämter u. a. zu erfüllen?**

(A) Festsetzung von Löhnen und Gehältern.

(B) Schlichtung von Streitigkeiten zwischen Arbeitgebern und Arbeitnehmern.

(C) Überwachung der Einhaltung von Arbeitsschutzbestimmungen.

(D) Vermittlung von Aufträgen für Behörden.

(E) Überwachung von Tarifverträgen.

44⬤ ⬭ **Ein Vorteil der Arbeitsteilung ist die/der**

(A) einseitige Beanspruchung des Mitarbeiters.

(B) Eintönigkeit der Arbeit.

(C) Erhöhung der Produktivität.

(D) fehlende Bezug zum fertigen Erzeugnis.

44⬤ ⬭ **Gegen einen Bescheid der Gewerbeaufsichtsämter kann geklagt werden beim**

(A) Arbeitsgericht.

(B) Finanzgericht.

(C) Sozialgericht.

(D) Verwaltungsgericht.

(E) Zivilgericht.

449 Wie viele Stunden darf nach dem Arbeitszeitgesetz höchstens die wöchentliche Arbeitszeit betragen?

(A) 35   Stunden
(B) 40   Stunden
(C) 45   Stunden
(D) 48   Stunden
(E) 37,5 Stunden

450 Wie lange hat die Arbeitsunterbrechung nach Beendigung der täglichen Arbeit mindestens zu dauern?

(A)   8 Stunden
(B) 10 Stunden
(C) 11 Stunden
(D) 12 Stunden
(E) 13 Stunden

451 Wie lange darf die regelmäßige tägliche Arbeitszeit eines Arbeitnehmers über 18 Jahre normalerweise höchstens dauern?

(A)   8   Stunden
(B)   8 ½ Stunden
(C)   9   Stunden
(D)   9 ½ Stunden
(E) 10   Stunden

452 Welche Zeit muss einem Arbeitnehmer bei regelmäßiger täglicher Arbeitszeit von 8 Stunden mindestens für Ruhepausen gewährt werden?

(A) 1 x 30 Minuten oder 2 x 15 Minuten
(B) 1 x 30 Minuten oder 1 x 15 Minuten
(C) 1 x 45 Minuten
(D) 1 x 45 Minuten oder 3 x 15 Minuten
(E) 2 x 30 Minuten

453 Für wen gilt das Arbeitszeitgesetz?

(A) Angestellte
(B) Arbeiter
(B) Auszubildende
(D) Alle Arbeitnehmer über 18 Jahre
(E) Alle Arbeitnehmer bis 18 Jahre

454 Sind Arbeitnehmer verpflichtet, bei ihrer Kündigung einen Kündigungsgrund anzugeben?

(A) Ja, immer schriftlich.
(B) Ja, schriftlich oder mündlich.
(C) Nein, in keinem Fall.
(D) Ja, mündlich.
(E) Nur auf Verlangen des Arbeitgebers.

455 Die fristlose Entlassung eines Arbeitnehmers kann u. a. erfolgen bei

(A) Arbeitsmangel.
(B) beharrlicher Arbeitsverweigerung.
(C) eintägigem unentschuldigten Fehlen.
(D) Tod des Arbeitgebers.
(E) unverschuldeter Krankheit.

456 Eine Kündigung aus wichtigem Grund ist unwirksam, wenn dieser Grund dem zur Kündigung Berechtigten länger bekannt ist als

(A) 1 Woche.
(B) 10 Tage.
(C) 2 Wochen.
(D) 4 Wochen.
(E) 1 Monat.

457 Wie kann in den folgenden Fällen das Arbeitsverhältnis eines Angestellten beendet werden?

Bürokauffrau schreibt ständig Briefe mit vielen Fehlern.

Einkäufer hat von Lieferern wiederholt Bestechungsgelder angenommen.

Insolvenzantrag des Unternehmens.

Während der Probezeit.

(A) Ordentliche Kündigung ist nicht möglich.
(B) Mit fristloser Kündigung.
(C) Mit gesetzlicher oder vertraglicher Kündigung.
(D) Nur unter besonderen Schutzbestimmungen.
(E) Ohne Kündigung.

458 Das Arbeitsverhältnis endet *nicht* ohne weiteres durch

(A) gegenseitiges Einvernehmen.

(B) Kündigung.

(C) Tod oder Insolvenz des Arbeitgebers.

(D) Zeitablauf.

459 Welche Aussagen zur Kündigungsfrist sind *falsch*?

(A) Die Kündigungsfrist während einer vereinbarten Probezeit beträgt 2 Wochen.

(B) Die Kündigungsfrist während einer vereinbarten Probezeit von 6 Monaten beträgt 1 Monat.

(C) Die von Arbeitnehmer und Arbeitgeber einzuhaltende Grundkündigungszeit beträgt 4 Wochen zum 15. oder zum Ende eines Kalendermonats.

(D) Die von Arbeitnehmer und Arbeitgeber einzuhaltende Grundkündigungszeit beträgt 6 Wochen.

(E) In Betrieben mit bis zu 20 Arbeitnehmern kann eine vierwöchige Kündigungsfrist ohne festen Termin vereinbart werden.

460 Wann kann für einen Arbeitnehmer, der 1 Jahr im Betrieb beschäftigt war, eine Kündigung ausgesprochen werden?

(A) 6 Wochen zum Quartalsende.

(B) 4 Wochen zum Monatsende.

(C) 4 Wochen zum 15. oder zum Ende eines Kalendermonats.

(D) 2 Wochen zum Ende eines Kalendermonats.

(E) Überhaupt nicht.

461 Kann von einem ausscheidenden Arbeitnehmer verlangt werden, eine Bescheinigung zu unterschreiben, dass er *keine* Ansprüche mehr an den bisherigen Arbeitgeber hat?

(A) In keinem Fall.

(B) Nur bei fristloser Entlassung.

(C) Nur von Angestellten.

(D) Nur von Arbeitern.

(E) Wenn der Arbeitnehmer zu einem Konkurrenzunternehmen geht.

46 Innerhalb welcher Frist muss die Kündigungsschutzklage eines Arbeitnehmers gegen eine ordentliche Kündigung beim Arbeitsgericht erhoben werden?

(A) 2 Wochen

(B) 3 Wochen

(C) 4 Wochen

(D) 6 Wochen

(E) 8 Wochen

46 Keinen erhöhten gesetzlichen Kündigungsschutz genießen

(A) Angestellte, die nach Vollendung des 25. Lebensjahres länger als fünf Jahre im Betrieb beschäftigt sind.

(B) Betriebsratsmitglieder.

(C) Leitende Angestellte.

(D) Schwerbehinderte.

(E) werdende Mütter.

46 Die Kündigung durch den Arbeitgeber eines größeren Unternehmens bedarf laut § 102 Betriebsverfassungsgesetz zu ihrer Wirksamkeit der

(A) Anhörung der Gewerkschaften.

(B) Anhörung des Betriebsrates.

(C) Anzeige bei der Agentur für Arbeit.

(D) Zustimmung des Arbeitnehmers.

(E) Zustimmung des Betriebsrats.

465 Ein erhöhter Kündigungsschutz gilt gesetzlich z. B. für

(A) Arbeitnehmer während ihrer Wehrdienstzeit.

(B) Auszubildende in der Probezeit.

(C) Jugendliche für ein Jahr nach ihrer Berufsausbildung.

(D) Leitende Angestellte.

(E) Mitglieder einer Gewerkschaft.

466 Die Beschäftigung Jugendlicher regelt das/die

(A) Ausbildungsförderungsgesetz.

(B) betriebliche Arbeitszeitordnung.

(C) Gesetz zum Schutze der arbeitenden Jugend.

(D) Gesetz zum Schutze der Jugend in der Öffentlichkeit.

(E) Jugendwohlfahrtsgesetz.

467 Das Jugendarbeitsschutzgesetz enthält hauptsächlich Bestimmungen über die

(A) Arbeitszeit und den Urlaubsanspruch für Jugendliche.
(B) Höhe der Ausbildungsbeihilfe.
(C) Kündigungsfristen für Jugendliche.
(D) Leistungen der Sozialversicherung.
(E) Verhaltensweise von Jugendlichen am Ausbildungsplatz.

468 Zweck des Jugendarbeitsschutzgesetzes ist für Jugendliche unter 18 Jahren

(A) die Regelung der Berufsausbildung bis zur Abschlussprüfung.
(B) der Schutz in der Öffentlichkeit.
(C) der Schutz vor fristloser Kündigung während der Ausbildung.
(D) der Schutz vor gesundheitlichen Schäden und sittlichen Gefahren an der Ausbildungsstätte.
(E) der Schutz vor Arbeitslosigkeit.

469 Wer überwacht die Einhaltung der Bestimmungen des Jugendarbeitsschutzgesetzes?

(A) Bundesagentur für Arbeit
(B) Berufsgenossenschaften
(C) Gesundheitsamt
(D) Gewerbeaufsichtsamt und Ämter für Arbeitsschutz
(E) Industrie- und Handelskammer

470 Ein Jugendlicher, der in das Berufsleben eintritt, darf nur dann beschäftigt werden, wenn er

(A) das Berufsgrundschuljahr absolviert hat.
(B) dem Arbeitgeber eine Bescheinigung vorlegt, dass er innerhalb der letzten 14 Monate ärztlich untersucht wurde.
(C) ein Hauptschulabschlusszeugnis besitzt.
(D) eine Eignungsprüfung bei der Bundesagentur für Arbeit erfolgreich bestanden hat.
(E) sich vorher bei der Bundesagentur für Arbeit gemeldet hat.

471 Wer trägt die Kosten der in § 44 JArbSchG vorgeschriebenen ärztlichen Untersuchungen des Auszubildenden?

(A) Ausbildender
(B) Ausbildender und Auszubildender
(C) Jeweiliges Bundesland
(D) Krankenversicherung des gesetzlichen Vertreters
(E) Sozialpartner

472 Die Aufsicht über die Durchführung des Gesetzes zum Schutze der arbeitenden Jugend haben die

(A) Berufsgenossenschaften.
(B) Berufsverbände und Gewerkschaften.
(C) Betriebsräte.
(D) örtlichen Gewerbeaufsichtsämter.
(E) zuständigen Landesbehörden.

473 Wer muss zustimmen, damit ein Minderjähriger ein Arbeitsverhältnis eingehen kann?

(A) Bundesagentur für Arbeit
(B) Betriebsrat
(C) Jugendamt
(D) Die gesetzlichen Vertreter
(E) Niemand

474 Welche Arbeit ist nach § 23 JArbSchG für Jugendliche *nicht* erlaubt?

(A) Fließbandarbeit.
(B) Hauptsächlich stehend zu verrichtende Beschäftigung.
(C) In künstlich beleuchteten Räumen.
(D) Überwiegend im Freien.
(E) Körperliche Arbeit.
(F) Akkordarbeit.

475 Wie lange können laut § 11 (1) JArbSchG Jugendliche ununterbrochen ohne Ruhepause längstens beschäftigt werden?

(A) 3 ½ Stunden
(B) 4 Stunden
(C) 4 ½ Stunden
(D) 5 Stunden
(E) 8 Stunden

476 Ist die Beschäftigung Jugendlicher unter 15 Jahren erlaubt?

(A) Nein, grundsätzlich verboten.

(B) Ja, ab 14 Jahren.

(C) Ja, mit Zustimmung der Erziehungsberechtigten.

(D) Ja, im Hotel- und Gaststättengewerbe.

(E) Ja, ab 13 Jahren.

477 Die tägliche ununterbrochene Freizeit hat bei Jugendlichen nach § 13 JArbSchG mindestens zu dauern:

(A)   8 Stunden

(B)   9 Stunden

(C) 10 Stunden

(D) 12 Stunden

(E) 14 Stunden

478 Jugendlichen sind nach § 11 (2) JArbSchG bei einer Beschäftigungszeit von mehr als sechs Stunden Ruhepausen zu gewähren von mindestens

(A) 30 Minuten.

(B) 45 Minuten.

(C) 60 Minuten.

(D) 75 Minuten.

(E) 90 Minuten.

479 Welche wöchentliche Arbeitszeit ist nach dem Jugendarbeitsschutzgesetz für Jugendliche höchstens zulässig?

(A) 36 Stunden

(B) 38 Stunden

(C) 40 Stunden

(D) 42 Stunden

(E) 45 Stunden

480 Der Jahresurlaub für Jugendliche, die im gleichen Jahr 17 Jahre alt werden, beträgt nach dem Jugendarbeitsschutzgesetz:

(A) 21 Werktage

(B) 24 Werktage

(C) 25 Werktage

(D) 27 Werktage

(E) 30 Werktage

48 Welche Zeit für Ruhepausen laut § 11 JArbSchG kann ein Arbeitnehmer unter 18 Jahren bei mehr als viereinhalb und weniger als sechs Stunden Arbeitszeit täglich beanspruchen?

(A) 1 x 30 Minuten.

(B) 1 x 45 Minuten.

(C) 1 x 45 Minuten oder 3 x 15 Minuten.

(D) 2 x 30 Minuten.

(E) 2 x 45 Minuten.

48 Welche Höchstgrenze darf die tägliche Arbeitszeit eines Jugendlichen im Regelfall *nicht* überschreiten?

(A)   7 ½ Stunden

(B)   8   Stunden

(C)   8 ½ Stunden

(D)   9   Stunden

(E)   9 ½ Stunden

48 Der Urlaubsanspruch eines Jugendlichen entsteht erstmals

(A) mit Beginn des Ausbildungsverhältnisses.

(B) nach Ablauf der Probezeit.

(C) nach 3-monatiger ununterbrochener Betriebszugehörigkeit.

(D) nach 6-monatiger ununterbrochener Betriebszugehörigkeit.

48 Welche Zeitdauer nach der Entbindung sind werdende Mütter in der Regel *nicht* zu beschäftigen?

(A)   4 Wochen

(B)   1 Monat

(C)   8 Wochen

(D)   2 Monate

(E) 10 Wochen

48 Innerhalb welcher Zeitspanne nach der Entbindung darf nach dem Mutterschutzgesetz *nicht* gekündigt werden?

(A)   4 Wochen

(B)   6 Wochen

(C)   2 Monate

(D)   4 Monate

(E)   6 Monate

486 ◯ Wie lange vor der Entbindung darf eine Schwangere gegen ihren Willen *nicht* beschäftigt werden?

(A) 4 Wochen

(B) 1 Monat

(C) 6 Wochen

(D) 8 Wochen

(E) 2 Monate

487 ◯ ◯ Wann dürfen werdende Mütter – mit einigen Ausnahmen – *nicht* beschäftigt werden?

(A) In den letzten 8 Wochen vor der Entbindung.

(B) Zwischen 18 Uhr abends und 8 Uhr morgens.

(C) Zwischen 20 Uhr abends und 6 Uhr morgens.

(D) In den letzten 10 Wochen vor der Entbindung.

(E) An Sonn- und Feiertagen.

488 ◯ ◯ Mit welchen Arbeiten dürfen werdende Mütter *nicht* beschäftigt werden?

(A) Akkordarbeit

(B) Fließbandarbeit

(C) Arbeit in der Landwirtschaft

(D) Büroarbeit

(E) Industriearbeit

489 ◯ ◯ Wann dürfen Wöchnerinnen generell *nicht* beschäftigt werden?

(A) Bis zum Ablauf von 6 Wochen nach der Entbindung.

(B) Bis zum Ablauf von 8 Wochen nach der Entbindung.

(C) Bei Früh- und Mehrlingsgeburten bis zum Ablauf von 12 Wochen nach der Entbindung.

(D) Bei Früh- und Mehrlingsgeburten bis zum Ablauf von 13 Wochen nach der Entbindung.

(E) Bei Früh- und Mehrlingsgeburten bis zum Ablauf von 15 Wochen nach der Entbindung.

490 ◯ Die Pflichtquote zur Beschäftigung schwerbehinderter Menschen beträgt

(A) 6 % und gilt ab 10 Beschäftigten.

(B) 6 % und gilt ab 16 Beschäftigten.

(C) 5 % und gilt ab 16 Beschäftigten.

(D) 5 % und gilt ab 20 Beschäftigten.

(E) 5 % und gilt ab 21 Beschäftigten.

491 ◯ ◯ Die Höhe der zu entrichtenden Ausgleichsabgabe richtet sich danach, in welchem Umfang der Arbeitgeber seiner Beschäftigungspflicht nachgekommen ist. **Sie beträgt**

(A) 100,00 € monatlich bei einer Beschäftigungsquote von 3% bis unter 5%.

(B) 105,00 € monatlich bei einer Beschäftigungsquote von 3% bis unter 5%.

(C) 180,00 € monatlich bei einer Beschäftigungsquote von 2% bis unter 3%.

(D) 200,00 € monatlich bei einer Beschäftigungsquote von 2% bis unter 3%.

(E) 300,00 € monatlich bei einer Beschäftigungsquote von 0% bis unter 2%.

492 ◯ Ein Arbeitgeber mit 50 Arbeitsplätzen in seinem Betrieb muss, wenn er seiner Beschäftigungspflicht nicht nachkommt, eine monatliche Ausgleichsabgabe zahlen, und zwar in Höhe von insgesamt:

(A) 200,00 €

(B) 300,00 €

(C) 360,00 €

(D) 400,00 €

(E) 500,00 €

493 Was versteht man unter Rehabilitation im Sozialversicherungswesen?

(A) Alle erforderlichen Leistungen aus der Sozialversicherung.

(B) Maßnahmen zur Erhaltung, Besserung und Wiederherstellung der Erwerbsfähigkeit.

(C) Recht auf soziale Sicherheit.

(D) Staatliche Maßnahmen zur Schaffung einer neuen sozialen Ordnung.

494 Die Krankenkassen sind als Rehabilitationsträger zuständig für

(A) berufsfördernde Maßnahmen.

(B) berufsfördernde und medizinische Maßnahmen.

(C) Heilverfahren.

(D) medizinische Maßnahmen.

(E) die Zahlung eines Krankenhausstagegeldes.

495 Die Hauptaufgabe der Hauptfürsorgestelle ist *nicht*

(A) die Erhebung und Verwendung der Ausgleichsabgabe.

(B) der Kündigungsschutz für behinderte Arbeitnehmer.

(C) die begleitende Hilfe im Arbeits- und Berufsleben Behinderter.

(D) die begleitende Hilfe in dem Regelschulbesuch Behinderter.

(E) die zeitweilige Entziehung des Schwerbehindertenschutzes.

496 Welche Leistungen der Bundesagentur für Arbeit sind für Arbeitgeber *nicht* vorgesehen, wenn sie behinderte Menschen beschäftigen?

Förderung

(A) der Ausbildung.

(B) von Probebeschäftigungen.

(C) der behindertengerechten Ausgestaltung von Ausbildungsplätzen.

(D) der behindertengerechten Ausgestaltung von Arbeitsplätzen.

(E) des vorzeitigen Ruhestandes.

497 Die Kündigung eines behinderten Arbeitnehmers bedarf der vorherigen Zustimmung der/des

(A) Betriebsrates.

(B) Agentur für Arbeit.

(C) Hauptfürsorgestelle.

(D) Vormunds.

(E) Betreuers.

49● Mit wie viel schwerbehinderten Menschen erfüllt ein Arbeitgeber mit 100 Mitarbeiterinnen und Mitarbeitern seine Beschäftigungspflicht?

(A) 3 schwerbehinderte Menschen

(B) 4 schwerbehinderte Menschen

(C) 5 schwerbehinderte Menschen

(D) 6 schwerbehinderte Menschen

(E) 7 schwerbehinderte Menschen

49● Wofür darf die Ausgleichsabgabe nur verwendet werden?

Nur für

(A) Zwecke der Arbeits- und Berufsförderung Schwerbehinderter.

(B) persönliche und sachliche Kosten der Verwaltung der Hauptfürsorgestelle.

(C) Leistungen der begleitenden Hilfe im Arbeits- und Berufsleben.

(D) Kosten des Verfahrens.

(E) persönliche und sachliche Kosten der Verwaltung der Agentur für Arbeit.

500 Schwerbehinderte Arbeitnehmer erhalten jährlich einen Zusatzurlaub von

(A) 3 Arbeitstagen.

(B) 4 Arbeitstagen.

(C) 5 Arbeitstagen.

(D) 6 Arbeitstagen.

(E) 8 Arbeitstagen.

501 Für Kleinbetriebe gelten Sonderregelungen hinsichtlich der Ausgleichsabgabe. So muss ein Arbeitgeber mit bis zu 39 Arbeitsplätzen in seinem Betrieb, der keinen schwerbehinderten Menschen im Jahresdurchschnitt beschäftigt, monatlich pro Pflichtplatz

(A) 100,00 € zahlen.

(B) 105,00 € zahlen.

(C) 110,00 € zahlen.

(D) 115,00 € zahlen.

(E) 120,00 € zahlen.

502 In Betrieben mit mehr als fünf Schwerbehinderten ist ein Vertrauensmann der Schwerbehinderten zu wählen. Dieser hat das Recht auf

(A) angemessene Vergütung für die zusätzliche Arbeit.

(B) Mitbestimmung bei der Kündigung von Schwerbehinderten.

(C) Prüfung der Personalakten der Schwerbehinderten.

(D) Teilnahme an allen Betriebsratssitzungen.

503 Welcher Jahresurlaub steht einem Arbeitnehmer zu, wenn im Arbeitsvertrag keine Regelung getroffen wurde?

(A) Mindesturlaub nach dem Bundesurlaubsgesetz.

(B) Nur Bildungsurlaub.

(C) Keiner.

(D) Vier Wochen.

(E) Zwölf Werktage.

504 Ein Arbeitnehmer, mit dem vertraglich 24 Werktage Jahresurlaub vereinbart waren, scheidet bereits nach drei Monaten wieder aus dem Betrieb aus. Steht ihm dennoch Urlaub zu?

(A) Ja, anteilig sechs Tage.

(B) Ja, acht Tage.

(C) Ja, zwölf Tage, die Hälfte des Jahresurlaubs.

(D) Nein; das Arbeitsverhältnis dauerte weniger als sechs Monate.

(E) Nein; Anspruch besteht nur bei mindestens einjährigem Arbeitsverhältnis.

505 Ist es einem Arbeitnehmer rechtlich gestattet, während seines Erholungsurlaubs eine andere Erwerbstätigkeit auszuüben?

(A) Nein.

(B) Nur gegen geringe Bezahlung.

(C) Nur im Rahmen einer versicherungsfreien Nebenbeschäftigung.

(D) Unbeschränkt.

(E) Nur 14 Tage.

506 Dürfen Kuren und Schonzeiten auf den Jahresurlaub angerechnet werden?

(A) Mit Zustimmung eines Sozialversicherungsträgers.

(B) Mit Zustimmung des Betriebsrates.

(C) Nach Ermessen des Arbeitgebers.

(D) Nur, wenn kein Lohnfortzahlungsanspruch besteht.

(E) Generell nicht.

507 Ein Anspruch auf vollen Jahresurlaub besteht gemäß Bundesurlaubsgesetz nach

(A) 3-monatigem Arbeitsverhältnis.

(B) 3-monatiger ununterbrochener Tätigkeit.

(C) 6-monatigem Arbeitsverhältnis.

(D) 9-monatigem Arbeitsverhältnis.

(E) 12-monatigem Arbeitsverhältnis.

508 Der Angestellte übernimmt *nicht* die Pflicht,

(A) Anweisungen des Geschäftsinhabers gewissenhaft zu befolgen.

(B) auf Urlaub gegen Entgelt zu verzichten.

(C) dem Unternehmen keine Konkurrenz zu machen.

(D) über das Betriebsgeschehen zu schweigen.

(E) übertragene Dienste zu leisten.

509 Wird die Zeit der Arbeitsunfähigkeit eines Arbeitnehmers, der während seines Jahresurlaubs erkrankt, auf diesen angerechnet?

(A) Ja, bei Erkrankung im Ausland.

(B) Ja, voll.

(C) Ja, zur Hälfte.

(D) Nicht bei ärztlichem Nachweis.

510 Der Erholungsurlaub darf ganz oder teilweise durch Geld abgegolten werden, wenn er

(A) aus betrieblichen Gründen nicht gewährt werden kann.

(B) höchstens drei Tage beträgt.

(C) nicht mehr als anteilig acht Tage beträgt.

(D) vom Arbeitnehmer aus persönlichen Gründen nicht genommen werden kann.

(E) wegen Beendigung des Arbeitsverhältnisses nicht mehr gewährt werden kann.

511 Der Tarifvertrag ist

(A) eine behördlich festgesetzte Vereinbarung über zu erbringende Leistungen.

(B) ein Recht setzender Vertrag zwischen den Sozialpartnern.

(C) eine Vereinbarung zwischen Gewerkschaften und Bundesministerium für Wirtschaft und Technologie.

(D) eine Vereinbarung zwischen Stadtwerken und Einwohnern.

512 ( ) ( ) **Zu den Tarifpartnern gehören die**

(A) Arbeitgeberverbände.
(B) Berufsgenossenschaften.
(C) einzelnen Gewerkschaftsmitglieder.
(D) Handwerkskammern.
(E) Industrie- und Handelskammern.
(F) Gewerkschaften.

513 ( ) **Ein Tarifvertrag besteht aus**

(A) freiwilligem und verpflichtendem Teil.
(B) sach- und schuldrechtlichem Teil.
(C) schuldrechtlichem und normativem Teil.
(D) zwingendem und freiwilligem Teil.

514 ( ) **Der Tarifvertrag enthält hinsichtlich der Arbeitsbedingungen**

(A) Höchstbestimmungen.
(B) Kannbestimmungen.
(C) Mindestbestimmungen.
(D) Mindest- und Höchstbestimmungen.
(E) Sollbestimmungen.

515 ( ) **Wer kann Tarifverträge abschließen?**

(A) Arbeitgeber mit jedem seiner Arbeitnehmer.
(B) Arbeitgeberverbände mit Arbeitnehmer-verbänden.
(C) Bundesregierung mit Arbeitgeberverbänden.
(D) Industrie- und Handelskammer mit Gewerk-schaften.
(E) Bundesministerium für Wirtschaft und Techno-logie mit Unternehmerverbänden.

516 ( ) **Was ist Tarifautonomie?**

(A) Pflicht der Arbeitgeber zur Zahlung von mindestens dem Tariflohn.
(B) Recht der Arbeitnehmer auf übertarifliche Entlohnung.
(C) Recht der Sozialpartner auf Abschluss von Tarifverträgen ohne Einmischung des Staates.
(D) Ständige Anpassung der Tariflöhne an die Wirtschaftslage.

51 ( ) **Was wird im normativen Teil des Tarifvertrages insbesondere geregelt?**

(A) Durchführung von Arbeitskämpfen.
(B) Inhalt der Einzelarbeitsverträge (Lohn-, Gehalts- und Arbeitsbedingungen).
(C) Mitbestimmungsrecht des Betriebsrates.
(D) Rechte und Pflichten der Tarifvertragsparteien.
(E) Schlichtungswesen.

51 ( ) **Was kann *nicht* durch Tarifvertrag geregelt werden?**

(A) Arbeitsbeginn und -ende
(B) Arbeitsdauer
(C) Lohnsätze (Grundlohn)
(D) Urlaubsdauer
(E) Vergütungsgruppen

51 ( ) **Was wird im Manteltarifvertrag u.a. vereinbart?**

(A) Anzahl und Zusammensetzung der Betriebsangehörigen im Betriebsrat
(B) Arbeitszeit für Schwerbehinderte
(C) Mehr- und Nachtarbeit, Sozialzulagen
(D) Unfallschutzvorschriften
(E) Vergütungssätze nach Leistungs-beurteilungsmerkmalen

52 ( ) **Ein Tarifvertrag ist *nicht* verbindlich**

(A) bei Allgemeinverbindlichkeitserklärung.
(B) bei einzelvertraglicher Einbeziehung.
(C) bei Tarifgebundenheit.
(D) wenn nur der Arbeitnehmer bei einem Sozialpartner (Gewerkschaften) organisiert ist.
(E) wenn ein wilder Streik ausgerufen wird.

521 Unter tariflicher Friedenspflicht versteht man die Pflicht der

(A) Arbeitgeber, bis zum Zustandekommen eines Tarifvertrages auf Kampfmaßnahmen zu verzichten.

(B) Arbeitnehmer, nach Ablauf eines Tarifvertrages sechs Monate keine Lohnerhöhung zu fordern.

(C) Bundesagentur für Arbeit, während der Tarifauseinandersetzungen keinerlei finanzielle Leistungen zu gewähren.

(D) Bundesregierung, keinen Einfluss auf Tarifverhandlungen zu nehmen.

(E) Tarifvertragsparteien, während der Laufzeit eines Tarifvertrages auf Arbeitskampfmaßnahmen zu verzichten.

522 Ein innerhalb eines Industriezweiges für allgemein verbindlich erklärter Tarifvertrag gilt für alle

(A) Angestellten.

(B) Arbeiter.

(C) Beschäftigten.

(D) Gewerkschaftsmitglieder.

(E) Betriebsratsmitglieder.

523 Können tarifvertragliche Arbeitsbedingungen geändert werden?

(A) Mit Zustimmung des Betriebsrates.

(B) Nur zu Gunsten der Arbeitnehmer.

(C) Vom Arbeitgeber jederzeit.

(D) Nur mit Zustimmung der Berufsgenossenschaft.

(E) Nur mit behördlicher Zustimmung.

524 Alle Abschlüsse, Änderungen und Aufhebungen von Tarifverträgen werden im Tarifregister eingetragen. Es wird geführt

(A) beim Arbeitsministerium eines Bundeslandes.

(B) beim Bundesministerium für Wirtschaft und Technologie.

(C) bei der Bundesvereinigung der Deutschen Arbeitgeberverbände.

(D) bei der Industrie- und Handelskammer.

(E) bei der Agentur für Arbeit.

525 Über einen Streik der Arbeitnehmer wird beschlossen in

(A) der Streikabstimmung.

(B) dem Streikaufruf.

(C) dem Streikbeschluss.

(D) der Urabstimmung.

(E) der Tarifkommission.

526 Welche rechtliche Auswirkung hat ein rechtmäßiger Streik auf das Arbeitsverhältnis?

(A) Aufhebung der Pflichten und Rechte.

(B) Auflösung nach drei Wochen.

(C) Schadenersatzpflicht des Arbeitnehmers gegenüber dem Arbeitgeber.

(D) Sofortige Auflösung.

(E) Keine.

527 Beamte haben *nicht* das gewerkschaftliche Recht auf

(A) die Forderung längeren Urlaubs.

(B) die Forderung nach Arbeitszeitverkürzung.

(C) die Forderung von Gehaltserhöhungen.

(D) Mitbestimmung.

(E) Streik zur Durchsetzung ihrer Forderungen.

528 „Wilder Streik" bedeutet: Die Arbeitsniederlegung

(A) ist aus politischen Gründen veranlasst.

(B) ist mit Sachbeschädigungen verbunden.

(C) ist nicht durch die Gewerkschaft veranlasst.

(D) wird zeitlich unbegrenzt durchgeführt.

(E) ist auf bestimmte Unternehmen begrenzt.

529 Wie nennt man bei Arbeitseinstellung mehrerer Arbeitnehmer eines Wirtschaftszweiges die Hauptmaßnahme der Arbeitgeber?

(A) Aussperrung

(B) Ausweisung

(C) Boykott

(D) Streik

(E) Sanktion

530 ◯ **Kann ein Unternehmer infolge Streik bei seinen Vorlieferanten nicht produzieren, dann haben seine Arbeitnehmer**

(A) Anspruch auf die Hälfte des Lohnes.

(B) Anspruch auf dreiwöchige Lohnfortzahlung.

(C) keinen Anspruch auf Lohn.

(D) Anspruch auf vollen Lohn.

531 ◯ **Rechtlich zulässig sind Arbeitskampfmaßnahmen**

(A) eines Betriebsrats gegen den Arbeitgeber.

(B) gegen einen bestehenden Tarifvertrag.

(C) gegen einen einzelnen Arbeitgeber.

(D) von Beamten.

532 **Wie bezeichnet man die Maßnahme, wenn während eines Tarifkonfliktes**

◯ **nur einige wichtige Unternehmen bestreikt werden?**

◯ **organisierte Arbeitnehmer eines Tarifgebietes die Arbeit für eine Stunde niederlegen?**

(A) Generalstreik

(B) Schwerpunktstreik

(C) Sympathiestreik

(D) Warnstreik

(E) Wilder Streik

533 ◯ **Was hat bei tariflichen Auseinandersetzungen eine Aussperrung zur Folge?**

(A) Ausschluss der Leistung von Überstunden durch Arbeitnehmer.

(B) Ausschluss von Arbeitnehmern.

(C) Urlaubssperre zum Ausgleich des Arbeitsausfalles.

(D) Verweigerung von Streikgeld für alle Arbeitnehmer.

534 ◯ **Eine rechtmäßige Aussperrung hat auf das Arbeitsverhältnis eine**

(A) grundsätzlich lösende Wirkung.

(B) grundsätzlich suspendierende Wirkung.

(C) lösende Wirkung nach drei Wochen.

(D) Zurückstufung auf ein niedrigeres Lohnniveau zur Folge.

535 ◯ **Von Arbeitgeber und Betriebsrat ist gemeinsam ein „Sozialplan" auszuarbeiten bei**

(A) Aussperrung.

(B) Betriebserweiterung.

(C) Betriebsstilllegung.

(D) Einführung von Sozialmaßnahmen.

(E) Kurzarbeit.

536 ◯ **Nach welcher Landesverfassung gilt die Aussperrung als rechtswidrig?**

(A) Bremen

(B) Bayern

(C) Baden-Württemberg

(D) Hessen

(E) Nordrhein-Westfalen

537 ◯ **Die betriebliche Altersversorgung gewährt** *keine/keinen*

(A) Altersrente

(B) Invalidenrente

(C) Krankenversicherungsschutz

(D) Waisenrente

(E) Witwenrente

538 ◯ **Die betriebliche Unterstützungskasse ist eine rechtsfähige Einrichtung, die den Leistungsempfängern keinen Rechtsanspruch gewährt. Sie gewährt jedoch weitgehendst**

(A) freiwillige Unterstützungen.

(B) Jubiläumsspenden.

(C) laufende Leistungen zur Alters-, Invaliden- und Hinterbliebenenversorgung.

(D) Leistungen in Notfällen.

(E) Leistungen von Fall zu Fall in Krankheitsfällen.

539 ◯ **Eine betriebliche Alters-, Invaliden- und Hinterbliebenenversorgung kann** *nicht* **abgesichert werden durch**

(A) eine betriebliche Pensionskasse.

(B) eine betriebliche Unterstützungskasse.

(C) eine Direktversicherung zu Gunsten von Betriebsangehörigen.

(D) eine Sterbegeldeinrichtung.

(E) Versorgungszusagen an Betriebsangehörige.

540 **Die betriebliche Altersversorgung eines Unternehmens dient vor allem der**

(A) Ergänzung von Leistungen der gesetzlichen Rentenversicherung.

(B) Verbesserung von Leistungen bei Betriebsunfällen.

(C) Verbesserung von Leistungen in Krankheitsfällen.

(D) zusätzlichen Versorgung von Beamten.

(E) zusätzlichen Versorgung von Beschäftigten im öffentlichen Dienst.

541 **Wenn Betriebsangehörige das betriebliche Altersruhegeld bereits im Alter von 63 Jahren in Anspruch nehmen wollen, dies jedoch satzungs- oder vertragsgemäß nicht vorgesehen ist, dann erhalten sie**

(A) den Rückkaufswert des angesammelten Kapitals.

(B) die versicherungsmathematisch zu berechnende, gekürzte Rente.

(C) die Versicherungssumme ohne Dividende.

(D) die volle vorgesehene Altersrente.

(E) die volle vorgesehene Witwen- u. Waisenrente.

542 **Zuweisungen eines Betriebes an seine Pensionskasse überprüft**

(A) das Bundesaufsichtsamt anhand vorzulegender versicherungsmathematischer Unterlagen.

(B) das Bundeskartellamt nach einem Branchenvergleich.

(C) das Finanzamt nach der jährlichen Lohn- und Gehaltssumme.

(D) die Oberfinanzdirektion nach der Gewinn- und Verlustrechnung.

543 **Wer sichert in der Regel die betrieblichen Altersrenten/Versorgungsleistungen bei Zahlungsunfähigkeit des Arbeitgebers?**

(A) Arbeitsunterbrechungs-Versicherung

(B) Bundesagentur für Arbeit

(C) Bundesaufsichtsamt

(D) Deutsche Rentenversicherung

(E) Pensionssicherungs-Verein

544 **Zuweisungen an betriebliche Unterstützungskassen, mit lebenslänglichen und nicht lebenslänglichen Leistungen, orientieren sich im Wesentlichen an der Lohn- und Gehaltssumme. Die Zuweisungen überprüft**

(A) das Bundesaufsichtsamt für das Versicherungs- und Bausparwesen.

(B) die Landesaufsichtsbehörde.

(C) die Oberfinanzdirektion.

(D) der Steuerberater.

(E) das zuständige Finanzamt.

4. Betriebliche Mitbestimmung

45 Wo sind/ist allgemein geregelt

◯ Akkorddurchführungs-
bestimmungen?

◯ Arbeitszeit eines Facharbeiters?

◯ Beziehungen zwischen Arbeitgebern
und Arbeitnehmern?

◯ Lohn- und Gehaltszahlungs-
termine?

◯ Mitbestimmung der Arbeitnehmer
in Betrieben der gewerblichen
Wirtschaft?

◯ Stellung des Betriebsrates?

(A) Arbeitsförderungsgesetz
(B) Betriebsvereinbarung
(C) Betriebsverfassungsgesetz
(D) Gewerbeordnung
(E) Tarifvertrag

46 ◯ Die allgemeine Regelung der Beziehungen zwischen Arbeitgebern
und Arbeitnehmern ist festgelegt im/in der

(A) Betriebsverfassungsgesetz.
(B) Handelsgesetzbuch.
(C) Mitbestimmungsgesetz.
(D) Wirtschafts- und Sozialordnung.
(E) Grundgesetz.

47 ◯ Betriebsvereinbarungen werden
getroffen zwischen

(A) Betriebsräten verschiedener Betriebe.
(B) Betriebsrat und Arbeitgeber.
(C) Gewerkschaften und Arbeitnehmern.
(D) Gewerkschaften und Arbeitgeber-
verbänden.
(E) Vorstand und Aufsichtsrat.

◯ Betriebsvereinbarungen gelten   **548**

(A) für alle Betriebsangehörigen.
(B) nur für gewerkschaftlich organisierte
Arbeitnehmer.
(C) nur für Vertragsangestellte.
(D) nur in Betrieben, die einem Arbeitgeber-
verband angeschlossen sind.

◯ Das Gesetz über die Mitbestimmung   **549**
der Arbeitnehmer betrifft in der Regel nur
Unternehmen mit mehr als

(A) 500 Arbeitnehmern.
(B) 1.000 Arbeitnehmern.
(C) 2.000 Arbeitnehmern.
(D) 2.500 Arbeitnehmern.
(E) 3.000 Arbeitnehmern.

Welches Recht hat der Betriebsrat in den auf-   **550**
geführten Fällen?

◯ Errichtung und Ausgestaltung
betrieblicher Einrichtungen zur
Berufsbildung.

◯ Festlegung des Produktions-
programmes.

◯ Form, Ausgestaltung und Verwaltung
von betrieblichen Sozialeinrichtungen.

◯ Fragen der betrieblichen Lohn-
gestaltung und Aufstellung von
Entlohnungsgrundsätzen.

◯ Maßnahmen zur Verhütung von
Arbeitsunfällen.

(A) Mitberatung
(B) Mitbestimmung
(C) Weder Mitbestimmung noch Mitberatung

◯ In Betriebsvereinbarungen werden   **551**
z. B. *keine* Beschlüsse gefasst über

(A) betriebliche Sicherheitsvorschriften.
(B) Finanzierung neuer Betriebseinrichtungen.
(C) Ort und Zeit der Lohnzahlung.
(D) Verwaltung von Sozialeinrichtungen.
(E) zusätzliche Unfallverhütungsmaßnahmen.

552 Der Betriebsrat hat ein Mitbestimmungs- und Mitberatungsrecht. Welche Rechte stehen ihm für die folgenden Fälle zu?

◯ Anhebung der Tantiemen des Aufsichtsrates.

◯ Ausschreibung von Arbeitsplätzen.

◯ Festsetzung von Beginn und Ende der Arbeitszeit.

◯ Verlegung des Betriebes.

◯ Zeit, Ort und Art der Auszahlung der Arbeitsentgelte.

(A) Mitberatung

(B) Mitbestimmung

(C) Weder Mitberatung noch Mitbestimmung

553 ◯ Nach dem Betriebsverfassungsgesetz haben Arbeitgeber und Betriebsrat bei Meinungsverschiedenheiten eine Einigungsstelle einzuschalten. Diese setzt sich zusammen aus der gleichen Anzahl von Vertretern

(A) des Arbeitgebers, des Betriebsrats und der Gewerkschaft.

(B) des Arbeitgebers und der Gewerkschaft sowie einem Arbeitsrichter.

(C) des Arbeitgebers und des Betriebsrats sowie einem unparteiischen Vorsitzenden.

(D) eines Arbeitgeberverbandes und des DGB.

554 ◯ Nach welchem Gesetz hat der Arbeitnehmer das Recht, seine Personalakte einzusehen?

(A) Berufsbildungsgesetz

(B) Betriebsverfassungsgesetz

(C) Bürgerliches Gesetzbuch

(D) Grundgesetz

(E) Handelsgesetzbuch

555 ◯ Jeder Arbeitnehmer hat nach dem Betriebsverfassungsgesetz ein Anhörungs- und Informationsrecht. Was kann er jedoch *nicht* verlangen?

(A) Auskunft über Vermögensverhältnisse des Unternehmers.

(B) Berechnung seines Arbeitsentgeltes.

(C) Beschwerderecht.

(D) Darlegung seiner Leistungsbeurteilung.

(E) Einsicht in seine Personalakte.

55 ◯ Wer vertritt die Rechte aller Arbeitnehmer im Betrieb?

(A) Betriebsrat

(B) Gewerbeaufsichtsamt

(C) Gewerkschaften

(D) Industrie- und Handelskammer

(E) Kammer für Handelssachen

55 ◯ Die Stellung des Betriebsrates ist geregelt in der/im

(A) Betriebsordnung.

(B) Betriebsverfassungsgesetz.

(C) Gewerbeordnung.

(D) Tarifvertragsgesetz.

(E) BGB.

(F) HGB.

55 ◯ Ab welchem Alter kann sich ein Betriebsangehöriger an der Betriebsratswahl beteiligen?

(A) 16 Jahre

(B) 18 Jahre

(C) 20 Jahre

(D) 21 Jahre

(E) 24 Jahre

55 ◯ Nach dem Betriebsverfassungsgesetz ist ein Betriebsrat zu wählen in Betrieben

(A) gewerblicher Art.

(B) mit mindestens 5 wahlberechtigten Arbeitnehmern, von denen drei wählbar sind.

(C) mit mindestens 10 wahlberechtigten Arbeitnehmern.

(D) mit mindestens 50 wahlberechtigten Arbeitnehmern.

(E) von Kapitalgesellschaften.

56 ◯ Die Zahl der Betriebsratsmitglieder richtet sich nach der/dem

(A) Betriebsart.

(B) Betriebsumsatz.

(C) Zahl aller im Betrieb Beschäftigten.

(D) Zahl der wahlberechtigten Arbeitnehmer.

(E) Zahl der Aufsichtsratsmitglieder.

561 **Voraussetzungen für die Wählbarkeit eines Kandidaten bei einer Betriebsratswahl sind ein Mindestalter von**

(A) 18 Jahren und ein halbes Jahr Betriebszugehörigkeit.

(B) 21 Jahren und ein halbes Jahr Betriebszugehörigkeit.

(C) 21 Jahren und ein Jahr Betriebszugehörigkeit.

(D) 24 Jahren und ein Jahr Betriebszugehörigkeit.

(E) 28 Jahren.

562 **Die Amtszeit des Betriebsrates dauert:**

(A) 1 Jahr

(B) 2 Jahre

(C) 3 Jahre

(D) 4 Jahre

(E) 5 Jahre

563 **In welchen Zeitabständen hat der Betriebsrat regelmäßig Betriebsversammlungen im Betrieb während der Arbeitszeit einzuberufen?**

(A) Wöchentlich

(B) Monatlich

(C) Vierteljährlich

(D) Halbjährlich

(E) Jährlich

564 **Der Betriebsrat kann *nicht* mitbestimmen bei**

(A) Ablehnung eines Zuschusses für ein betriebliches Kantinenessen.

(B) Anhebung der Tantiemen der Aufsichtsratsmitglieder.

(C) Entlassung von Arbeitnehmern wegen Arbeitsmangels.

(D) Umstellung von Zeit- auf Akkordlohn.

(E) Umstellung von Akkord- auf Zeitlohn.

565 **Der Betriebsrat muss eine Jugend- und Auszubildendenvertretung haben, wenn in einem Unternehmen mindestens tätig sind**

(A) 3 Jugendliche über 16 Jahren oder Auszubildende unter 25 Jahren.

(B) 5 Jugendliche unter 18 Jahren oder Auszubildende unter 25 Jahren.

(C) 5 Jugendliche unter 21 Jahren oder Auszubildende unter 25 Jahren.

(D) 10 Jugendliche unter 21 Jahren oder Auszubildende unter 25 Jahren.

(E) 12 Jugendliche unter 21 Jahren oder Auszubildende unter 25 Jahren.

566 **Die Betriebsversammlung ist eine**

(A) Sitzung des Betriebsrats.

(B) Sitzung des Vorstandes bzw. der Geschäftsleitung.

(C) vom Betriebsrat einzuberufende Versammlung der Arbeitnehmer eines Betriebs bzw. Unternehmens.

(D) Zusammenkunft von Betriebsrat und Jugendvertretung.

(E) Sitzung der Jugendvertretung.

567 **Der Betriebsrat fasst seine Beschlüsse**

(A) durch Entscheidung des Betriebsratsvorsitzenden.

(B) einstimmig.

(C) mit absoluter Mehrheit.

(D) mit Mehrheit der Stimmen der anwesenden Mitglieder.

(E) durch Urabstimmung.

568 **Wer hat die durch die Tätigkeit des Betriebsrats entstehenden Kosten zu tragen?**

(A) Alle Arbeitnehmer des Betriebs.

(B) Arbeitgeber allein.

(C) Arbeitgeber und die im Betrieb vertretenen Gruppen.

(D) Betriebsratsmitglieder.

(E) Im Betrieb vertretene Gruppen.

569 **Als betrieblicher Jugend- und Auszubildendenvertreter kann nur gewählt werden, wer**

(A) das 18. Lebensjahr noch nicht vollendet hat.

(B) das 25. Lebensjahr noch nicht vollendet hat.

(C) gewerkschaftlich organisiert ist.

(D) volljährig ist.

(E) noch in der Ausbildung ist.

570 **Nach dem Betriebsverfassungsgesetz sind bei der Wahl der Jugend- und Auszubildendenvertretung wahlberechtigt alle**

(A) Arbeitnehmer unter 18 und Auszubildenden unter 25 Jahren.

(B) Arbeitnehmer unter 21 Jahren.

(C) Arbeitnehmer zwischen 18 und 24 Jahren.

(D) Auszubildenden.

(E) Arbeitnehmer.

571 **Zu welchen Betriebsratssitzungen kann die Jugend- und Auszubildendenvertretung einen Vertreter entsenden?**

(A) Wenn Angelegenheiten der Auszubildenden behandelt werden.

(B) Wenn Angelegenheiten jugendlicher Arbeitnehmer behandelt werden.

(C) Zu allen Betriebsratssitzungen.

(D) Wenn Betriebsstilllegungen geplant sind.

57 **Kann die Jugend- und Auszubildendenvertretung ohne Einschaltung des Betriebsrats mit dem Arbeitgeber verhandeln?**

(A) Ja.

(B) Nein.

(C) Nur über Arbeitszeitfragen.

(D) Nur über Berufsschulprobleme.

(E) Nur über die Berufsausbildung.

57 **Die Amtszeit eines Jugendvertreters beträgt**

(A) 1 Jahr.

(B) 2 Jahre.

(C) 3 Jahre.

(D) 4 Jahre.

(E) 5 Jahre.

57 ***Keine* Aufgabe der Jugend- und Auszubildendenvertretung ist die**

(A) Durchführung innerbetrieblicher beruflicher Schulung.

(B) Mitbestimmung bei Aufstellung der Ausbildungspläne.

(C) Überwachung der Einhaltung von für die Jugendlichen geltenden Gesetzen.

(D) Weiterleitung von Beschwerden Jugendlicher an den Betriebsrat.

5. Sozialversicherung

5 Welcher Zweig der Sozialversicherung wurde als erster bereits 1883 gesetzlich geregelt?

(A) Arbeitslosenversicherung
(B) Krankenversicherung
(C) Rentenversicherung
(D) Unfallversicherung
(E) Invalidenversicherung
(F) Pflegeversicherung

6 Wer gilt als Schöpfer der ersten deutschen Sozialversicherungsgesetze?

(A) August Bebel
(B) Friedrich Engels
(C) Friedrich List
(D) Kaiser Wilhelm II.
(E) Otto Fürst von Bismarck
(F) Karl Marx

7 Die Reichsversicherungsordnung von 1911 (RVO) ist, mit vielen späteren Änderungen, *nicht* das grundlegende Gesetz für die öffentlich-rechtliche

(A) Rentenversicherung.
(B) Pflegeversicherung.
(C) Arbeitslosenversicherung.
(D) Lebensversicherung.
(E) Unfallversicherung.

8 Arbeiter sind während ihres Berufslebens in der Regel stets sozialversicherungspflichtig aufgrund der/des

(A) Arbeiterwohlfahrt.
(B) Bürgerlichen Gesetzbuches (BGB).
(C) Gewerbeordnung (GewO).
(D) Handelsgesetzbuches (HGB).
(E) Reichsversicherungsordnung (RVO).

579 Welche Rechtsform haben die Sozialversicherungsträger?

(A) Gesellschaft des bürgerlichen Rechts
(B) Kapitalanlagegesellschaft
(C) Körperschaft des öffentlichen Rechts
(D) Versicherungsgesellschaft auf Gegenseitigkeit
(E) Verwaltungsrechtliche Personengesellschaft

580 Die Organe der Sozialversicherungen werden gewählt nach jeweils

(A) einem Jahr.
(B) zwei Jahren.
(C) vier Jahren.
(D) fünf Jahren.
(E) sechs Jahren.

581 Für die Sozialversicherungsträger gilt *nicht* die

(A) Beschränkung auf einen bestimmten Versicherungszweig.
(B) Betätigung als Solidargemeinschaft ohne Gewinnstreben.
(C) Errichtung als Körperschaft des öffentlichen Rechts.
(D) Selbstverwaltung der Versicherten und Arbeitgeber.
(E) staatliche Leitung.

582 Was ist unter „Solidaritätsprinzip" bei der Sozialversicherung zu verstehen?

(A) Gleichgewicht zwischen Beiträgen und Leistungen.
(B) Leistungen werden durch Steuermittel finanziert.
(C) Sozialleistungen richten sich nur nach erbrachten Beiträgen.
(D) Die zu versichernden Risiken werden von allen Versicherten gemeinsam getragen.

583 ◯ **Die Selbstverwaltungsorgane der Sozialversicherungsträger sind**

(A) Geschäftsführung, Aufsichtsrat, Vorstand.
(B) Gesellschafterversammlung, Geschäfts-führung.
(C) Mitgliederversammlung, Aufsichtsrat.
(D) Vertreterversammlung, Vorstand.

584 **Welche Versicherungsart wird von welchen Körperschaften des öffentlichen Rechts getragen?**

◯ **Berufsgenossenschaft**

◯ **Betriebskrankenkasse**

◯ **Bundesagentur für Arbeit**

◯ **Deutsche Rentenversicherung**

◯ **Ortskrankenkasse**

(A) Gesetzliche Rentenversicherung
(B) Arbeitslosenversicherung
(C) Gesetzliche Krankenversicherung nach RVO
(D) Gesetzliche Unfallversicherung

585 ◯ **Welche Aussage ist richtig?**
Die Leistungen der Sozialversiche-rungen kann man zusammenfassend bezeich-nen als die

(A) Hilfe des Staates für die gesamte Bevölkerung.
(B) Hilfe kirchlicher Stellen für die Gläubigen.
(C) staatlich organisierte, solidarische Hilfe der Ver-sichertengemeinschaft für den einzelnen Versi-cherten.
(D) freiwillige Leistung der Versicherungen in Not-fällen.

586 ◯ ◯ **Wer ist *nicht* sozialversiche-rungspflichtig?**

(A) Auszubildender
(B) Postarbeiter
(C) Unternehmer
(D) Beamter
(E) Angestellter

58 ◯ **Der Betriebsinhaber zahlt die ein-behaltenen Sozialversicherungs-beiträge an das/die jeweilige**

(A) Finanzamt.
(B) Industrie- und Handelskammer.
(C) Krankenkasse.
(D) Rentenversicherungsanstalt.
(E) städtische Versicherungsamt.

5 ◯ **Die Aufsicht über Betriebs-, Innungs-und Ortskrankenkassen, mit Geschäfts-stellen innerhalb nur eines Landes, ist Aufgabe der/des**

(A) Bundesverbände dieser Kassen.
(B) Bundesversicherungsamtes.
(C) Industrie- und Handelskammern.
(D) obersten Verwaltungsbehörde des Landes.
(E) Versicherungsämter allein.

58 ◯ ***Nicht* versicherungspflichtig sind in der Sozialversicherung**

(A) Angestellte.
(B) Arbeiter.
(C) Auszubildende.
(D) Beamte.
(E) Wehrdienstpflichtige.

5 ◯ ***Kein* Zweig der Sozialversicherung ist die gesetzliche**

(A) Knappschaftsversicherung.
(B) Krankenversicherung.
(C) Rentenversicherung.
(D) Sozialhilfe.
(E) Unfallversicherung.
(F) Pflegeversicherung.

59 ◯ **Der Aufsicht des Bundesver-sicherungsamtes (BVA) unterliegt / unterliegen *nicht* die**

(A) öffentlich-rechtliche Versicherungsanstal-ten mit regionalem Geschäftsbetrieb.
(B) Berufsgenossenschaften.
(C) Bundesknappschaft.
(D) Deutsche Rentenversicherung.
(E) Ersatzkassen in der gesetzlichen Kranken-versicherung.

2 ◯ **In der gesetzlichen Sozialversicherung sind pflichtversichert**

(A) Arbeitnehmer und Beamte.
(B) Arbeitnehmer und gewisse Gruppen Selbständiger.
(C) nur Arbeitnehmer.
(D) nur Handwerker.
(E) nur Beamte.

3 ◯ **Zur Sozialversicherung zählt *nicht*
die Versicherung der**

(A) Berufsunfähigkeit.
(B) Erwerbsunfähigkeit.
(C) Krankheit.
(D) privaten Rente.
(E) Unfallfolgen.

4 Welcher Zweig der Sozialversicherung

◯ **hat hinsichtlich des Personen-
kreises den weitesten Umfang?**

◯ **wird in Zeiten der Vollbeschäftigung
wenig in Anspruch genommen?**

(A) Rentenversicherung
(B) Arbeitslosenversicherung
(C) Pflegeversicherung
(D) Krankenversicherung
(E) Unfallversicherung

5 ◯ **Welche der genannten Versicherungen
gehören *nicht* zu den Sozialversicherungen?**

(A) Arbeitslosenversicherung
(B) Unfallversicherung der Berufsgenossenschaft
(C) Gesetzliche Krankenversicherung
(D) Gesetzliche Rentenversicherung
(E) Allgemeine Haftpflichtversicherung
(F) Gesetzliche Pflegeversicherung

6 ◯ **Von welchem der genannten Beträge
werden die gesetzlichen Sozialversicherungsbeiträge berechnet?**

(A) Nettolohn
(B) Bruttolohn nach Abzug der Lohn- und Kirchensteuer
(C) Gesamter Bruttoarbeitslohn ohne Überstundenvergütung
(D) Gesamter Bruttoarbeitslohn einschließlich Überstundenvergütung
(E) Tariflicher Bruttoarbeitslohn

◯ **Hat der Versicherte einen Anspruch
auf die Regelleistungen aus den Sozialversicherungen?** 597

(A) Nein, nicht generell.
(B) Ja, aber nur bei Bedürftigkeit.
(C) Ja, aber nur in sozialen Härtefällen.
(D) Ja, der Anspruch kann sogar eingeklagt werden.

◯ **Die Anmeldung von Arbeitnehmern
zu den Orts-, Betriebs- und
Innungskrankenkassen obliegt dem/der** 598

(A) Arbeitgeber.
(B) Arbeitnehmer.
(C) Agentur für Arbeit.
(D) Betriebsrat.
(E) Versicherungsamt.

◯ **Angestellte sind in der Regel
krankenversicherungspflichtig bis
zu einem regelmäßigen Jahresverdienst von** 599

(A) 50 % der Beitragsbemessungsgrenze der gesetzlichen Rentenversicherung.
(B) 75 % der Beitragsbemessungsgrenze der gesetzlichen Rentenversicherung.
(C) 75 % der Gesamtbezüge.
(D) 50 % des Tarifgehaltes.
(E) 75 % des Tarifgehaltes.

◯ **Wer trägt in der Regel die Beiträge von
Arbeitnehmern mit Kind(ern) zur gesetzlichen Pflegeversicherung?** 600

(A) Arbeitgeber allein
(B) Arbeitnehmer
(C) Arbeitnehmer und Arbeitgeber jeweils zur Hälfte
(D) $1/3$ Arbeitgeber und $2/3$ Arbeitnehmer
(E) $2/3$ Arbeitgeber und $1/3$ Arbeitnehmer

◯ **Ein Arbeitnehmer mit Kind hat ein Bruttoentgelt von 2.000,00 €. Außerdem übernimmt der Arbeitgeber die vermögenswirksamen
Leistungen von 40,00 € pro Monat. Wie hoch ist
sein Beitrag zur Pflegeversicherung, wenn insgesamt vom Arbeitgeber und Arbeitnehmer 1,95 %
zu zahlen sind?** 601

(A) 19,50 €
(B) 19,60 €
(C) 19,89 €
(D) 39,50 €
(E) 39,78 €

602 ◯ Der Arbeitgeber hat einen Pflicht-
versicherten bei der gesetzlichen
Krankenkasse anzumelden nach längstens

(A) 3 Tagen.
(B) 7 Tagen.
(C) 2 Wochen.
(D) 6 Wochen.
(E) 8 Wochen.

603 ◯ Arbeiter sind krankenversicherungspflichtig

(A) bis zu einem regelmäßigen Jahresarbeits-
verdienst von 50% der Beitragsbemessungsgrenze der Rentenversicherung.
(B) bis zu einem regelmäßigen Jahresarbeits-
verdienst von 75% der Beitragsbemessungsgrenze der Rentenversicherung.
(C) bis zu 75% der jährlichen Gesamtbezüge.
(D) bis zu 75% des jährlichen Tariflohnes.
(E) ohne Rücksicht auf die Höhe des aus
dem Beschäftigungsverhältnis erzielten
Jahresentgeltes.

604 ◯ Wer übernimmt während der Arbeitslosigkeit die Beitragszahlungen zur
Kranken- und Pflegeversicherung?

(A) Arbeitsloser selbst
(B) Bundesagentur für Arbeit
(C) Krankenkasse
(D) Letzter Arbeitgeber

605 ◯ Unter „Ersatzkasse" ist eine
Krankenkasse zu verstehen, die

(A) alle Kosten bei Unfällen ersetzt.
(B) als Ersatz für die Pflichtkrankenkasse
gesetzlich anerkannt ist.
(C) Arztrechnungen und Arzneikosten, nicht
aber Krankenhauskosten ersetzt.
(D) nur Ersatzleistungen bei Privatpatienten
bezahlt.

606 ◯ Durch einen eigenen Versiche-
rungsvertrag zwischen Kasse und
Versicherungsnehmer kommt eine Mitgliedschaft zu Stande bei den

(A) Betriebskrankenkassen.
(B) Ersatzkassen.
(C) Innungskrankenkassen.
(D) Landkrankenkassen.
(E) Ortskrankenkassen (AOK).

60▮ ◯ Der Anspruch auf Krankengeld
beginnt bei Krankheit für kranken-
versicherungspflichtige Angestellte mit dem

(A) Datum der ärztlichen Arbeitsunfähigkeits-
bescheinigung.
(B) Tag der ärztlichen Feststellung der Arbeits-
unfähigkeit.
(C) Tag, der auf die ärztliche Feststellung der
Arbeitsunfähigkeit folgt.
(D) Tag des Beginns der Arbeitsunfähigkeit.
(E) 3. Tag nach dem letzten Arbeitstag.

60▮ ◯ Ein Arbeitnehmer hat ein Bruttoentgelt
von 2.500,00 €. Auf seiner Lohnsteuerkarte ist ein Freibetrag von 500,00 € pro Monat
eingetragen. Wie hoch ist sein Krankenkassen-
beitrag, wenn die Kasse insgesamt vom Arbeitgeber und Arbeitnehmer 15,5 % verlangt?

(A) 155,00 €
(B) 193,75 €
(C) 210,00 €
(D) 280,00 €
(E) 355,00 €

60▮ ◯ Welche Regelleistung erbringt u.a.
die gesetzliche Krankenkasse bzw.
die Ersatzkasse?

(A) Altersruhegeld
(B) Arbeitslosengeld
(C) Bezahlung der Medikamente, ggf. unter
Selbstbeteiligung
(D) Umschulungsunterhaltsgeld
(E) Witwen- und Waisenrente

61▮ ◯ Wer zahlt bei den so genannten
„Mini-Jobs" die Beiträge zur Krankenversicherung?

(A) Arbeitnehmer alleine
(B) Arbeitgeber alleine
(C) Arbeitgeber und Arbeitnehmer je zu Hälfte
(D) Arbeitgeber zu 25 %, Arbeitnehmer zu 75 %
(E) Arbeitgeber zu 75 %, Arbeitnehmer zu 25 %

1 ◯ **In der gesetzlichen Kranken-versicherung ist in ambulanten Fällen auch bei chronischen Krankheiten der Leistungsanspruch zeitlich unbegrenzt, ausgenommen**

(A) Arztbesuche.

(B) Bestrahlungen.

(C) Krankengeld bei derselben Krankheit.

(D) Kriegsbeschädigung.

(E) teuere Medikamente.

2 ◯ **Ein Angestellter hat bei Wegfall der Krankenversicherungspflicht *nicht* das Recht auf den/die**

(A) Arbeitgeberbeitrag für eine Krankenversiche-rung.

(B) Befreiung von der Arbeitslosenversicherungs-pflicht.

(C) freiwillige Weiterversicherung bei der Pflicht-kasse.

(D) Übertritt zur privaten Krankenversicherung (PKV).

3 ◯ **Bei einer privaten Krankenversicherung sind die Beiträge für Frauen und Männer**

(A) unterschiedlich.

(B) gleich hoch.

(C) und alle anderen Familienmitglieder gleich hoch.

(D) gleich und für die Kinder niedriger.

(E) je nach Bundesland verschieden.

4 ◯ **In der gesetzlichen Kranken-versicherung können/kann *nicht* versichert werden**

(A) ambulante und stationäre Heilbehandlung.

(B) Krankengeld.

(C) Krankenhauszusatzversicherung.

(D) Mutterschaftshilfe.

(E) Vorsorgemaßnahmen.

◯ **Alle Arbeitnehmer sind, ohne Rück-sicht auf Alter, Arbeitszeit, Dienststel-lung und Entgelt, versicherungspflichtig in der gesetzlichen** 615

(A) Rentenversicherung.

(B) Arbeitslosenversicherung.

(C) Krankenversicherung.

(D) Pflegeversicherung.

(E) Unfallversicherung.

◯ ◯ **Beamte** 616

(A) sind in Ausnahmefällen in der gesetzlichen Krankenversicherung.

(B) sind generell in der privaten Krankenversiche-rung.

(C) können zwischen der privaten und gesetzli-chen Krankenversicherung frei wählen.

(D) erhalten nur Beihilfe vom Arbeitgeber.

(E) sind nicht krankenversichert.

◯ **Die Beihilfe für Beamte** 617

(A) zahlt die Pensionen.

(B) ersetzt einen Teil der verauslagten Arztkosten.

(C) zahlt im Falle der Arbeitslosigkeit.

(D) übernimmt die vollen Leistungen der Pflegever-sicherung.

(E) tritt ausschließlich für Kosten eines Arbeitsun-falles ein.

◯ ◯ **Welche der folgenden Aussagen über die gesetzliche Kranken-versicherung sind *falsch*?** 618

(A) Ehefrau und Kinder sind stets beim Ehemann mitversichert.

(B) Im Krankheitsfall werden die Arztkosten in vol-ler Höhe getragen.

(C) Die Höhe der Beiträge richtet sich ausschließ-lich nach der Höhe des Bruttoverdienstes.

(D) Die Kosten für Medikamente werden immer in voller Höhe übernommen.

(E) Die Krankenversicherung ist der älteste Zweig der Sozialversicherung und war damit zugleich der erste Schritt der Bismarck'schen Sozialge-setzgebung.

619 ◯ **Ein Privatpatient ist z. B. versichert bei der**

(A) AOK.

(B) Allianz.

(C) Barmer.

(D) DAK.

(E) Techniker Krankenkasse.

620 ◯ **Eine private Krankenversicherung bezahlt in der Regel *nicht***

(A) ärztliche Leistungen.

(B) zahnärztliche Leistungen.

(C) den Aufenthalt in Krankenhäusern.

(D) die Behandlung in Krankenhäusern.

(E) Arbeitsunfähigkeits-Bescheinigungen („Gelbe Zettel").

621 ◯ **Welche Gemeinsamkeit besteht zwischen DAK, BEK und Techniker Krankenkasse?**

(A) Es handelt sich um Betriebskrankenkassen.

(B) Es handelt sich um Privatkrankenkassen.

(C) Es handelt sich um so genannte Ersatzkassen.

(D) Es handelt sich um Innungskrankenkassen.

(E) Sie sind Teil der Allgemeinen Ortskrankenkassen.

622 ◯ **Welche Aussage ist *falsch*?**

(A) Bei allen deutschen Krankenkassen sind die Beitragssätze (in Prozent) gleich hoch.

(B) Bei den gesetzlichen Krankenkassen sind auch Beamte versichert.

(C) Arbeitnehmer- und Arbeitgebervertreter sind an der Selbstverwaltung der Krankenkassen beteiligt.

(D) Große Unternehmen haben häufig eigene Betriebskrankenkassen.

(E) Die Gesellen der Handwerksbetriebe sind bei den Innungskrankenkassen versichert.

623 ◯ **Welche der gesetzlichen Sozialversicherungen befasst sich insbesondere mit Unfallverhütung und Unfallschutz?**

(A) Ersatzkassen

(B) Arbeitslosenversicherung

(C) Rentenversicherung

(D) Allgemeine Ortskrankenkassen

(E) Berufsgenossenschaften

◯ **Von welcher Größe wird u. a. der Beitrag zur gesetzlichen Unfallversicherung berechnet?** 62

(A) Einkommen des Unternehmers.

(B) Anzahl der vom Betrieb gemeldeten Betriebsunfälle.

(C) Anzahl der in einem Betrieb beschäftigen Personen.

(D) Summe aller Löhne und Gehälter eines Jahres.

(E) Größe (in qm) der Produktionsanlagen.

◯ **In welchem der folgenden Fälle zahlt die gesetzliche Unfallversicherung *nicht*?** 62

(A) Ein Arbeiter stürzt bei Glatteis auf dem Nachhauseweg von der Arbeit und bricht sich ein Bein.

(B) Eine Sekretärin stürzt im Büro beim Aktenablegen von der Leiter und verletzt sich.

(C) Ein Kind stürzt beim Spielen im Kinderzimmer vom Hochbett und verletzt sich.

(D) Ein Monteur rutscht während der Arbeit mit der Bohrmaschine ab und verletzt sich am Bein.

(E) Ein Bäcker wird durch ständiges Einatmen des Mehlstaubs erwerbsunfähig.

◯ **Wer haftet bei Schäden durch Berufskrankheiten?** 62

(A) Arbeitgeber

(B) Arbeitslosenversicherung

(C) Berufsgenossenschaft

(D) Betriebsleiter

(E) Arbeitnehmer

◯ **Welche Personen sind in der gesetzlichen Unfallversicherung *nicht* pflichtversichert?** 62

(A) Angestellte

(B) Auszubildende

(C) Beamte

(D) Heimarbeiter

(E) Umschüler

8 **Die gesetzliche Krankenkasse leistet *nicht* bei**

(A) Arbeitsunfällen, wenn der Durchgangsarzt eine berufsgenossenschaftliche Behandlung anordnet.

(B) chronischen Leiden ohne Besserungsaussicht.

(C) Kriegsbeschädigungen.

(D) Sportunfällen.

(E) Unfällen im Haushalt.

9 **Der Unfallversicherungsschutz auf dem Weg zur Arbeit beginnt mit dem**

(A) Antritt der Fahrt in einem öffentlichen Verkehrsmittel.

(B) Heraustreten aus der Außentür des Wohnhauses.

(C) Schließen der Wohnungstür.

(D) Überqueren der ersten Straße.

0 **Wer trägt die Beiträge zur gesetzlichen Unfallversicherung?**

(A) Arbeitgeber allein

(B) Arbeitgeber und Arbeitnehmer je zur Hälfte

(C) Arbeitnehmer allein (Lohnabzug)

(D) Bund

(E) Länder

1 **Wer kommt für Unfallschäden auf, die auf dem Weg zur Arbeit eingetreten sind?**

(A) Arbeitgeber

(B) Arbeitgeber und Geschädigter je zur Hälfte

(C) Berufsgenossenschaft

(D) Zuständige Rentenversicherung

2 **Wegeunfall ist jeder Unfall eines Arbeitnehmers bzw. Auszubildenden**

(A) auf dem Weg von der Wohnung zum Arzt.

(B) auf dem Weg zwischen Wohnung und Betrieb bzw. Schule.

(C) auf öffentlichen Wegen.

(D) außerhalb des Wohnhauses.

(E) während seines bezahlten Urlaubs.

633 **Unfallversicherungsschutz ist auch auf Fahrgemeinschaften ausgedehnt. Sind dabei auch Umwege mit einbezogen, um mitfahrende Personen abzuholen und abzusetzen?**

(A) Grundsätzlich ja.

(B) In keinem Falle.

(C) Nur bei schlechtem Wetter bis 5 km.

(D) Nur bei Verkehrshindernissen.

634 **In welchem Fall besteht z. B. nach einem Unfall *kein* Anspruch auf Leistungen der gesetzlichen Unfallversicherung?**

(A) Auf dem Heimweg von einem Kinobesuch nach der Arbeitszeit.

(B) Auf dem Weg von der Arbeitsstätte nach Hause.

(C) Auf dem Weg zur Arbeitsstätte.

(D) Auf der Heimfahrt vom Betrieb am Wochenende zur Familie.

(E) Beim Betriebssport nach der Arbeitszeit.

635 **Wem ist nach einem Arbeitsunfall unverzüglich eine Unfallanzeige des Arbeitgebers zu senden?**

(A) Arbeitgeberverband

(B) Berufsgenossenschaft und Gewerbeaufsichtsamt

(C) Gesundheitsamt

(D) Polizeibehörde

636 **Bei Arbeitsunfähigkeit wegen eines Arbeitsunfalles oder einer Berufskrankheit zahlt die Berufsgenossenschaft nach Wegfall des Arbeitsentgeltes**

(A) Krankengeld.

(B) Rehabilitationsgeld.

(C) Schongeld.

(D) Übergangsgeld.

(E) Unfallkrankengeld.

637 **Als Arbeitsunfall gilt im Allgemeinen *nicht* ein Unfall**

(A) auf dem Weg von der Arbeit.

(B) auf dem Weg zur Berufsschule.

(C) infolge beschädigender Einwirkung der beruflichen Tätigkeit (Berufskrankheit).

(D) während der Essenseinnahme im Betrieb.

638 Bei Arbeitsunfällen entscheidet der Durchgangsarzt *nicht* über die Frage der/des

(A) ambulanten oder stationären Weiterbehandlung.

(B) Höhe des Kranken- oder Übergangsgeldes.

(C) Umfanges seiner Sofortmaßnahmen.

(D) Weiterbehandlung auf Kassenkrankenschein oder durch die Berufsgenossenschaft.

639 Der Anspruch auf Krankengeld wegen eines Arbeitsunfalles beginnt

(A) einen Tag nach der ärztlichen Feststellung der Arbeitsunfähigkeit.

(B) einen Tag nach Eingang der Unfallanzeige bei der Berufsgenossenschaft.

(C) mit dem Tag der ärztlichen Feststellung der Arbeitsunfähigkeit.

(D) mit dem Tag des Arbeitsunfalles.

640 Bei Arbeitsunfällen und Berufskrankheiten gewähren die Berufsgenossenschaften keine / kein

(A) Beihilfen.

(B) Berufshilfe.

(C) besonderes Schmerzensgeld.

(D) Heilbehandlung.

(E) Unfallrente.

641 Ein Anspruch auf Leistungen der gesetzlichen Unfallversicherung wird ausgeschlossen bei

(A) Abschluss einer privaten Unfallversicherung.

(B) Berufskrankheit.

(C) Fahrlässigkeit des Verletzten.

(D) Tötung infolge eines Arbeitsunfalles.

(E) vorsätzlicher Herbeiführung des Unfalles.

642 Wer überwacht die Einhaltung der Unfallverhütungsvorschriften?

(A) Deutsche Rentenversicherung

(B) Zuständige Landesbehörden und Träger der gesetzlichen Unfallversicherung

(C) Industrie- und Handelskammern

(D) Krankenversicherungen

(E) Bundesagentur für Arbeit

64 Als Berufskrankheit gilt eine bestimmte Erkrankung, die durch berufliche Beschäftigung in der dafür typischen Branche verursacht wird. Danach liegt *keine* Berufskrankheit vor bei einer/einem verursachten

(A) Bleivergiftung in einem Druckereibetrieb.

(B) grauen Star in einem Versicherungsbüro.

(C) grauen Star in einer Glasbläserei.

(D) Lungenkrebs in einer Chromfarbenfabrik.

(E) Taubheit infolge Lärms in einer metallverarbeitenden Fabrik.

64 Zur Verwaltungs-Berufsgenossenschaft gehören *nicht* die

(A) Banken.

(B) freien Berufe.

(C) Handwerksbetriebe.

(D) Versicherungen.

(E) Verwaltungen.

64 Wer erlässt die Unfallverhütungsvorschriften?

(A) Berufsgenossenschaften

(B) Bundesregierung

(C) Gewerkschaften

(D) Ordnungsämter der Gemeinden

(E) Unternehmerverbände

64 Wofür sind die Berufsgenossenschaften zuständig?

(A) Altersversorgung für Handwerk und freie Berufe.

(B) Interessenvertretung der Arbeitgeber.

(C) Insolvenzausfallversicherung der Arbeitnehmer.

(D) Tarifvertragswesen.

(E) Unfallverhütung, Rehabilitation und finanzielle Leistungen aus der Unfallversicherung.

47 ◯ **Ein Arbeitnehmer erhält von der Berufs-genossenschaft Krankengeld.
Welche Folgerung ist richtig?**

(A) Es handelt sich bei dem Arbeitnehmer um einen Beamten.

(B) Der Arbeitnehmer ist bereits länger als sechs Wochen krank.

(C) Der Arbeitnehmer ist aufgrund eines Arbeitsunfalles krank.

(D) Es handelt sich um einen Arbeiter.

(E) Es handelt sich um einen Beschäftigten des öffentlichen Dienstes.

48 ◯ ◯ **Welche Aussagen sind *falsch*?**

(A) Der Arbeitgeber zahlt die Beiträge an die Berufsgenossenschaft.

(B) Die Beitragshöhe zur Berufsgenossenschaft richtet sich u. a. nach der Gefahrenklasse des Betriebes.

(C) Es gibt Angestellten-Berufsgenossenschaften und Arbeiter-Berufsgenossenschaften.

(D) Die Berufsgenossenschaften sind auch Träger der Arbeitslosenversicherung.

(E) Zu den Aufgaben der Berufsgenossenschaft gehört auch die Verhütung von Berufskrankheiten.

49 ◯ **Wer ist Zwangsmitglied in der Rentenversicherung?**

(A) Alle Arbeiter

(B) Alle Angestellten

(C) Alle Arbeitnehmer

(D) Alle Handwerksmeister

(E) Alle Beamten des einfachen Dienstes

50 ◯ ◯ **Wodurch kann ein Arbeitnehmer die Höhe seiner später von der Rentenversicherung zu zahlenden Rente beeinflussen?**

(A) Durch den Kauf von Immobilien.

(B) Durch den Abschluss einer Lebensversicherung.

(C) Durch die Höhe des versicherungspflichtigen Arbeitsentgeltes.

(D) Durch freiwillige Zahlung höherer Beiträge.

(E) Durch möglichst hohe Ausfallzeiten.

651 ◯ **Warum wird die Rentenversicherung in den kommenden Jahren finanzielle Probleme haben?**

(A) Geburtenkontrolle

(B) Kostensteigerungen im Gesundheitswesen

(C) Inflation

(D) Zunehmende Automatisierung

(E) Erhöhung der durchschnittlichen Lebenserwartung

652 ◯ **Was beinhaltet der so genannte Generationenvertrag?**

(A) Die Arbeitnehmer zahlen mit ihren Beiträgen zur Arbeitslosenversicherung die Renten der nicht mehr arbeitenden Menschen.

(B) Die rentenversicherungspflichtigen Arbeitnehmer zahlen mit ihren Beiträgen zur Rentenversicherung die Renten für die derzeitigen Rentner und erwerben gleichzeitig selbst einen Rentenanspruch.

(C) Der Generationsvertrag ist ein Vertrag zwischen Eltern und Kindern über die Zahlung einer Rente an die Eltern.

(D) Im Generationsvertrag wird geregelt, dass die jungen Arbeitnehmer die Krankheitskosten der nicht mehr erwerbstätigen alten Arbeitnehmer übernehmen.

653 ◯ **Die Renten aus der gesetzlichen Rentenversicherung werden hinsichtlich ihrer Höhe jährlich angepasst. Wie nennt man diese Anpassung?**

(A) Degressive Rente

(B) Progressive Rente

(C) Inflationsrente

(D) Dynamische Rente

(E) Jahresrente

654 ◯ **Welche der folgenden Leistungen wird *nicht* von der Rentenversicherung gezahlt?**

(A) Waisenrente

(B) Medizinische Leistungen zur Rehabilitation

(C) Erwerbsunfähigkeitsrente

(D) Kurzarbeitergeld

(E) Altersrente

655 ⬭ **Muss ein Beamter für ein über der Bemessungsgrundlage liegendes Monatsgehalt Beiträge zur Rentenversicherung zahlen?**

(A) Ja.

(B) Nein.

(C) Nur, wenn er keine private Rentenversicherung hat.

(D) Nein, nur bis zu Höhe der Beitragsbemessungsgrenze.

(E) Bisher nicht, jedoch ab 01.01. des kommenden Jahres.

656 ⬭ **Wer entscheidet, ob für einen Arbeitnehmer die Rentenversicherung zuständig ist?**

(A) Arbeitgeber

(B) Arbeitnehmer

(C) Agentur für Arbeit

(D) Berufsgenossenschaft

(E) Krankenkasse

657 ⬭ **Der Versicherungsnachweis, den ein Arbeitnehmer seinem Arbeitgeber bei der Einstellung vorlegen muss, gilt für die**

(A) Arbeitslosenversicherung.

(B) gesetzliche Krankenversicherung.

(C) gesetzliche Unfallversicherung.

(D) Rentenversicherung.

(E) Pflegeversicherung.

658 ⬭ **Wer trägt bei vollbeschäftigten Arbeitnehmern die Beiträge zur Rentenversicherung?**

(A) Arbeitgeber allein

(B) Arbeitnehmer allein

(C) Arbeitnehmer und Arbeitgeber je zur Hälfte

(D) Berufsgenossenschaft

(E) Berufsgenossenschaft und Arbeitgeber je zur Hälfte

659 ⬭ **Der Rentenversicherungspflicht der Arbeiter oder Angestellten unterliegen u.a.**

(A) Auszubildende.

(B) Beamte.

(C) ohne Entgelt Beschäftigte.

(D) Werksstudenten.

660 ⬭ **Gesetzliche Grundlage der Rentenversicherung sind/ist**

(A) die Allgemeinen Versicherungsbedingungen.

(B) das Sozialgesetzbuch (Sechstes Buch).

(C) das Arbeitsförderungsreformgesetz (AFRG).

(D) das Bundessozialhilfegesetz (BSHG).

(E) die Reichsversicherungsordnung (RVO).

661 ⬭ **Welche Institution legt die Beitragshöhe für die Rentenversicherung fest?**

(A) Bundesarbeitsministerium für Wirtschaft und Technologie

(B) Bundesregierung

(C) Bundestag

(D) Deutsche Rentenversicherung

(E) Bundesversicherungsanstalt

662 ⬭ **Ein Facharbeiter verdient monatlich einen über der Beitragsbemessungsgrenze zur Rentenversicherung liegenden Lohn. Ist er sozialversicherungsfrei?**

(A) Bei Nachweis einer anderweitigen Versorgung.

(B) Durch Abschluss einer Lebensversicherung.

(C) Ja.

(D) Nein.

663 ⬭ **In der gesetzlichen Rentenversicherung wird die Beitragsbemessungsgrenze im Voraus festgelegt durch die/den/das**

(A) Bundesagentur für Arbeit.

(B) Gewerkschaften.

(C) Bundesministerium für Wirtschaft und Technologie.

(D) Bundesfinanzminister.

(E) Deutsche Rentenversicherung.

664 ⬭ **Wie viel Jahre anrechnungsfähiger Versicherungszeiten muss ein Versicherter mindestens nachweisen um ein Anrecht auf Altersruhegeld zu haben?**

(A) 3 Jahre

(B) 5 Jahre

(C) 10 Jahre

(D) 15 Jahre

(E) 20 Jahre

5 Für die Antragstellung auf Zahlung eines Altersruhegeldes aus der gesetzlichen Rentenversicherung ist *nicht* erforderlich:

(A) Antragsvordruck

(B) Heiratsurkunde

(C) laufender Versicherungskarte

(D) Nachweis für Ersatz- und Ausfallzeiten

(E) sämtliche Aufrechnungsbescheinigungen

6 Witwenrente aus der Rentenversicherung erhält eine Frau, die

(A) als Erbin vom Versicherten eingesetzt ist.

(B) mindestens 45 Jahre alt ist.

(C) mit dem Versicherten während seiner aktiven Dienstzeit verheiratet war.

(D) zum Zeitpunkt des Todes des Versicherten mit diesem verheiratet war.

7 Eine der Leistungen der Rentenversicherung ist die/das

(A) Familienhilfe.

(B) Kurzarbeitergeld.

(C) Verletztenrente.

(D) Waisenrente.

(E) Wochenhilfe.

8 Die Waisenrente aus der gesetzlichen Rentenversicherung kann Kindern, wenn sie sich in der Schul- oder Berufsausbildung befinden, höchstens gewährt werden bis zur Vollendung ihres

(A) 15. Lebensjahres.

(B) 18. Lebensjahres.

(C) 21. Lebensjahres.

(D) 25. Lebensjahres.

(E) 27. Lebensjahres.

9 Witwen, die aus der gesetzlichen Rentenversicherung eine Witwenrente beziehen, erhalten bei Wiederverheiratung, auf besonderen Antrag, eine Abfindung in Höhe von

(A) 2 Jahreswitwenrenten.

(B) 3 Jahreswitwenrenten.

(C) 5 Jahreswitwenrenten.

(D) 6 Jahreswitwenrenten.

(E) 10 Jahreswitwenrenten.

670 Wenn der Versicherte noch keine Rente bezogen hat, beginnt die Witwenrente mit

(A) dem Todestag des Versicherten.

(B) Ablauf des Todesmonats.

(C) Ablauf einer Wartefrist von drei Monaten.

(D) Beginn des folgenden Kalenderjahres.

(E) dem Tag der Antragstellung.

671 Ein Witwer kann aus der gesetzlichen Rentenversicherung nur dann eine Rente zugebilligt bekommen, wenn die Ehefrau vor ihrem Tod

(A) Beiträge als freiwillig Versicherte bezahlt hat.

(B) Beiträge als Pflichtversicherte geleistet hat.

(C) Beiträge aus eigenem Vermögen überwiesen hat.

(D) den Familienunterhalt bestritten hat.

672 Die Ausbildungszeiten werden maximal berücksichtigt mit drei Jahren als

(A) Anrechnungszeit.

(B) Beitragszeit.

(C) Ersatzzeit.

(D) Versicherungszeit.

(E) Zurechnungszeit.

673 Die Zeit des Wehr- und Zivildienstes wird in der gesetzlichen Rentenversicherung berücksichtigt als

(A) Beitragszeit.

(B) Ersatzzeit.

(C) Anrechnungszeit.

(D) Unterbrechungszeit.

(E) Wartezeit.

674 Was ist keine Leistung aus der Rentenversicherung?

(A) Berufsunfähigkeitsrente

(B) Erwerbsunfähigkeitsrente

(C) Heilbehandlungsmaßnahme

(D) Kurzarbeitergeld

(E) Wiederherstellung der Erwerbsfähigkeit

675 ◯ In der gesetzlichen Rentenversicherung gehört *nicht* zu den
Anrechnungszeiten

(A) die Arbeitsunfähigkeit durch Krankheit oder
Unfall.

(B) die Fachschulausbildung.

(C) die Hochschulausbildung.

(D) die Schulausbildung vor dem 16. Lebensjahr.

(E) die Schulausbildung nach dem 16. Lebensjahr.

676 Wer ist Träger der Rentenversicherung der

◯ Angestellten?

◯ Arbeiter?

(A) Bundesversicherungsanstalt für Angestellte
(BfA)

(B) Berufsgenossenschaften (BG)

(C) Landesversicherungsanstalten (LVA)

(D) Verband Deutscher Rentenversicherungsträger

(E) Versorgungsämter (VA)

(F) Deutsche Rentenversicherung

677 ◯ Zu den Anrechnungszeiten zählen in der
gesetzlichen Rentenversicherung
nicht Zeiten der/des

(A) Berufsunfähigkeit.

(B) Erwerbsunfähigkeit.

(C) Schulausbildung.

(D) Schwangerschaft.

(E) Wehrdienstes/Zivildienstes.

678 ◯ Bei Einberufung zum Grundwehr-
dienst oder entsprechenden Zivildienst müssen an die Rentenversicherungsträger Beiträge gezahlt werden von
den/vom

(A) Arbeitgebern.

(B) Bund.

(C) Einberufenen.

(D) Gemeinden.

(E) Ländern.

◯ Für eine ärztlich verordnete
Schonungszeit im Anschluss an ein
Heilverfahren wird von der Rentenversicherung
gewährt ein

(A) Genesungsgeld.

(B) Gesundungsgeld.

(C) Haushaltungsgeld.

(D) Rehabilitationszuschuss.

(E) Übergangsgeld.

◯ Zu den Ersatzzeiten in der gesetzlichen Rentenversicherung zählt
nicht die

(A) Aussiedlung oder Umsiedlung.

(B) Berufs- oder Erwerbsunfähigkeit.

(C) Internierung.

(D) Kriegsgefangenschaft.

(E) Verschleppung.

◯ Die Zeit einer Wehr- oder Zivildienst-
leistung wird in der gesetzlichen
Rentenversicherung berücksichtigt als

(A) Anrechnungszeit.

(B) Beitragszeit.

(C) Ersatzzeit.

(D) Unterbrechungszeit.

(E) Zurechnungszeit.

◯ Wer vor dem Wehr- oder Zivildienst
in der Rentenversicherung *nicht*
versichert war, wird für die Dauer der
Dienstleistung versichert in der

(A) Deutschen Rentenversicherung.

(B) privaten Lebensversicherung.

(C) Arbeitslosenversicherung.

(D) Invalidenversicherung.

(E) Unfallversicherung.

◯ Die Wartezeit für die Rente wegen
Berufsunfähigkeit in der gesetzlichen Rentenversicherung ist erfüllt nach
einer Versicherungszeit von

(A) 36 Beitragsmonaten.

(B) 60 Beitragsmonaten.

(C) 120 Beitragsmonaten.

(D) 240 Beitragsmonaten.

(E) 300 Beitragsmonaten.

684 Wer erhält Rente wegen

◯ Berufsunfähigkeit?

◯ Erwerbsunfähigkeit?

Ein Versicherter, der

(A) arbeitslos ist und keinen Anspruch mehr auf Arbeitslosengeld hat.

(B) aufgrund gesundheitlicher Schäden seinen Beruf nicht mehr ausüben kann, weil seine Erwerbsfähigkeit auf weniger als die Hälfte derjenigen vergleichbarer gesunder Versicherungsnehmer gesunken ist.

(C) aufgrund gesundheitlicher Schäden auf nicht absehbare Zeit seinen Lebensunterhalt nicht selbst verdienen kann, weil er nur noch geringe Einkünfte durch Erwerbstätigkeit zu erzielen vermag.

(D) befristet als ausländischer Arbeitnehmer beschäftigt war und in sein Heimatland zurückkehrt.

685 ◯ Die Wartezeit in der gesetzlichen Rentenversicherung für die Rente wegen Erwerbsunfähigkeit ist erfüllt nach einer Versicherungszeit von

(A) 36 Beitragsmonaten.
(B) 60 Beitragsmonaten.
(C) 120 Beitragsmonaten.
(D) 240 Beitragsmonaten.
(E) 300 Beitragsmonaten.

686 ◯ In der gesetzlichen Rentenversicherung ist die Wartezeit für die Witwen- und Waisenrente erfüllt nach einer Versicherungszeit von

(A) 36 Beitragsmonaten.
(B) 60 Beitragsmonaten.
(C) 120 Beitragsmonaten.
(D) 216 Beitragsmonaten.
(E) 240 Beitragsmonaten.

687 ◯ Wie heißt der Träger der Arbeitslosenversicherung?

(A) Bundesministerium für Wirtschaft und Technologie
(B) Bundesagentur für Arbeit
(C) Deutsche Rentenversicherung
(D) Bundesministerium für Arbeit und Soziales

688 ◯ Was bedeutet Rentendynamisierung?

(A) Angleichung der Beiträge an die Leistungen der Rentenversicherung.

(B) Laufende Anpassung der Renten an die Lohn- und Gehaltsentwicklung.

(C) Staatlich garantierte jährliche Erhöhung der Renten.

(D) Steigende Beitragsbemessungsgrenze zur Rentenversicherung.

(E) Laufende Anpassung der Renten an die Beamtenpensionen.

689 ◯ Für den Auszubildenden sind Beiträge zur Arbeitslosenversicherung zu leisten für das/die

(A) erste Ausbildungsjahr.
(B) zweite Ausbildungsjahr.
(C) zweite und dritte Ausbildungsjahr.
(D) letzte Ausbildungsjahr.
(E) ganze Ausbildungszeit.

690 ◯ Ein Zweig der Sozialversicherung ist die

(A) Arbeitslosenversicherung.
(B) Feuerversicherung.
(C) Haftpflichtversicherung.
(D) Lebensversicherung.
(E) private Krankenversicherung.

691 ◯ Arbeitnehmer sind arbeitslosenversicherungspflichtig auch bei Beschäftigung als

(A) Berufstätige mit weniger als 20 Arbeitsstunden pro Woche.
(B) Leitende Angestellte.
(C) Werkstudenten.
(D) 64-jährige.
(E) 65-jährige.

692 ◯ **Der Arbeitslosenversicherungs-
pflicht unterliegen *nicht***

(A) Angestellte, die nur bis 21 Stunden
wöchentlich arbeiten.

(B) Arbeiter mit einem Monatslohn über
400,00 €.

(C) Beamte.

(D) beschäftigte Rentner, die eine Berufsunfähigkeitsrente beziehen.

(E) höherverdienende Angestellte.

693 ◯ **Die Arbeitslosenversicherungs-
beiträge werden getragen**

(A) vom Arbeitgeber.

(B) vom Arbeitnehmer.

(C) je zur Hälfte vom Arbeitnehmer und Arbeitgeber.

(D) zu $1/3$ vom Arbeitgeber und zu $2/3$ vom Arbeitnehmer.

(E) zu $2/3$ vom Arbeitgeber und zu $1/3$ vom Arbeitnehmer.

694 ◯ **Der freiwillige Eintritt oder die freiwillige Weiterversicherung bei
einem Sozialversicherungsträger ist
nicht möglich in der**

(A) Arbeitslosenversicherung.

(B) Knappschaftsversicherung.

(C) Krankenversicherung.

(D) Rentenversicherung.

(E) Unfallversicherung.

695 ◯ **Der Arbeitgeber führt die einbe-
haltenen Beiträge zur Arbeitslosenversicherung ab an das/die jeweilige**

(A) Agentur für Arbeit.

(B) Berufsgenossenschaft.

(C) Finanzamt.

(D) Krankenkasse.

(E) Deutsche Rentenversicherung.

69▮ ◯ **Was gehört *nicht* zu den Aufgaben
der Agentur für Arbeit?**

(A) Zahlung von Arbeitslosengeld

(B) Arbeitsvermittlung

(C) Berufsberatung

(D) Umschulung

(E) Zahlung von Altersruhegeld

69▮ ◯ ◯ **Welche Leistungen sind *nicht*
von der Arbeitslosenversiche-
rung zu erbringen?**

(A) Kurzarbeitergeld

(B) Erwerbsunfähigkeitsrente

(C) Krankengeld

(D) Arbeitslosengeld

(E) Unterhaltsgeld

69▮ ◯ **Von der Bundesagentur für Arbeit wird
folgende Leistung *nicht* erbracht:**

(A) Berufsberatung und Arbeitsvermittlung.

(B) Zahlung des Krankenversicherungs-
beitrages für Arbeitslose.

(C) Medizinische Maßnahmen
zur Rehabilitation.

(D) Zahlung von Arbeitslosengeld.

(E) Zahlung von Kurzarbeitergeld.

69▮ ◯ ◯ **Arbeitslosengeld erhält nur,
wer i.d.R.**

(A) Bedürftigkeit nachweisen kann.

(B) in den letzten zwei Jahren mindestens
26 Wochen beitragspflichtig beschäftigt war.

(C) in den letzten 3 Jahren mindestens
360 Kalendertage beitragspflichtig
beschäftigt war.

(D) mindestens ein Jahr ohne Unterbrechung
beschäftigt war.

(E) mindestens 78 Wochen ohne Unterbrechung
Beiträge gezahlt hat.

(F) als Saisonarbeitnehmer in den letzten 3 Jahren
mindestens 180 Kalendertage beitragspflichtig
beschäftigt war.

70▮ ◯ **Das Arbeitslosengeld wird regelmäßig
überwiesen von den zuständigen**

(A) Arbeitsagenturen.

(B) Gemeindeverwaltungen.

(C) Industrie- und Handelskammern.

(D) Sozialämtern.

701   ◯ **Die Höhe des Arbeitslosengeldes richtet sich nach**

(A) Alter und Familienstand.

(B) Alter und Zahl der Familienangehörigen.

(C) Zahl der Beitragsmonate.

(D) Zahl und Höhe der entrichteten Beiträge.

(E) zuletzt bezogenem Nettoarbeitslohn bzw. -gehalt.

(F) dem durchschnittlichen Versicherungspflichtigen Arbeitsentgelt, der Lohnsteuerklasse und Vorhandensein eines Kindes.

◯ **In Zeiten wirtschaftlicher Rezession wird mit ihrer Leistung besonders in Anspruch genommen die**   **702**

(A) Riester-Rente.

(B) Rentenversicherung.

(C) Arbeitslosenversicherung.

(D) gesetzliche Krankenversicherung.

(E) gesetzliche Unfallversicherung.

(F) Pflegeversicherung.

6. Arbeits- und Sozialgerichtsbarkeit

703

Wer übt die Dienstaufsicht über die Arbeitsgerichte aus?

(A) Arbeitsministerium der Länder bzw. des Bundes

(B) Justizbehörde des Bundes bzw. der Länder

(C) Kammer für Handelssachen

(D) Kommission von Arbeitnehmer- und Arbeitgeberverbänden

(E) Tarifpartner

704

Bei Streitigkeiten aus dem Arbeits- und Berufsausbildungsverhältnis entscheidet das

(A) Amtsgericht.

(B) Arbeitsgericht.

(C) Finanzgericht.

(D) Sozialgericht.

(E) Verwaltungsgericht.

705

Aus welchen beiden Gruppen werden die ehrenamtlichen Richter an Arbeitsgerichten ausgewählt?

(A) Arbeiter und Angestellte

(B) Arbeitgeber und Arbeitnehmer

(C) Arbeitgeberverband und Gewerkschaft

(D) Betriebsrat und Berufsgenossenschaft

(E) Regierung und Opposition

706

Welches Gericht entscheidet bei Streitigkeiten aufgrund sozial ungerechtfertigter Kündigungen?

(A) Amts- bzw. Landgericht

(B) Arbeitsgericht

(C) Finanzgericht

(D) Sozialgericht

(E) Verwaltungsgericht

707

Forderungen wegen ausstehenden Arbeitsentgeltes können eingeklagt werden beim

(A) Amts- bzw. Landgericht.

(B) Arbeitsgericht.

(C) Finanzgericht.

(D) Sozialgericht.

(E) Verwaltungsgericht.

708

Welches Mindestalter ist für einen ehrenamtlichen Richter am Arbeitsgericht Voraussetzung?

(A) 21 Jahre

(B) 24 Jahre

(C) 25 Jahre

(D) 27 Jahre

(E) 30 Jahre

709

Aus welchen Instanzen besteht die Arbeitsgerichtsbarkeit?

(A) Arbeitsgericht

(B) Arbeitsgericht und Bundesarbeitsgericht

(C) Arbeitsgericht und Landesarbeitsgericht

(D) Arbeitsgericht, Landesarbeitsgericht und Bundesarbeitsgericht

710

Hat der Versicherte auf die Regelleistungen der Sozialversicherung einen Anspruch?

(A) Ja, er ist einklagbar.

(B) Nein, nicht generell.

(C) Nur bei Bedürftigkeit

(D) Nur in sozialen Härtefällen.

711

Über Streitigkeiten, die mit der Sozialversicherung zusammenhängen, entscheidet, nach einem Vorverfahren, das

(A) Amtsgericht am Sitz des Versicherungsträgers.

(B) Amtsgericht des Betriebsortes.

(C) Bundesverfassungsgericht.

(D) Landgericht des Betriebsortes.

(E) Sozialgericht.

712 Sozial- und Arbeitsgericht setzen sich zusammen aus

(A) einem Berufsrichter und zwei ehrenamtlichen Richtern.

(B) zwei Berufsrichtern und einem ehrenamtlichen Richter.

(C) zwei Berufsrichtern und zwei ehrenamtlichen Richtern.

(D) drei Berufsrichtern und zwei ehrenamtlichen Richtern.

713 Welche Rechtsstreitigkeit wird vom Bundessozialgericht entschieden?

(A) Arbeiter betreibt Kündigungsschutzklage.

(B) Bürger klagt gegen seine Gemeinde wegen Enteignung seines Grundstückes.

(C) Mieter klagt gegen Hauseigentümer wegen überhöhter Sozialmiete.

(D) Rentner klagt gegen Sozialversicherungsträger.

714 Die Sozialgerichte sind zuständig bei Streitigkeiten

(A) aufgrund sozial ungerechtfertigter Kündigungen.

(B) aus Kranken-, Renten- und Unfallversicherung.

(C) über den Tarifvertrag.

(D) zwischen Arbeitgeber und Arbeitnehmer.

(E) zwischen Arbeitnehmern.

715 Was bedeutet „Anwaltszwang"?

(A) Jeder Anwalt ist verpflichtet, die ihm angetragene Prozessvertretung wahrzunehmen.

(B) Jeder Anwalt hat der Anwaltskammer beizutreten.

(C) Der Kläger kommt über den Verteidiger zu seinem Recht.

(D) Vor bestimmten Gerichten ist die Vertretung durch einen Rechtsanwalt vorgeschrieben.

716 Welches Rechtsmittel kann gegen ein Urteil des Sozialgerichts eingelegt werden?

(A) Revision

(B) Beschwerde

(C) Einspruch

(D) Widerspruch

(E) Berufung

717 Aus welchen Instanzen besteht die Sozialgerichtsbarkeit?

(A) Sozialgericht

(B) Sozialgericht und Bundessozialgericht

(C) Sozialgericht und Landessozialgericht

(D) Sozialgericht, Landessozialgericht und Bundessozialgericht

7. Neue technische Entwicklungen und humane Arbeit

18 ◯ **Welche der folgenden Gruppen ist am stärksten von Arbeitslosigkeit betroffen?**

(A) Jugendliche

(B) Ältere (ab 55 Jahre)

(C) Ausländer

(D) Akademiker

(E) Personen ohne abgeschlossene Berufsausbildung

719 Ordnen Sie bitte zu.

◯ **Strukturelle Arbeitslosigkeit**

◯ **Konjunkturelle Arbeitslosigkeit**

◯ **Saisonale Arbeitslosigkeit**

◯ **Friktionelle Arbeitslosigkeit**

(A) Jährlich regelmäßig wiederkehrende auf witterungsbedingte und sonstige jahreszeitliche Einflüsse zurückzuführende Arbeitslosigkeit.

(B) Durch volkswirtschaftliche Ungleichgewichte und tiefgreifende Veränderungen ganzer Branchen auftretende Arbeitslosigkeit.

(C) Auch in Zeiten der Vollbeschäftigung auftretende Arbeitslosigkeit.

(D) Durch zyklische Schwankungen im Wirtschaftsgeschehen (Stocken der Nachfrage) auftretende Arbeitslosigkeit.

720 ◯ **Aufgrund anhaltenden Bodenfrostes kommt es zu Entlassungen im Baugewerbe.**
Um welche Art von Arbeitslosigkeit handelt es sich?

(A) Strukturelle Arbeitslosigkeit

(B) Konjunkturelle Arbeitslosigkeit

(C) Saisonale Arbeitslosigkeit

(D) Friktionelle Arbeitslosigkeit

721 ◯ **Aufgrund europaweiter Überkapazitäten bei der Stahlerzeugung kommt es zu Entlassungen.**
Um welche Art von Arbeitslosigkeit handelt es sich?

(A) Strukturelle Arbeitslosigkeit

(B) Konjunkturelle Arbeitslosigkeit

(C) Saisonale Arbeitslosigkeit

(D) Friktionelle Arbeitslosigkeit

722 ◯ **Die Nachfrage nach Neufahrzeugen gerät ins Stocken, sodass die großen Automobilkonzerne Entlassungen vornehmen.**
Um welche Art von Arbeitslosigkeit handelt es sich?

(A) Strukturelle Arbeitslosigkeit

(B) Konjunkturelle Arbeitslosigkeit

(C) Saisonale Arbeitslosigkeit

(D) Friktionelle Arbeitslosigkeit

723 ◯ **Trotz allgemeiner Vollbeschäftigung und zahlreicher offener Stellen sind in Deutschland über 3 Millionen Menschen (Anfang 2009) ohne Arbeit.**
Um welche Art von Arbeitslosigkeit handelt es sich überwiegend?

(A) Strukturelle Arbeitslosigkeit

(B) Konjunkturelle Arbeitslosigkeit

(C) Saisonale Arbeitslosigkeit

(D) Friktionelle Arbeitslosigkeit

724 ◯ **Warum wird in der Bundesrepublik Deutschland ganz allgemein die Arbeit knapp?**

(A) Das schlechte Wetter ist schuld.

(B) Überalterung der Bevölkerung.

(C) Geburtenstarke Jahrgänge drängen auf den Arbeitsmarkt.

(D) Aufgrund des technischen Fortschritts werden zur Herstellung von Gütern immer weniger Arbeitsstunden benötigt.

725 ◯ **Zur Bekämpfung der Arbeitslosigkeit schlagen die Gewerkschaften verschiedene Maßnahmen vor.**
Welche der folgenden Maßnahmen gehört *nicht* dazu?

(A) Arbeitszeitverkürzung.

(B) Flexibilisierung des Arbeitseinsatzes.

(C) Abbau von Überstunden.

(D) Freizeitausgleich für Überstunden.

(E) Mehr Urlaub.

726 ◯ **Die Arbeitgeber fordern u. a. eine Flexibilisierung des Arbeitseinsatzes als Maßnahme zur Verringerung der Arbeitslosigkeit.**
Was ist damit gemeint?

(A) Mehrfachqualifikationen der Arbeitnehmer, um sie flexibler an verschiedenen Arbeitsplätzen einsetzen zu können.

(B) Erhöhung der Bereitschaft zu mehr Mobilität bei den Arbeitnehmern.

(C) Schaffung von mehr Teilzeitarbeitsplätzen.

(D) Höhere Bereitschaft zu einer Arbeit auf Abruf.

(E) Aufhebung des vorhandenen starren Arbeitszeitrahmens und größere Bereitschaft zur Wochenend- und Schichtarbeit zwecks optimaler Ausnutzung der technischen Anlagen.

72◯ ◯ ◯ **Welche der folgenden - Maßnahmen tragen *nicht* zur Humanisierung des Arbeitsplatzes bei?**

(A) Umstellung auf Fließbandfertigung.

(B) Bildung von Produktions- und Entwicklungsgruppen.

(C) Arbeit im Team.

(D) Einseitige körperliche Belastung und Beschränkung der Tätigkeit auf wenige ständige wiederkehrende Handgriffe.

(E) „Job rotation", d. h. innerhalb eines Produktionsabschnitts kann jedes Mitglied der Gruppe alle in diesem Produktionsabschnitt anfallenden Arbeiten erledigen.

72◯ ◯ **Was ist „Mobbing" am Arbeitsplatz?**

(A) Aktionen, die gegen eine Person gerichtet sind und die sehr oft und über einen längeren Zeitraum vorkommen.

(B) Aktionen, die gegen eine Person gerichtet sind und die selten, aber über einen längeren Zeitraum vorkommen.

(C) Aktionen, die gegen eine Person gerichtet sind und die sehr oft, aber nur über einen kurzen Zeitraum vorkommen.

(D) Aktionen, die immer gegen mehrere Personen gerichtet sind und die sehr oft und über einen längeren Zeitraum vorkommen.

(E) Aktionen, die immer gegen mehrere Personen gerichtet sind und die selten, aber über einen längeren Zeitraum vorkommen.

(F) Aktionen, die immer gegen mehrere Personen gerichtet sind und die sehr oft, aber nur über einen kurzen Zeitraum vorkommen.

729 ◯ **Wer gehört zu den „Workaholics"?**

(A) Männer und Frauen, die während der Arbeit (work) trinken und süchtig nach Alkohol (aholic) sind.

(B) Männer und Frauen, die betrunken zur Arbeit (work) kommen und süchtig nach Alkohol (aholic) sind.

(C) Männer und Frauen, die sich an ihrer Arbeit (work) berauschen und süchtig (aholic) nach ihr sind.

(D) Männer und Frauen, die sich an ihrer Arbeit (work) berauschen und so süchtig nach Alkohol (aholic) werden.

30 Welche Merkmale sind typisch für welche Entwicklungsphasen der Industrialisierung?

◯ Enge soziale und berufliche Bindungen in der Großfamilie

◯ Verringerung der Arbeitszeit

◯ Landflucht in die Städte

◯ Ausbeutung der Arbeiter

◯ Ausbeutung der Umwelt

◯ Vorherrschung der Kleinfamilie

(A) Vorindustrielle Gesellschaft
(B) Frühindustrielle Gesellschaft
(C) Heutige Industriegesellschaft

31 ◯ Die Einführung einer bestimmten Technik bzw. die Verbreitung von besonderen Gütern hat die so genannte „3. industrielle Revolution" eingeläutet. Was war ausschlaggebend?

(A) Raketen
(B) Automobile
(C) Fließbandfertigung
(D) Farbfernsehen
(E) Mikroelektronik

32 ◯ Wann fand die „2. industrielle Revolution" statt?

(A) Im späten Mittelalter.
(B) Zur Zeit vom „Großen Fritz".
(C) Zwischen dem 1. und 2. Weltkrieg.
(D) Im 19. Jahrhundert.
(E) Nach 1960.

33 ◯ Die Einführung des Fließbandes erleichterte die Massenfertigung im Automobilbau und wurde schnell von anderen Branchen übernommen. Wer hat diese Fertigungstechnik zuerst in seinem Unternehmen angewandt?

(A) Gottfried Daimler
(B) Adam Opel
(C) Henry Ford
(D) Ferdinand Porsche
(E) Heinz Borgward

734 Technische Erfindungen haben die Entwicklung der Industriegesellschaft vorangetrieben. Wann wurden welche Erfindungen gemacht bzw. großtechnisch eingeführt?

◯ 1913

◯ 1927

◯ 1938

◯ 1942

(A) Erster Uranbrenner.
(B) Technische Hochdrucksynthese von Ammoniak (Haber-Bosch-Verfahren).
(C) Herstellung von Nylon und Perlon.
(D) Herstellung von synthetischem Kautschuk.
(E) Anwendung der Transistortechnik mit Mikrobauelementen.

735 ◯ Die fortschreitende Industrialisierung eines Landes war fast immer eng gekoppelt mit der Einführung und Verbreitung eines bestimmten Verkehrsträgers. Was hat in diesem Zusammenhang zuerst „Geschichte gemacht"?

(A) Eisenbahn
(B) Binnenschiff
(C) Containerschiff
(D) Flugzeug
(E) Pipeline

736 ◯ Im Laufe der Industrialisierung wurde die Arbeit unter verschiedenen Aspekten betrachtet. Was steht heute im Vordergrund?

(A) Technische Betrachtung der Arbeit.
(B) Organisatorische Betrachtung der Arbeit.
(C) Physiologische Betrachtung der Arbeit.
(D) Sozial-psychologische Betrachtung der Arbeit.
(E) Medizinische Betrachtung der Arbeit.

737 | Ordnen Sie bitte zu.

◯ **Werkstattfertigung**

◯ **Reihenfertigung**

◯ **Fließbandfertigung**

◯ **Baustellenfertigung**

(A) Verrichtungsprinzip
(B) Flussprinzip

738 Ordnen Sie bitte zu.

◯ **Mehrstellenarbeit**

◯ **Gruppenarbeit**

◯ **Mehrstellengruppenarbeit**

◯ **Einzelarbeit**

(A) n Arbeiter – n Arbeitsstellen
(B) n Arbeiter – 1 Arbeitsstelle
(C) 1 Arbeiter – n Arbeitsstellen
(D) 1 Arbeiter – 1 Arbeitsstelle

739 Ordnen Sie bitte zu.

◯ **Partiefertigung**

◯ **Teilefamilienfertigung**

◯ **Chargenfertigung**

◯ **Fertigung im Baukastenprinzip**

(A) Einzelfertigung
(B) Sortenfertigung
(C) Kuppelproduktion
(D) Massenfertigung

Ordnen Sie bitte zu.   **74**

◯ **Massenfertigung**

◯ **Kleinserienfertigung**

◯ **Sortenfertigung**

◯ **Einzelfertigung**

(A) Reihen- und Fließfertigung
(B) Gruppenfertigung
(C) Werkstättenfertigung
(D) Sowohl Reihen- und Fließfertigung als auch Gruppenfertigung
(E) Sowohl Werkstättenfertigung als auch Gruppenfertigung

◯ ◯ ◯ **Was versteht man unter**   **74**
          „Lean Production"?

(A) Ein besonderes Fertigungsverfahren in der Automobilindustrie.
(B) Eine Rationalisierungsmaßnahme in der Grundstoffindustrie.
(C) Eine „schlanke" Produktion, die dem Unternehmen grundlegende Wettbewerbsvorteile bringen soll, ganz gleich in welcher wirtschaftlichen Situation es sich befindet.
(D) Lean Production bezeichnet eine Produktion mit Robotern und fast ohne Arbeitskräfte.
(E) Lean Production verkörpert eine Unternehmensphilosophie; deshalb ist auch der umfassendere Begriff „Lean Management" gebräuchlich.
(F) Wettbewerbsvorteile sollen mithilfe von Lean Production insbesondere durch höhere Produktivität, Kostensenkung und Qualitätsverbesserung erzielt werden.

◯ ◯ ◯ **Welche Hauptziele**   **742**
          verfolgt das
Just-in-Time-System?

(A) Die Entlassung von Arbeitskräften.
(B) Die Verringerung der Durchlaufzeiten.
(C) Die Vermeidung von Fehlern bei der Produktion.
(D) Die Verringerung von Fehlzeiten der Arbeitnehmer.
(E) Die Erhöhung der Verkaufserlöse.
(F) Die Verringerung der Lager- und Fertigungskosten.

8. Verbraucher – Unternehmer – Staat

743 Das ökonomische Prinzip lässt sich unterteilen in Minimalprinzip und Maximalprinzip.
Was besagt das Minimalprinzip?

(A) Mit gegebenen Mitteln soll der größtmögliche Nutzen erzielt werden.

(B) Mit möglichst geringen Mitteln soll der größtmögliche Nutzen erzielt werden.

(C) Ein gegebenes Ziel soll mit möglichst geringen Mitteln erzielt werden.

(D) Mit möglichst geringem Geldeinsatz soll möglichst viel gekauft werden.

(E) Für möglichst viel Geld soll möglichst viel gekauft werden.

744 Welche wirtschaftspolitischen Ziele werden als „Magisches Viereck" bezeichnet?

(A) Umweltschutz, angemessenes Wirtschaftswachstum, Vollbeschäftigung, Preisstabilität

(B) Vollbeschäftigung, Preisstabilität, Wirtschaftswachstum, außenwirtschaftliches Gleichgewicht

(C) Umweltschutz, gerechte Einkommens- und Vermögensverteilung, Vollbeschäftigung, gerechte Arbeitsverteilung

(D) Vollbeschäftigung, Preisstabilität, angemessenes Wirtschaftswachstum, militärisches Gleichgewicht

(E) Preisstabilität, Vollbeschäftigung, Erhöhung des Brutto-Inlandsprodukts, Ökologie

745 Welche Annahmen müssen beim vollkommenen Markt *nicht* erfüllt sein?

(A) Vollständige Marktübersicht.

(B) Identische Marktgüter.

(C) Anbieter und Nachfrager handeln streng rational.

(D) Keine zeitliche Verzögerung.

(E) Anbieter und Nachfrager müssen sich persönlich kennen.

746 Ordnen Sie bitte zu.

Polypol

Angebots-Oligopol

Angebots-Monopol

(A) Viele Anbieter – wenige Nachfrager

(B) Ein Anbieter – viele Nachfrager

(C) Wenige Anbieter – viele Nachfrager

(D) Viele Nachfrager – wenige Anbieter

(E) Viele Nachfrager – viele Anbieter

(F) Ein Anbieter – wenige Nachfrager

747 Welche Auswirkungen hat es, wenn die Zahl der Anbieter zunimmt?

(A) Der Wettbewerb wird schärfer.

(B) Der Wettbewerb wird schwächer.

(C) Die Marktmacht des einzelnen Anbieters wird größer.

(D) Die Marktmacht des einzelnen Anbieters wird kleiner.

(E) Der Marktanteil des einzelnen Anbieters wird größer.

(F) Der Marktanteil des einzelnen Anbieters wird kleiner.

748 Welche Aussage ist zutreffend?

(A) Die Nachfrage nach einem Gut wird in der Regel um so höher sein, je teurer das Gut ist.

(B) Die Nachfrage nach einem Gut wird in der Regel um so niedriger sein, je teurer das Gut ist.

(C) Die Nachfrage nach einem Gut hängt in der Regel nicht von der Höhe seines Preises ab.

(D) Die Nachfrage nach einem Gut wird in der Regel um so größer sein, je kleiner das Gut ist.

(E) Die angebotene Menge eines Gutes wird in der Regel um so größer sein, je billiger das Gut ist.

749 ◯ ◯ **Welche der folgenden Kennzeichnungen treffen *nicht* auf die freie Marktwirtschaft zu?**

(A) Die Preise bilden sich im freien Zusammenspiel von Angebot und Nachfrage.

(B) Der Staat garantiert den Schutz des Privateigentums.

(C) Der Staat setzt Preise, Einkommen und Arbeitsbedingungen fest.

(D) Einkommen und Arbeitsbedingungen werden zwischen Arbeitgebern und Arbeitnehmern frei ausgehandelt.

(E) Alle Produktionsmittel sind Eigentum des Staates (Kollektiveigentum).

750 **Ordnen Sie bitte zu.**

◯ **Angebotsmonopol**

◯ **Nachfragemonopol**

◯ **Nachfrageoligopol**

◯ **Angebotsoligopol**

(A) Ein Anbieter – Viele Nachfrager
(B) Wenige Anbieter – Wenige Nachfrager
(C) Wenige Anbieter – Viele Nachfrager
(D) Viele Anbieter – Ein Nachfrager
(E) Viele Anbieter – Wenige Nachfrager

751 **Ordnen Sie bitte zu.**

◯ **Offene Märkte**

◯ **Geschlossene Märkte**

◯ **Vollkommene Märkte**

◯ **Unvollkommene Märkte**

(A) Einteilung der Märkte nach der Zugangsberechtigung.

(B) Einteilung der Märkte nach den Konkurrenzverhältnissen.

(C) Einteilung der Märkte unter geografischen Aspekten.

75　**Ordnen Sie bitte zu.**

◯ **Nachfragefunktion**

◯ **Angebotsfunktion**

◯ **Gleichgewichtspreis**

75　◯ **Wann kommt ein Kaufvertrag *nicht* zu Stande?**

(A) Der Verkäufer unterbreitet ein unverbindliches Angebot, der Käufer bestellt.

(B) Der Käufer bestellt, der Verkäufer liefert die bestellte Ware.

(C) Der Verkäufer unterbreitet ein verbindliches Angebot, der Käufer nimmt dieses Angebot an.

(D) Der Käufer wirft eine Münze in einen Getränkeautomaten ein und entnimmt anschließend eine Flasche Mineralwasser.

75　◯ **In welchem Fall liegt ein wirksamer Kaufvertrag vor?**

(A) Unaufgefordertes Zusenden einer Ware an eine Privatperson.

(B) Anfrage eines Käufers und Abgabe eines Angebotes durch den Verkäufer.

(C) Bestellung einer Ware bei einem Versandhaus aufgrund eines Warenkataloges.

(D) Bestellung einer Ware und Zusendung einer Auftragsbestätigung.

(E) Abschluss eines Mietvertrages zwischen Mieter und Vermieter.

55 ◯ **Wie wird das Eigentum an einem Grundstück übertragen?**

(A) Abschluss eines notariellen Kaufvertrags.

(B) Formlose Übergabe des Grundstücks an den Käufe.

(C) Bezahlung des vereinbarten Kaufpreises.

(D) Eintragung des Erwerbers in das Grundbuch.

(E) Mitteilung des Verkaufs an das Grundbuchamt durch den Verkäufer.

56 ◯ **Einstandspreis (Bezugspreis) ist der**

(A) Einkaufspreis plus Bezugskosten.

(B) Listenpreis.

(C) Rechnungspreis minus Rabatt minus Skonto plus Bezugskosten.

(D) Verkaufspreis minus Gewinnzuschlag.

(E) Bruttopreis.

57 **Was ist die/der**

◯ **Handelsspanne?**

◯ **Kalkulationszuschlag?**

(A) Bezugskosten, Verpackung, Fracht, Zoll u. a.

(B) Gewinnspanne von Hersteller zu Großhandel.

(C) Gewinnspanne zwischen Groß- und Einzelhandel.

(D) Unterschied zwischen Bezugs- und Verkaufspreis, ausgedrückt in % des Bezugspreises.

(E) Unterschied zwischen Bezugs- und Verkaufspreis, ausgedrückt in % des Verkaufspreises.

58 ◯ **In der freien Marktwirtschaft finden die Preise eine obere Grenze vor allem durch**

(A) Preisabsprache des Zwischenhandels.

(B) Preisregulierung der öffentlichen Hand.

(C) progressive Steuern für steigende Gewinne.

(D) staatliche Gewinnbegrenzung.

(E) Wettbewerb der Anbieter.

759 ◯ **Wenn der Endverkaufspreis vom Markt vorgegeben ist, wird/werden bei der Kalkulation**

(A) auf Gewinn verzichtet.

(B) mit einem Kalkulationsfaktor gerechnet.

(C) mit einem Kalkulationszuschlag gearbeitet.

(D) vom Verkaufs- auf den Einstandspreis zurück gerechnet.

(E) zum Einkaufspreis Bezugs- und Vertriebskosten sowie Gewinn einzeln hinzu gerechnet.

760 ◯ **Warum werden Einzel- und Großhändler den kalkulierten Verkaufspreis *nicht* immer durchsetzen?**

(A) Die Konkurrenz bietet billiger an.

(B) Ihr Gewinn wäre sonst zu niedrig.

(C) Ihre Werbung wird noch nicht genügend beachtet.

(D) Wegen Kapitalmangels konnten sie den Liefererskonto nicht ausnützen.

761 ◯ **Unter Preisdifferenzierung versteht man den Verkauf von Gütern**

(A) gleicher Art zu gleichen Preisen.

(B) gleicher Art zu verschiedenen Preisen.

(C) unterschiedlicher Art zu gleichen Preisen.

(D) unterschiedlicher Art zu verschiedenen Preisen.

762 ◯ **„Im Einkauf liegt der halbe Gewinn". Mit welcher Aussage wird dies begründet?**

(A) Die Einkaufsabteilung repräsentiert ein Unternehmen nach außen am besten.

(B) Die Tätigkeit der Einkaufsabteilung bildet die Basis für die Verkaufskalkulation.

(C) Günstige Einkaufsbedingungen garantieren optimale Liquidität des Unternehmens.

(D) In der Einkaufsabteilung werden die Kosten für Verwaltung und Werbung festgelegt.

763 ◯ **Zur Ermittlung des günstigsten Preises sind bei Vorliegen verschiedener Angebote zu vergleichen die**

(A) Bezugspreise.

(B) Lagerkosten.

(C) Listenpreise.

(D) Selbstkostenpreise.

(E) Umsatzsteuer.

764 ◯ **Skonto ist ein prozentualer Rechnungsabzug für**

(A) die Abnahme großer Warenmengen.

(B) die Bezahlung innerhalb einer bestimmten Frist.

(C) Stammkunden.

(D) Waren minderer Qualität.

(E) besonders treue Kunden.

765 ◯ **Die Vorkalkulation dient zur Ermittlung der**

(A) Angebotspreise.

(B) Materialkosten und Löhne.

(C) tatsächlich entstandenen Kosten nach der Fertigung.

(D) tatsächlich entstehenden Kosten während der Fertigung.

(E) Wirtschaftlichkeit.

766 ◯ **Welche Aufwendungen werden u. a. als Bezugskosten in der Preiskalkulation berücksichtigt?**

(A) Anfuhr für Waren an Kunden.

(B) Fracht für bezogene Waren.

(C) Gehälter des Verkaufspersonals.

(D) Kosten für Schaufensterdekoration.

(E) Kosten des Fuhrparks.

767 ◯ **Was ist betriebswirtschaftlich unter „Markt" zu verstehen?**

(A) Immer der Ort, an dem der Verkäufer dem Käufer die Ware übergibt.

(B) Jedes Zusammentreffen von Angebot und Nachfrage.

(C) Periodische Veranstaltung, auf der nur Wiederverkäufer als Käufer auftreten.

(D) Platz, an dem zu bestimmten Zeiten im Jahr Waren an Verbraucher angeboten werden.

768 ◯ **Welcher Grundsatz bestimmt das wirtschaftliche Handeln in der Marktwirtschaft?**

(A) Autonomie der Tarifpartner

(B) Großer Aufwand – großer Gewinn

(C) Ökonomisches Prinzip

(D) Rationalisierung

(E) Zwischenstaatliche Vereinbarungen

76 **Marktuntersuchungen und -tätigkeiten lassen sich durch verschiedene Begriffe verdeutlichen. Welche Erklärung ist richtig für**

◯ **Marketing?**

◯ **Marktanalyse?**

◯ **Marktbeobachtung?**

◯ **Marktforschung?**

◯ **Markttransparenz?**

(A) Erforschung eines oder mehrerer bestimmter Märkte zu einem festgelegten Zeitpunkt.

(B) Marktübersicht und Markteinsicht.

(C) Laufende Untersuchungen der Marktverhältnisse, die nicht wissenschaftlich und auch nicht systematische durchgeführt werden.

(D) Gesamtheit der unternehmerischen Maßnahmen zur Förderung und Sicherung des Absatzes produzierter Güter und Dienstleistungen.

(E) Wissenschaftliche, systematisch und regelmäßig betriebene Untersuchung zukünftiger Marktverhältnisse.

77 ◯ **Was kann durch eine einmalige Marktuntersuchung *nicht* erreicht werden?**

(A) Angaben über die Aufnahmefähigkeit des Marktes für ein neu einzuführendes Produkt.

(B) Aussagen über Bevölkerungsdichte und Wirtschaftsstruktur.

(C) Ermittlung der Konkurrenzsituation.

(D) Ermittlung von Bedarfsschwankungen.

771 ◯ **Preisdifferenzierung in einer Marktwirtschaft ist der Absatz einer Ware**

(A) gleicher Qualität auf verschiedenen Teilmärkten zum gleichen Preis.

(B) gleicher Qualität auf verschiedenen Teilmärkten zu unterschiedlichen Preisen.

(C) unterschiedlicher Qualität auf dem gleichen Markt zu unterschiedlichen Preisen.

(D) zu kundenindividuellen Preisen.

(E) zu Verkaufspreisen minus Einkaufspreisen.

72

◯ **Bei einem Verkäufermarkt ist**

◯ **Bei einem Käufermarkt ist**

(A) Angebot gleich Nachfrage.
(B) Angebot größer als Nachfrage.
(C) Nachfrage größer als Angebot.
(D) nur Angebot vorhanden.
(E) nur Nachfrage vorhanden.

73

◯ **Was ist ein Verbrauchermarkt?**

(A) Auktion
(B) Messe
(C) Selbstbedienungsladen
(D) Spezialgeschäft
(E) Wochenmarkt

74

◯ **Was versteht man unter einer Absatzkette?**

(A) Reihe von Warenhäusern eines einzigen Unternehmens.
(B) Stufen, die ein Produkt von der Herstellung bis zur Verwendung durchläuft.
(C) Verkaufsangebot des Sortimentsgroßhandels.
(D) Versandhausbetriebe eines bestimmten Bezirks.
(E) Zusammenschluss von Einzelhändlern.

75

◯ **Was ist _kein_ Instrument der Absatz- und Verkaufspolitik?**

(A) Absatzmethode
(B) Innerbetriebliche Produktionsverfahren
(C) Preispolitik
(D) Produktgestaltung
(E) Werbung

Ordnen Sie bitte zu. 776

◯ **Konditionenkartell**

◯ **Gebietskartell**

◯ **Produktionskartell**

◯ **Preiskartell**

◯ **Exportkartell**

(A) Für jedes Mitglied wird eine bestimmte Produktionsmenge festgelegt.
(B) Die Mitglieder vereinbaren einen bestimmten einheitlichen Verkaufspreis.
(C) Die Mitglieder vereinbaren gleiche Lieferungs- und Zahlungsbedingungen.
(D) Die Mitglieder treffen Absprachen über Preise und Verkaufsbedingungen auf den Auslandsmärkten.
(E) Die Mitglieder teilen untereinander die Absatzgebiete auf, die sie beliefern dürfen.

Ordnen Sie bitte zu. 777

◯ **Kartell**

◯ **Syndikat**

◯ **Arbeitsgemeinschaft**

◯ **Konzern**

(A) Zusammenschluss mehrerer rechtlich selbstständig bleibender Unternehmen unter einheitlicher Leitung zu wirtschaftlichen Zwecken.
(B) Zusammenschluss mehrerer rechtlich selbstständig bleibender Unternehmen des gleichen Wirtschaftszweiges zum Zweck, den Wettbewerb auf dem Absatzmarkt zu beschränken oder auszuschalten.
(C) Zusammenschluss mehrerer rechtlich selbstständig bleibender Unternehmen mit dem Ziel, eine bestimmte Aufgabe gemeinsam zu lösen.
(D) Zusammenschluss mehrerer rechtlich selbstständig bleibender Unternehmen des gleichen Wirtschaftszweiges mit gemeinsamer Verkaufsorganisation.

778 ◯ ◯ **Welche Kartelle sind grundsätzlich verboten?**

(A) Konditionenkartelle
(B) Rationalisierungskartelle
(C) Preiskartelle
(D) Gebietskartelle
(E) Rabattkartelle
(F) Alle

779 ◯ **Welches ist *kein* Grund für einen Unternehmenszusammenschluss?**

(A) Ausschalten der Konkurrenz.
(B) Geringere wirtschaftliche Macht.
(C) Bessere Vertriebsmöglichkeiten.
(D) Sicherung der Beschaffungs- und Absatz-märkte.
(E) Sicherung von Arbeitsplätzen.

780 ◯ **Was wird im Gesetz gegen unlauteren Wettbewerb *nicht* geregelt?**

(A) Schlussverkäufe
(B) Räumungsverkäufe
(C) Höhe der Rabatte
(D) Strafbare Werbung
(E) Lockvogelangebote

781 ◯ **Das Rabattgesetz**

(A) wurde ersatzlos gestrichen.
(B) verbietet Boni am Jahresende.
(C) erlaubt weiterhin nur Rabatte von maximal 3 %.
(D) soll auch für andere EU-Länder ab 2005 gelten.
(E) erlaubt weiterhin nur Skontoabzüge von maximal 3 %.

9. Wirtschaftspolitik

782 Welche der folgenden Aussagen ist richtig?

(A) Wenn die Zahl der offenen Stellen zunimmt, nimmt automatisch die Zahl der Arbeitslosen ab.

(B) Wenn die Zahl der offenen Stellen zunimmt, steigen die Chancen der Arbeitslosen auf Beschäftigung.

(C) Wenn die Zahl der offenen Stellen abnimmt, sinkt auch die Zahl der insgesamt Beschäftigten.

(D) Wenn die Zahl der offenen Stellen abnimmt, steigt die Zahl der Arbeitslosen.

(E) Je mehr offene Stellen, desto höher die Lohnsteigerungen.

783 Welche Aussage hinsichtlich der strukturellen Arbeitslosigkeit trifft zu?

(A) Die Arbeitslosigkeit entsteht aufgrund jahreszeitlich bedingter Einflüsse, z. B. Winter.

(B) Mit struktureller Arbeitslosigkeit ist die durch eine allgemeine Wirtschaftsflaute eingetretene Arbeitslosigkeit gemeint.

(C) Bei einer strukturellen Arbeitslosigkeit ist die Nachfrage nach Investitions- und Konsumgütern zu gering.

(D) Bei der strukturellen Arbeitslosigkeit handelt es sich um vorübergehende Arbeitslosigkeit wegen Umstellung der Produktion.

(E) Die strukturelle Arbeitslosigkeit ergibt sich durch Strukturveränderungen in der Volkswirtschaft, insbesondere aufgrund von Rationalisierungsmaßnahmen durch neue Technologien.

784 Was versteht man unter saisonalen Schwankungen?

(A) Langfristige Störungen der Volkswirtschaft.

(B) Arbeitslosigkeit, hervorgerufen durch die Insolvenz eines Großbetriebes.

(C) Arbeitslosigkeit, von der insbesondere ältere Menschen betroffen sind.

(D) Arbeitslosigkeit, die sich aufgrund der Jahreszeit verändert.

785 Welche Auswirkungen auf die Zahl der Arbeitslosen hat eine volkswirtschaftliche Depression?

(A) Die Arbeitslosenzahl nimmt zu.

(B) Die Arbeitslosenzahl bleibt gleich.

(C) Die Arbeitslosenzahl nimmt ab.

(D) Es tritt ein Arbeitskräftemangel ein.

786 Welche staatliche Maßnahme wirkt sich anregend auf den Arbeitsmarkt aus?

(A) Erhöhung der Sozialversicherungsbeiträge.

(B) Vergabe öffentlicher Aufträge.

(C) Einführung eines Solidaritätszuschlags.

(D) Senkung öffentlicher Ausgaben.

(E) Erhöhung der Mineralölsteuer.

787 Wenn vom „Magischen Viereck" die Rede ist, welche wirtschaftspolitischen Ziele sind *nicht* gemeint?

(A) Preisstabilität

(B) Außenwirtschaftliches Gleichgewicht

(C) Gerechte Einkommens- und Vermögensverteilung

(D) Vollbeschäftigung

(E) Angemessenes Wirtschaftswachstum

(F) Gleichgewicht zwischen Ökonomie und Ökologie

788 Bei den einzelnen Phasen des Konjunkturverlaufs wird ein Zusammenhang hergestellt zwischen der Zeit und

(A) der Anzahl der Arbeitslosen.

(B) der Inflationsrate.

(C) dem realen Bruttoinlandsprodukt.

(D) den Unternehmensgewinnen.

(E) der Reallohnhöhe.

789 ◯ **Welche Aussage ist im Zusammenhang mit der „antizyklischen Fiskalpolitik" richtig?**

(A) Die EZB soll sich mit ihren geldpolitischen Maßnahmen entgegengesetzt wie der Staat mit seinen wirtschaftspolitischen Maßnahmen verhalten.

(B) Die Bundesregierung soll sich genau entgegengesetzt der EZB verhalten.

(C) Die EZB steuert mit ihren geldpolitischen Maßnahmen einen Gegenkurs zur allgemeinen Konjunkturlage.

(D) Die öffentlichen Haushalte sollen sich in ihrer Ausgabenpolitik entgegengesetzt den Konsumausgaben der privaten Haushalte und den Investitionen der Unternehmen verhalten.

(E) Bevor Steuern erhöht werden, sollten im Gegenteil erst einmal die Ausgaben gesenkt werden.

790 ◯ ◯ **Im Stabilitätsgesetz werden mehrere Maßnahmen zur Bekämpfung der Arbeitslosigkeit genannt. Welche gehören nicht dazu?**

(A) Erhöhung der Steuern durch einen so genannten Konjunkturzuschlag.

(B) Auflösung der Konjunkturausgleichsrücklage, d. h. erhöhte Staatsausgaben zur Belebung der Konjunktur.

(C) Kreditbeschränkung der öffentlichen Hand.

(D) Finanzierung der öffentlichen Aufträge durch Neuverschuldung.

(E) Gewährung eines Investitionsbonus.

(F) Sonderabschreibungen.

791 ◯ **Welcher Faktor belebt die gesamtwirtschaftlichen Nachfragen nicht?**

(A) Konsumgüternachfrage

(B) Investitionsgüternachfrage

(C) Sparquote der Privathaushalte

(D) Staatsnachfrage

(E) Positiver Außenbeitrag

79. ◯ ◯ **Welche stützenden Maßnahmen müsste die EZB zur Bekämpfung der Arbeitslosigkeit ergreifen?**

(A) Senkung der Leitzinsen.

(B) Erhöhung der Leitzinsen.

(C) Erhöhung der Mindestreserven.

(D) Verzicht auf Offen-Markt-Politik.

(E) Senkung der Mindestreserven.

(F) Mehr Bargeld in Umlauf bringen.

79. ◯ **Welche Maßnahme ist nicht geeignet strukturelle Arbeitslosigkeit abzubauen?**

(A) Arbeitszeitverkürzung bei teilweisem Lohnausgleich.

(B) Verzicht auf Überstunden.

(C) Schaffung von mehr Teilzeitarbeitsplätzen.

(D) ABM-Stellen.

(E) Rationalisierungsstopp.

(F) Verlagerung der Produktion.

Ordnen Sie bitte zu.   **79.**

◯ **Konjunkturelle Arbeitslosigkeit**

◯ **Saisonale Arbeitslosigkeit**

◯ **Strukturelle Arbeitslosigkeit**

(A) Bei dieser Art der Arbeitslosigkeit ist nur eine Region oder eine Branche von Unterbeschäftigung betroffen.

(B) Diese Arbeitslosigkeit ist verursacht durch eine allgemeine Wirtschaftskrise.

(C) Abhängig von der Jahreszeit erhöht und vermindert sich die Zahl der Arbeitslosen.

(D) Bei dieser Art der Arbeitslosigkeit sind besonders Frauen und ältere Arbeitnehmer betroffen.

95 Ordnen Sie bitte zu.

◯ **Boom**

◯ **Rezession**

◯ **Depression**

◯ **Expansion**

(A) Rückgang der wirtschaftlichen Aktivitäten, d. h. sinkende Nachfrage, Produktion, Investitionen, Beschäftigung und Gewinne sind rückläufig.

(B) Starke Arbeitslosigkeit, geringe Kapazitätsauslastung, Vertrauen in die wirtschaftliche Zukunft ist gering, kaum Bereitschaft Investitionen zu tätigen.

(C) Erst langsame, dann schnelle Zunahme der Produktion und Gewinne, Arbeitslosigkeit nimmt ab und Kapazitätsauslastung zu.

(D) Große Investitionstätigkeit, zunehmende Preissteigerungen, Engpässe in Produktion und Beschäftigung, u.U. Arbeitskräftemangel.

96 Ordnen Sie bitte zu.

◯ **Boom**

◯ **Rezession**

◯ **Depression**

◯ **Expansion**

(A) Wirtschaftsaufschwung
(B) Wirtschaftsabschwung
(C) Wirtschaftskrise
(D) Hochkonjunktur

97 ◯ **Was bedeutet Inflation?**

(A) Rückgang der Produktion.
(B) Aufwertung der Währung.
(C) Geldwertstabilität.
(D) Höhepunkt der Konjunktur.
(E) Sinken des Geldwertes.

◯ **Was versteht man unter Deflation?** **798**

(A) Steigender Geldwert
(B) Sinkender Geldwert
(C) Importierte Inflation
(D) Aufwertung
(E) Abwertung

◯ **Wann spricht man von einer importierten Inflation?** **799**

(A) Wenn der Geldwert im Ausland sinkt.
(B) Wenn der Geldwert im Ausland steigt.
(C) Wenn der Euro abgewertet wird.
(D) Bei ständigen Importüberschüssen.
(E) Erhöhung der inländischen Geldmenge durch den Zustrom von Nicht-Euroland-Zahlungsmitteln.

◯ ◯ **Wer ist in Deutschland für die Stabilität der Währung verantwortlich?** **800**

(A) Bundesregierung
(B) Bundesrat
(C) Verband der Sparkassen
(D) Deutsche Bundesbank
(E) Deutsche Bank
(F) EZB

◯ **Welche der folgenden wirtschaftspolitischen Maßnahmen obliegt der EZB?** **801**

(A) Senkung des Leitzinses.
(B) Subventionierung der Landwirtschaft.
(C) Ausgabe von Bundesschatzbriefen.
(D) Beschäftigungsprogramm.
(E) Senkung der Staatsausgaben.

◯ ◯ **Welche Aufgaben hat die EZB hauptsächlich?** **802**

(A) Den Geldumlauf zu regeln.
(B) Die Stabilität der Währung zu sichern.
(C) Die Geschäftsbanken zu beaufsichtigen.
(D) Für die bankmäßige Abwicklung des Zahlungsverkehrs mit dem Ausland zu sorgen.
(E) Die Vollbeschäftigung zu sichern.
(F) Die Wirtschaft mit genügend Banknoten zu versorgen.

115   ◯ ◯ **Was gehört *nicht* zum Instru-mentarium der EZB?**

(A) Offenmarktpolitik
(B) Diskontpolitik
(C) Mindestreservenpolitik
(D) Rediskontpolitik
(E) Politik der Spitzenrefinanzierungs- und Einlage-fazilitäten

804   ◯ **Welche Aussage ist im Zusammenhang mit der Geldpolitik der EZB richtig?**

(A) Die EZB darf sich nicht mit ihren geldpolitischen Maßnahmen entgegengesetzt wie der Staat mit seinen wirtschaftspolitischen Maßnahmen verhalten.
(B) Die EZB muss das tun, was die Bundesregierung will.
(C) Die EZB steuert stets mit ihren geldpolitischen Maßnahmen einen Gegenkurs zur allgemeinen Konjunkturlage.
(D) Vornehmste Aufgabe der EZB ist, die Stabilität der Währung, auch gegen den Willen der Regierungen, zu sichern.
(E) Vornehmste Aufgabe der EZB ist, die Stabilität der Währung zu sichern, aber nicht gegen den Willen der Regierungen.

805   ◯ ◯ ◯ **Welche Maßnahmen sollte die EZB zur Bekämpfung der Inflation ergreifen?**

(A) Erhöhung des Einlagefazilitäten.
(B) Senkung der Spitzenrefinanzierungsfazilitäten.
(C) Erhöhung der Mindestreserven.
(D) Senkung der Mindestreserven.
(E) Ankauf von Wertpapieren am offenen Markt.
(F) Verkauf von Wertpapieren am offenen Markt.

806   ◯ ◯ **Wodurch würde eine überhitzte Konsumgüternachfrage nur wenig gedämpft werden?**

(A) Steuererhöhungen.
(B) Anstieg der Sollzinsen.
(C) Anstieg der Habenzinsen.
(D) Nur geringe Neuverschuldung des Staates.
(E) Verminderung der Bargeldmenge.

Ordnen Sie bitte zu.   80◯

◯ **Nachholbedarf der Privathaushalte**

◯ **Erhöhung der Steuern**

◯ **Erhöhung der Auslandsnachfrage**

◯ **Lohn-Preis-Spirale**

◯ **Preis-Lohn-Spirale**

◯ **Erhöhung der Staatsausgaben**

◯ **Anstieg der Energiekosten**

◯ **Anstieg der Rohstoffkosten**

(A) Inflation verursacht durch einen Nachfragesog.
(B) Inflation verursacht durch einen Kostendruck.

Ordnen Sie bitte zu.   80◯

◯ **Direktorium der EZB (Eurosystem)**

◯ **EZB-Rat (Eurosystem)**

◯ **Erweiterter Rat der EZB (ESZB)**

(A) Präsident der EZB, Vizepräsident der EZB und die Zentralbankpräsidenten aller 27 Mitgliedsstaaten.
(B) Direktorium und Zentralbankpräsidenten der 15 Euro-Mitgliedsländer.
(C) Präsident der EZB, Vizepräsident der EZB und 4 weitere Mitglieder, ernannt von den Staats- und Regierungschefs der Mitgliedsstaaten von Euroland

09 Ordnen Sie bitte zu.

◯ Senkung der Leitzinsen durch die EZB

◯ Erhöhung der Leitzinsen durch die EZB

◯ Senkung der Habenzinsen für Spareinlagen mit gesetzlicher Kündigungsfrist

◯ Erhöhung der Sollzinsen für private Girokonten

◯ Senkung der Mindestreservesätze

◯ Verkauf von Wertpapieren am offenen Markt

◯ Erhöhung der Mindestreservesätze

(A) Geldpolitik der EZB zur Konjunkturbelebung.
(B) Geldpolitik der EZB zur Konjunkturdämpfung.
(C) Keine geldpolitische Maßnahme der EZB.

10 Ordnen Sie bitte zu.

◯ Überziehung des Girokontos durch Bezahlung mit Scheck

◯ Überziehung des Girokontos durch Banküberweisung

◯ Bareinzahlung auf das Sparkonto

◯ Einkauf mit Kreditkarten

◯ Barauszahlung eines Bankkredites

◯ Verbrennen eines Geldscheins

(A) Erhöhung der Bargeldmenge.
(B) Erhöhung der Buchgeldmenge.
(C) Verminderung der Bargeldmenge.
(D) Verminderung der Buchgeldmenge.
(E) Keine Änderung der Bar- oder Buchgeldmenge.

811 Ordnen Sie bitte zu.

◯ Hyperinflation

◯ Schleichende Inflation

◯ Galoppierende Inflation

◯ Deflation

(A) Langsamer, aber stetiger Preisanstieg.
(B) Stetiger Preisanstieg mit Selbstbeschleunigungstendenzen.
(C) Totale Geldentwertung.
(D) Geldwertstabilität.
(E) Zunahme des Geldwertes bei gleichzeitigem Güterüberangebot.

812 ◯ ◯ Welche Aussagen sind richtig?

(A) Die Einführung des Euro war eine Währungsreform.
(B) Die Einführung des Euro war eine Währungsumstellung.
(C) Aktienkurse werden erst später auf den Euro umgestellt.
(D) Die DM kann mithilfe eines Volksentscheids wieder eingeführt werden.
(E) Durch den Euro kann sich der Handel im Binnenmarkt besser entwickeln.

3 ◯ **Wie verhält sich der Energieverbrauch mit steigendem Wohlstand einer Volkswirtschaft?**

(A) Der Energieverbrauch sinkt.

(B) Der Energieverbrauch ist bisher immer gestiegen.

(C) Der Energieverbrauch muss zwangsläufig steigen.

(D) Energieverbrauch und Wohlstand haben nichts miteinander zu tun.

4 ◯ **Der Energieverbrauch einer Volkswirtschaft wird gemessen in**

(A) Kilowattstunden.

(B) Steinkohleeinheiten.

(C) Kilojoule.

(D) Kilokalorien.

(E) Megawatt.

15 ◯◯ **Mit der Einführung der Öko-Steuer wurde Energie verteuert. Was sollte mit der neuen Steuer bezweckt werden?**

(A) Mit Energie soll sparsamer, weil nun teuer, umgegangen werden.

(B) Die Lohnnebenkosten sollten gesenkt werden.

(C) Die Rentenversicherung sollte saniert werden.

(D) Die Gesundheitsreform sollte finanziert werden.

(E) Der öffentliche Nahverkehr sollte gefördert werden.

16 ◯◯ **Der Strommarkt wurde liberalisiert. Was bedeutet das für den Verbraucher?**

(A) Er kann seinen Stromlieferanten jetzt nicht frei wählen.

(B) Er kann seinen Stromlieferanten jetzt frei wählen.

(C) Der Strom ist im Allgemeinen billiger geworden.

(D) Der Strom ist im Allgemeinen teurer geworden.

(E) Die Liberalisierung des Strommarktes hat keinen Einfluss auf die Energiepreise.

(F) Die Liberalisierung des Strommarktes hat keinen Einfluss auf die Energieversorgung.

817 ◯ **Die Energieumwandlungskette hat folgende Reihenfolge:**

(A) Primärenergie, Nutzenenergie, Endenergie, Energiedienstleistungen

(B) Sekundärenergie, Primärenergie, Endenergie, Nutzenergie

(C) Primärenergie, Sekundärenergie, Endenergie, Nutzenergie, Energiedienstleistungen

(D) Energiedienstleistungen, Nutzenergie, Endenergie, Sekundärenergie, Primärenergie

(E) Primärenergie, Sekundärenergie, Energiedienstleistungen, Endenergie, Nutzenergie

818 ◯◯ **Welche Aussagen sind zu den Energiedienstleistungen zutreffend?**

(A) Die Erfüllung von energiebezogenen Dienstleistungen ist das eigentliche Ziel des Einsatzes von Energie.

(B) Zu den Energiedienstleistungen gehören u. a. Steinkohle, Braunkohle, Erdöl, Erdgas, Wasserkraft, Erdwärme.

(C) Zu den Energiedienstleistungen gehören Strom, Fernwärme, Benzin, Heizöl u. a.

(D) Die Energiedienstleistungen bestehen darin, dass Räume geheizt werden, Licht brennt, Motoren Fahrzeuge o.ä. in Bewegung setzen und halten, Prozesswärme für die Produktion geliefert wird, Informationsübertragung ermöglicht wird u.ä.

(E) Je mehr Dienstleistungen erbracht werden, desto mehr Energie wird auch benötigt.

819 ◯◯ **Unter Primärenergie versteht man**

(A) z. B. Heizöl, Benzin, Kernbrennstoff, Strom.

(B) die Energie, die bei den Verbrauchern entnommen bzw. verbraucht wird.

(C) u. a. Wärme, Licht, Kraft, Nutzelektrizität.

(D) Steinkohle, Braunkohle, Erdöl, Erdgas, Wasserkraft, Sonnenwärme, Wind, Erdwärme, Biogas u. a.

(E) alle Energieträger, die in der Natur vorkommen.

820 ◯ ◯ **Wodurch unterscheiden sich Primärenergie und Sekundärenergie?**

(A) Es gibt keine nennenswerten Unterschiede.

(B) Sekundärenergie ist als Ergebnis eines Umwandlungsprozesses aus der Primärenergieträgern gewonnen worden.

(C) Unter Primärenergie versteht man den Energieeinsatz, unter Sekundärenergie den Verbrauch von Energie.

(D) Primärenergie wird im primären Sektor einer Volkswirtschaft (Urerzeugung) eingesetzt, Sekundärenergie im sekundären Sektor (Verarbeitendes Gewerbe).

(E) Die Primärenergie ist teurer als die Sekundärenergie.

821 ◯ ◯ **Welche Aussagen sind hinsichtlich der Endenergie richtig?**

(A) Die Endenergie ist die Energie, die vom Endverbraucher eingesetzt wird.

(B) Zur Endenergie gehören i.d.R. die Sekundärenergie sowie die direkt nutzbaren Primärenergieträger, wie z. B. Erdgas, Wasserkraft.

(C) Als Endenergie bezeichnet man die Energie, die letztlich benötigt wird, um die Energiedienstleistungen bereitzustellen.

(D) Die Energie, die bei der Umwandlung von Sekundärenergie in Primärenergie verloren geht, bezeichnet man als Endenergie.

(E) Endenergie ist ein anderer Ausdruck für Nutzenergie.

822 ◯ ◯ **Welche Aussagen sind hinsichtlich des Ausdrucks Nutzenergie zutreffend?**

(A) Nutzenergie ist ein anderer Ausdruck für Endenergie, d. h. die Energie, die vom Endverbraucher eingesetzt wird.

(B) Die Nutzenergie besteht aus Wärme, Licht, Kraft und Nutzelektrizität.

(C) Nutzenergie ist ein anderer Ausdruck für Primärenergie.

(D) Die Nutzenergie ist die Energie, die vom Verbraucher auch tatsächlich genutzt wird.

(E) Die Nutzenergie ist ein anderer Ausdruck für die Energiedienstleistungen, die erbracht werden sollen.

82: **Orden Sie bitte zu.**

◯ **Primärenergie**

◯ **Sekundärenergie**

◯ **Endenergie**

◯ **Nutzenergie**

◯ **Energiedienstleistungen**

(A) Warme Räume, Licht, Prozesswärme etc.

(B) Wärme, Licht, Kraft, Nutzelektrizität

(C) Koks, Briketts, Benzin, Heizöl, Strom, Fernwärme

(D) Steinkohle, Braunkohle, Erdgas, Erdöl, Wasserkraft, Sonnenlicht, Wind

(E) Koks, Benzin, Heizöl, Erdgas, Sonnenenergie

82 ◯ ◯ **Im Verlauf der Energieumwandlungskette entstehen ganz erhebliche Energieverluste. Sie bestehen hauptsächlich aus**

(A) Umwandlungsverlusten.

(B) ungenutzter Energie.

(C) Transportverlusten.

(D) Primärenergie.

(E) Sekundärenergie.

(F) Prozesswärme.

82! ◯ **Im Verlauf der Energieumwandlungskette entstehen ganz erhebliche Energieverluste. Sie betragen**

(A) ca. 25 % der eingesetzten Primärenergie.

(B) ca. 40 % der eingesetzten Primärenergie.

(C) ca. 50 % der eingesetzten Primärenergie.

(D) ca. 65 % der eingesetzten Primärenergie.

(E) ca. 75 % der eingesetzten Primärenergie.

82(◯ **Zu wie viel Prozent wird die im Benzin gespeicherte Energie in Bewegungsenergie (genutzte Energie) umgesetzt, die das Fahrzeug dann bewegt?**

(A) ca. 90 %

(B) ca. 75 %

(C) ca. 60 %

(D) ca. 40 %

(E) ca. 20 %

◯ **Zu wie viel Prozent wird die in einem konventionellen Kraftwerk verbrauchte Energie in abgegebene elektrische Energie umgesetzt?**

(A) ca. 90 %

(B) ca. 75 %

(C) ca. 50 %

(D) ca. 40 %

(E) ca. 20 %

8 ◯◯ **Der spezifische Energieaufwand der Industrieländer, d. h. die Energiemenge, die erforderlich ist, um ein Bruttoinlandsprodukt von 1.000 US $ hervorzubringen, hat sich in den letzten Jahren verändert. Welche Aussagen sind in diesem Zusammenhang richtig?**

(A) Der Energieaufwand ist erheblich angestiegen, weil Energieträger fast unbegrenzt zur Verfügung stehen.

(B) Aufgrund der erheblichen Preissteigerung bei Erdöl ist sparsamer mit der Energie umgegangen worden.

(C) Durch die Weiterentwicklung der Atomkraftwerke und den zunehmenden Einsatz der Atomenergie ist genug Energie vorhanden. Der spezifische Energieaufwand hat dadurch zugenommen.

(D) Durch den Einsatz von alternativen Energien hat sich der spezifische Energieaufwand nicht wesentlich verändert.

(E) Der spezifische Energieaufwand hat sich aufgrund von Energiesparmaßnahmen um ca. 20 % reduziert.

9 ◯ **In den folgenden Antworten geht es um die Wichtigkeit der Energieträger für die Energieversorgung Deutschlands. Welche Reihenfolge ist richtig?**

(A) Atomenergie, Mineralöl, Steinkohle, Wasserkraft, Braunkohle, Erdgas, sonstige Energie

(B) Steinkohle, Mineralöl, Braunkohle, Erdgas, Atomenergie, Wasserkraft, sonstige Energie

(C) Mineralöl, Steinkohle, Erdgas, Atomenergie, Braunkohle, Wasserkraft, sonstige Energie

(D) Mineralöl, Steinkohle, Braunkohle, Atomkraft, Wasserkraft, Erdgas, sonstige Energie

(E) Atomenergie, Steinkohle, Braunkohle, Mineralöl, Erdgas, Wasserkraft, sonstige Energie

◯ **In den letzten Jahren hat aufgrund von politischen Entscheidungen der Anteil eines Energieträgers an der Energieversorgung Deutschlands besonders stark zugenommen. Welcher ist das?**   830

(A) Solarenergie (D) Wasserkraft

(B) Atomenergie (E) Windkraft

(C) Erdgas (F) Braunkohle

◯◯ **Bei der Planung und bei Bau von Atomkraftwerken gab es z. T. sehr heftigen Widerstand von großen Teilen der Bevölkerung. Dies lag an**   831

(A) dem zu erwartenden hohen Schwefeldioxidausstoß dieser Kraftwerke.

(B) an den hohen Lärmemissionen der Atomkraftwerke.

(C) an dem hohen gesundheitlichen Gefährdungspotenzial durch die radioaktiven Substanzen.

(D) der ungeklärten Entsorgung der verbrauchten radioaktiven Substanzen.

(E) der groben und unschönen Architektur der Atomkraftwerke.

◯ **Aufgrund zeitweiser Unsicherheit der Vorsorgung wurden beim Verbrauch eines Energieträgers besonders starke Einsparungen erzielt bzw. er wurde durch andere ersetzt. Welcher Energieträger ist das?**   832

(A) Atomenergie (D) Steinkohle

(B) Mineralöl (E) Braunkohle

(C) Erdgas

◯◯ **Welche Aussagen treffen hinsichtlich der Herkunft der Energieträger zu?**   833

(A) Erdöl und Erdgas werden in großem Umfang in Deutschland gewonnen.

(B) Die in Deutschland verarbeitete Steinkohle und Braunkohle wird auch weitgehend hier abgebaut.

(C) Das in Deutschland verbrauchte Erdöl und Erdgas wird fast ausschließlich importiert.

(D) Um den Steinkohle- und den Braunkohlebedarf in Deutschland zu decken, müssen diese überwiegend importiert werden.

(E) Ein Import von Steinkohle findet nicht statt, dies ist nicht zulässig.

834 ◯ ◯ **Welche Aussagen hinsichtlich fossiler Energieträger (Brennstoffe) treffen zu?**

(A) Fossile Energieträger sind grundsätzlich unbeschränkt verfügbar, da sie sich immer wieder erneuern.

(B) Fossile Energieträger sind in unterschiedlichen Medien gespeicherte Sonnenenergie (Kohle, Erdöl, Erdgas).

(C) Fossile Energieträger werden für den Betrieb von Atomkraftwerken benötigt.

(D) Fossile Energieträger sind nur begrenzt vorhanden, ihre Vorräte sind irgendwann erschöpft.

(E) Unter fossilen Energieträgern versteht man die Energie aus Biomasse und nachwachsenden Rohstoffen.

835 ◯ **Für den Betrieb von Atomkraftwerken werden folgende Energieträger benötigt:**

(A) Fossile Energieträger

(B) Regenerative Energieträger

(C) Kernbrennstoffe

(D) Wasserstoff

(E) Solarenergie

836 ◯ ◯ **Welche Aussagen treffen hinsichtlich regenerativer Energieträger zu?**

(A) Regenerative Energieträger sind grundsätzlich unbeschränkt verfügbar, da sie sich immer wieder erneuern.

(B) Regenerative Energieträger sind in unterschiedlichen Medien gespeicherte Sonnenenergie (Kohle, Erdöl, Erdgas).

(C) Regenerative Energieträger werden für den Betrieb von Atomkraftwerken benötigt.

(D) Regenerative Energieträger sind nur begrenzt vorhanden, ihre Vorräte sind irgendwann erschöpft.

(E) Unter regenerativen Energieträgern versteht man die Energie aus Wasserkraft, Windkraft, Sonnenkraft, Biomasse und nachwachsenden Rohstoffen.

8. **Ordnen Sie bitte zu.**

◯ Solarenergie

◯ Steinkohle

◯ Erdgas

◯ Windkraft

◯ Wasserkraft

◯ Uran

◯ Thorium

◯ Biogas

◯ Braunkohle

◯ Erdwärme

(A) Regenerativer Energieträger

(B) Fossiler Energieträger

(C) Kernbrennstoff

8 ◯ **Aufgrund der zunehmenden Konzentration von Kohlendioxid in der Erdatmosphäre kommt es zu dem so genannten Treibhauseffekt, d. h. zu einer zu starken Erwärmung der Erdoberfläche.**
Bei welchen Energieträgern stellt das Kohlendioxid ein großes Problem dar?

(A) Atomkraft

(B) Fossiler Energieträger

(C) Regenerative Energieträger

(D) Bei allen

(E) Bei keinem

○ ○ **Als wesentliche Probleme bei der Erzeugung von Strom durch Atomkraft werden angesehen**

(A) die künstliche Radioaktivität, die durch die Atomkernspaltung erzeugt wird und die hochgradig gesundheitsgefährdend ist.

(B) die mit der Erzeugung des Stromes verbundene Emission an Kohlendioxid.

(C) dass sich Atomkraftwerke nur als Großanlagen mit hohen Kapazitäten betreiben lassen.

(D) das bislang ungeklärte Problem der Endlagerung der hochgradig radioaktiven Abfallprodukte.

(E) die mit dem Bau von Atomkraftwerken verbundenen Überkapazitäten bei der Stromerzeugung.

○ ○ **Als wesentliche Probleme bei der Stromerzeugung durch fossile Energieträger wird angesehen**

(A) die Knappheit dieser Energieträger.

(B) die mit der Erzeugung des Stromes verbundenen radioaktiven Substanzen.

(C) die geringen Kapazitäten, die Kraftwerke bei diesen Energiearten grundsätzlich haben.

(D) der Landschaftsverbrauch bei diesen Energiearten aufgrund des großen Platzbedarfs.

(E) der Ausstoß an Kohlendioxid und anderen Emissionen.

○ ○ **Als wesentliche Probleme bei der Stromerzeugung durch regenerative Energieträger wird angesehen**

(A) die Knappheit dieser Energieträger.

(B) die mit der Erzeugung des Stromes verbundenen radioaktiven Substanzen.

(C) die relativ geringen Kapazitäten, die Kraftwerke bei diesen Energiearten grundsätzlich haben.

(D) der Landschaftsverbrauch bei diesen Energiearten aufgrund des großen Platzbedarfs.

(E) der Ausstoß an Kohlendioxid und anderen Emissionen.

○ **Die Kapazität von großen Stromkraftwerken wird in Megawatt angegeben. Was soll in diesem Zusammenhang eine Aussage wie diese: „Unsere größte Energiequelle ist das Negawatt"?** 842

(A) Diese Aussage ist Quatsch, das muss ein Spaßvogel gesagt haben.

(B) Mit dieser Aussage soll darauf hingewiesen werden, dass aufgrund konsequenter Energieeinsparung Kraftwerkskapazitäten von vielen Megawatt eingespart werden können.

(C) Diese Aussage bezieht sich auf die Möglichkeit, im Wattenmeer aufgrund von Ebbe und Flut Strom durch Wasserkraft zu erzeugen.

(D) Es kann sich nur um einen Schreibfehler handeln, es muss in der Aussage Megawatt heißen.

○ **Was versteht man unter Wärme-Kraft-Kopplung, wenn von Kraftwerken gesprochen wird?** 843

(A) Dies sind Kraftwerke, bei denen besonders starker Strom gewonnen wird.

(B) Das ist lediglich ein moderner Ausdruck für ganz normale Kraftwerke.

(C) In diesen Kraftwerken wird nicht nur Strom erzeugt, sondern es wird auch die Abwärme genutzt, z. B. für Nah- und Fernwärme.

(D) Mit diesen Kraftwerken wird nicht nur Strom erzeugt, sondern auch Produktionsprozesse betrieben.

○ **Unter „Alternativen Energien" versteht man** 844

(A) Energien, die wechselweise, d. h. alternativ einsetzbar sind.

(B) die Möglichkeit, in einem Kraftwerk alternative Energieträger einzusetzen.

(C) die regenerativen Energieträger.

(D) die Kernkraft.

(E) Sonnen- und Windenergie.

○ **Welches ist *kein* Argument für den Einsatz erneuerbarer Energien?** 845

(A) Sie schonen den Vorrat der fossilen Brennstoffe.

(B) Sie verursachen erhebliche Emissionen.

(C) Sie vermindern die Importabhängigkeit bei Energieträgern.

(D) Sie vermeiden Umweltbelastungen.

846 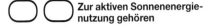 **Welches sind _keine_ Aufgaben der passiven Solarenergie-nutzung?**

(A) Sammlung von Sonnenenergie in Gebäuden.

(B) Erwärmung von Wasser durch Solaranlagen.

(C) Erzeugung von Strom durch solare Photovoltaikanlagen.

(D) Speicherung von Sonnenwärme in Gebäuden.

(E) Verteilung der gesammelten und gespeicherten Sonnenwärme in Gebäuden.

(F) Schutz vor Überhitzung bei zu starker Sonneneinstrahlung.

847  **Zur aktiven Sonnenenergie-nutzung gehören**

(A) die richtige bauliche Ausrichtung von Häusern, um möglichst viel Sonnenenergie einzufangen.

(B) die Erwärmung von Wasser durch Solarkollektoren.

(C) der Anbau von Rapsfeldern zu Erzeugung von Rapsöl.

(D) Photovoltaikanlagen, in denen Sonnenlicht in Strom umgewandelt wird.

(E) Wasserkraftanlagen, die den Unterschied von durch die Sonne erwärmten und kaltem Wasser ausnutzen.

848 **Welche Aussagen treffen zu?**

(A) Wärmepumpen verteilen die in Kraftwerken erzeugte Wärme, z. B. Fernwärme.

(B) Wärmepumpen wandeln Umgebungswärme oder Abwärme in Nutzwärme (z. B. Raumheizung, Brauchwasser) oder in Prozesswärme um.

(C) Wärmepumpen sind unter Energiegesichtspunkten unergiebig, da zu ihrem Antrieb Energie benötigt wird.

(D) Durch einen zunehmenden Einsatz von Wärmepumpen z. B. bei der Raumheizung könnte deutlich weniger Kohlendioxid emittiert werden, da zzt. zur Raumheizung überwiegend fossile Brennstoffe verwendet werden.

(E) Wärmepumpen haben sich im Laufe der Zeit als unwirtschaftlich erwiesen.

84 **Was gehört zu den natürlichen Lebensgrundlagen der Menschen?**

(A) Wasser

(B) Feuer

(C) Luft

(D) Energie

(E) Boden

(F) Pflanzen

(G) Tiere

85 **Was versteht man unter Ökologie?**

(A) Die Lehre von der Wirtschaftswissenschaft.

(B) Die Lehre von der Ernährung.

(C) Die Wissenschaft vom Naturhaushalt.

(D) Die Wissenschaft von der Welt.

(E) Die Wissenschaft von den Pflanzen.

85 **Wodurch entsteht das ganz spezielle Klima, das auf der Erde, in Gegensatz zu den anderen Himmelskörpern, die natürlichen Lebensbedingungen für Menschen und Tiere schafft?**

(A) Das Zusammenwirken von Luft, Wasser und Boden ermöglicht das Wachstum von Tieren und Pflanzen, die einerseits dem Menschen als Nahrung zu dienen, andererseits das besondere Klima schaffen, in dem wir leben können.

(B) Das Klima wird weitgehend von außen bestimmt, z. B. von der Sonne.

(C) Für das Klima auf der Erde sind die Jahreszeiten zuständig.

(D) Es besteht durchaus die Möglichkeit, mit technischen Mitteln das Klima zu beeinflussen und so auf die Lebensbedingungen der Menschen Einfluss zu nehmen.

11. Umweltschutz

852 Was drückt das Bruttoinlandsprodukt als Indikator aus?

(A) Die Lebensqualität der Bevölkerung eines Landes.

(B) Das qualitative Wirtschaftswachstum.

(C) Die bewerte Menge aller Güter und Dienstleistungen, die innerhalb eines Jahres von der Wirtschaft erstellt und am Markt nicht als Vorleistung abgesetzt wurde.

(D) Das Volkseinkommen.

(E) Den Reichtum eines Landes an Bodenschätzen, Arbeitskräften und Know-how.

(F) Alle in einer Volkswirtschaft hergestellten Güter, nicht aber die Leistungen.

853 Was drückt die Veränderung des Inlandsproduktes von einem Jahr zum anderen aus?

(A) Quantitatives Wirtschaftswachstum.

(B) Qualitatives Wirtschaftswachstum.

(C) Den Wohlstandszuwachs der Bevölkerung eines Landes.

(D) Die Steigerung der Leistungskraft einer Volkswirtschaft.

(E) Sowohl quantitatives als auch qualitatives Wirtschaftswachstum.

854 Wie wird der wirtschaftliche Netto-Wohlstand (= Net Economic Welfare) ermittelt?

(A) Bruttoinlandsprodukt abzüglich der sozialen Kosten.

(B) Bruttoinlandsprodukt abzüglich der sozialen Kosten zuzüglich der privaten Dienste, die nicht am Markt veräußert werden.

(C) Bruttoinlandsprodukt abzüglich der sozialen Kosten zuzüglich der privaten Dienste, die nicht am Markt veräußert werden, sowie der immateriellen Werte.

(D) Bruttoinlandsprodukt zuzüglich der sozialen Kosten abzüglich der privaten Dienste, die nicht am Markt veräußert werden, sowie der immateriellen Werte.

(E) Bruttoinlandsprodukt abzüglich der sozialen Kosten abzüglich der privaten Dienste, die nicht am Markt veräußert werden, sowie zuzüglich der immateriellen Werte.

855 Die Lebensqualität der Menschen in einer Demokratie richtet sich nach

(A) der Höhe der erzielten Einkommen.

(B) der Mitbeteiligung im politischen Willensbildungsprozess.

(C) der Höhe des individuellen Konsums.

(D) der Schonung der natürlichen Lebensgrundlagen.

(E) dem Energieverbrauch.

(F) der Zahl der Automobile.

856 Welche Bereiche erfasst das Bruttoinlandsprodukt als Maßstab für den Wohlstand einer Volkswirtschaft *nicht*?

(A) Die Herstellung von Sachgütern in einer Volkswirtschaft.

(B) Den Verbrauch der natürlichen Lebensgrundlagen in der Produktion.

(C) Das Volkseinkommen.

(D) Die Herstellung von Dienstleistungen.

(E) Die Wiederherstellung der verbrauchten Lebensgrundlagen.

857 Im Zusammenhang mit den Waldschäden ist von einer bestimmten Bilanz die Rede. Von welcher?

(A) Sonderbilanz

(B) Sozialbilanz

(C) Schadensbilanz

(D) Konzernbilanz

(E) Jahresbilanz

858 Was ist als so genannter Wohlstandsindikator *nicht* geeignet?

(A) Die durchschnittliche Lebenserwartung der Bevölkerung eines Landes.

(B) Die Forschungs- und Bildungsausgaben.

(C) Die Ausgaben für die innere und äußere Sicherheit.

(D) Die Versorgung der Bevölkerung mit Kindertagesstätten und Altenheimen.

(E) Die Anzahl der Kernkraftwerke.

(F) Die Zahl der Sozialhilfeempfänger.

859 Ordnen Sie bitte zu.

◯ Nutzenmaximierung

◯ Gewinnmaximierung

◯ Vermeidung von sozialen Kosten

◯ Vollbeschäftigung

◯ Preisstabilität

◯ Angemessenes Wirtschaftswachstum

◯ Gerechte Einkommens- und
Vermögensverteilung

◯ Kostenminimierung

(A)   Einzelwirtschaftliches Ziel
(B)   Gesamtwirtschaftliches Ziel
(C)   Gesamtgesellschaftliches Ziel

860 Welcher Indikator könnten den folgenden
Bereichen zugeordnet werden?

◯ Gesundheit

◯ Bildung

◯ Soziale Umwelt

◯ Physische Umwelt

◯ Materieller Lebensstandard

(A)   Schüler je Lehrer.
(B)   Müllanfall pro Einwohner.
(C)   Krankenhausbetten pro 1.000 Einwohner.
(D)   Durchschnittliche Wochenarbeitszeit.
(E)   Zufriedenheit am Arbeitsplatz.
(F)   Straftaten je 1.000 Einwohner.
(G)   Zahl der langlebige Wirtschaftsgüter in den
privaten Haushalten.

8 ◯ ◯ Die Bedeutung des Wassers für
den Menschen wird immer mehr
als lebenswichtig erkannt. Die Menge des Wassers auf unserer Erde ist begrenzt, der Verbrauch steigt rapide.
Welche Aussagen sind zutreffend?

(A)   Der Wasserverbrauch eines Bundesbürgers beträgt zzt. durchschnittlich 140 l pro Tag.

(B)   Der Wasserverbrauch eines Bundesbürgers beträgt zzt. durchschnittlich 80 l pro Tag.

(C)   Der Wasserverbrauch eines Bundesbürgers beträgt zzt. durchschnittlich 40 l pro Tag.

(D)   Davon werden für Essen und Trinken 20 l pro
Tag benötigt.

(E)   Davon werden für Essen und Trinken 10 l pro
Tag benötigt.

(F)   Davon werden für Essen und Trinken 3 l pro Tag
benötigt.

8 ◯ ◯ ◯ Eine erhebliche Gefährdung der Wasservorräte
besteht außer in dem hohen Verbrauch auch
darin, dass

(A)   es immer weniger regnet.

(B)   in der Landwirtschaft immer mehr gedüngt wird
und immer mehr Pflanzenschutzmittel eingesetzt werden. Diese und der überschüssige
Dünger können ins Grundwasser eindringen.

(C)   Müllplätze und Halden nicht ordnungsgemäß
abgedichtet sind und von daher ein Eindringen
von Schadstoffen in das Grundwasser möglich
wird.

(D)   die Klärwerke immer leistungsfähiger werden.

(E)   die Messmethoden zur Ermittlung der Schadstoffe im Wasser immer genauer werden und
von daher die Schadstoffe eher bemerkt werden.

(F)   immer mehr Bodenflächen mit Beton oder
Asphalt versiegelt werden, sodass Regenwasser nicht in den Boden einsickern und sich kein
neues Grundwasser bilden kann.

863 ◯ ◯ ◯ **Möglichkeiten für jeden Einzelnen, den Wasserverbrauch einzuschränken, sind gegeben durch**

(A) sparsamen Verbrauch beim täglichen Gebrauch, z. B. durch den Einbau von Spararmaturen.

(B) das Duschen in öffentliche Einrichtungen, z. B. Sporthallen, Schwimmbädern etc.

(C) verstärkten Einsatz von Regenwasser, z. B. für den Garten und für die Toilettenspülung.

(D) stärkere Nutzung von Leitungswasser statt Regenwasser im Garten, dadurch kann mehr Wasser versickern.

(E) die Verwendung von Produkten, zu deren Herstellung wenig Wasser benötigt wird, z. B. Recycling-Produkte.

864 ◯ ◯ **Wie wird sich die Wassernutzung in naher Zukunft voraussichtlich entwickeln?**

(A) Die Wassernutzung der Industrie wird sich bis 2010 mehr als verdoppeln.

(B) Der Wasserverbrauch der privaten Haushalte wird ziemlich gleich bleiben.

(C) Die Wassernutzung der Elektrizitätswirtschaft wird sich von ca. 33 Mrd m^2 auf 99 Mrd m^2 verdreifachen.

(D) Die Wassernutzung wird sich insgesamt nicht wesentlich verändern, sparsame Verfahren werden dafür sorgen.

(E) In der Elektrizitätswirtschaft wird die Wassernutzung voraussichtlich zurückgehen.

865 ◯ ◯ **Welche Aussagen treffen zu, wenn vom Treibhauseffekt die Rede ist?**

(A) Unter Treibhauseffekt verseht man die Tatsache, dass in den modernen Industriestaaten Gemüse weitgehend in Treibhäusern angebaut wird, damit zu jeder Jahreszeit frisches Gemüse zur Verfügung steht.

(B) Unter dem Treibhauseffekt versteht man die gefährliche Erwärmung der Erdatmosphäre.

(C) Die Ursache des Treibhauseffektes ist das Betreiben der vielen Treibhäuser (Gewächshäuser).

(D) Die Ursache des Treibhauseffektes ist die Freisetzung von Kohlendioxid bei der Verbrennung der fossilen Energieträger, z. B. Kohle und Erdöl, sowie die Freisetzung von Methangas und Fluorchlorkohlenwasserstoff (FCKW).

(E) Der Treibhauseffekt hat seine Ursache im Wesentlichen in dem Ozonloch.

866 ◯ ◯ **Welche Folgen werden aufgrund des Treibhauseffektes erwartet?**

(A) Der Treibhauseffekt wird dazu führen, dass der Meeresspiegel um bis zu 1,5 m ansteigt, aufgrund der Wärmeausdehnung der Meere und des Abschmelzens der Polkappen.

(B) Der Treibhauseffekt wird dazu führen, dass der Energieverbrauch zurückgeht und damit auch die Freisetzung der für den Treibhauseffekt verantwortlichen Gase.

(C) Der Treibhauseffekt bewirkt lediglich eine Erwärmung der Erdatmosphäre, weitere Folgen werden nicht erwartet.

(D) Durch den Treibhauseffekt und die damit verbundene Erhöhung der Meeresspiegel werden weite Küstengebiete überflutet bzw. wirtschaftlich nicht mehr nutzbar.

(E) Aufgrund des durch den Treibhauseffekt erwarteten geringeren Energieverbrauchs werden die begrenzten Energievorräte länger vorhalten.

867 ◯ ◯ **Wenn vom Ozonloch die Rede ist,**

(A) ist die Rede von den sommerlichen Ozonalarmen.

(B) ist die Rede von der Gefährdung der Menschen durch die schädlichen UV-Strahlung, die durch das Ozon nicht mehr verschluckt wird.

(C) muss auf die Ursachen hingewiesen werden, die im Wesentlichen in den Emissionen von Fluorchlorkohlenwasserstoffen (FCKW) bestehen.

(D) sollte man ruhig darauf hinweisen, dass dies über der Antarktis ist und damit sehr weit weg.

(E) ist die Rede vom Ozon, das für Menschen und Pflanzen gefährlich ist.

868 ◯ ◯ **In den letzten Jahren ist sehr häufig Ozonalarm ausgelöst worden. Welche Aussagen treffen in diesem Zusammenhang zu?**

(A) Das Ozonloch über der Antarktis ist gefährlich groß geworden.

(B) Ozon in der unteren Atmosphäre ist gefährlich und wirkt ätzend auf die menschlichen Atmungsorgane und auf Pflanzen.

(C) Ozon in der oberen Atmosphäre ist nützlich und bewahrt die Erde vor einem Teil der schädlichen UV-Strahlung.

(D) Sonnenlicht spaltet Stickstoffdioxid (z. B. aus Autoabgasen), sodass sich zusammen mit Stickstoff Ozon bildet, das in der unteren Atmosphäre schädlich ist.

(E) Ozon ist ein Gas, das überall in der Natur vorkommt, davor zu warnen oder deswegen sogar Alarm auszulösen ist Unsinn.

869 ◯ **Wie viel Müll produziert statistisch gesehen jeder Bundesbürger (vom Säugling bis zum Greis)?**

(A) ca. 100 kg
(B) ca. 200 kg
(C) ca. 250 kg
(D) ca. 300 kg
(E) ca. 350 kg
(F) ca. 400 kg

870 ◯ **In den letzten 50 Jahren hat sich der Verpackungsmüll**

(A) verdoppelt.
(B) verdreifacht.
(C) vervierfacht.
(D) verfünffacht.
(E) verzehnfacht.

871 ◯ **Um den drohenden Müllnotstand abzuwenden, ist es erforderlich**

(A) den Müll zu deponieren oder thermisch zu verwerten (zu verbrennen).
(B) möglichst Müll zu vermeiden, den unvermeidbaren Müll zu sortieren und zu verwerten und den unverwertbaren Müll zu verbrennen oder zu deponieren.
(C) den anfallenden Müll zu sortieren und zu verwerten und den unverwertbaren Müll zu verbrennen oder zu deponieren.
(D) den nicht verbrennbaren Müll zu sortieren und zu verwerten.

872 ◯ ◯ **Verpackungen, die mit dem „Grünen Punkt" gekennzeichnet sind,**

(A) werden wiederverwendet.
(B) sind Einwegverpackungen.
(C) sind Mehrwegverpackungen.
(D) werden in Müllverbrennungsanlagen thermisch verwertet.
(E) werden gesammelt und es werden daraus wieder Rohstoffe gewonnen.

◯ ◯ **Das Duale System Deutschland hat sich zur Aufgabe gemacht,** 8■

(A) das duale Ausbildungssystem zu überwachen.
(B) Lizenzen zu vergeben, Verpackungen als wiederverwertbar zu kennzeichnen (Grüner Punkt).
(C) die Verpackungsflut zu stoppen.
(D) die mit einem grünen Punkt gekennzeichneten Verpackungen nach ihrer Verwendung bundesweit einzusammeln.
(E) Verpackungen herzustellen.

◯ **Unter einer Ökobilanz versteht man** 8■

(A) eine Interpretation des Jahresabschlusses eines Unternehmens durch die Umweltschützer.
(B) z.B. die Waldschadensbilanz.
(C) die Tatsache, dass sowohl der Jahresabschluss eines Unternehmens als auch alle dazugehörigen Veröffentlichungen auf Recyclingpapier gedruckt werden.
(D) eine Bestandsaufnahme, die sich mit den Umweltauswirkungen eines Unternehmens befasst.

◯ **Wobei hilft die Erstellung einer Ökobilanz *nicht*?** 8■

(A) Bei der Reduzierung des Abfalls.
(B) Bei der Verringerung des Energieeinsatzes.
(C) Bei der Vermeidung von Schadstoffen.
(D) Bei der Werbung für das Unternehmen.
(E) Bei der Überprüfung aller verarbeiteten Stoffe in der Reihenfolge Einkauf-Verarbeitung-Lagerung-Entsorgung.
(F) Bei der Steigerung der Umweltbelastung.

◯ **In der „Tutzinger Erklärung" formulierten Vertreter aus Wirtschaft und Politik Thesen zum Verhältnis von Umweltpolitik und Unternehmenspolitik. Welche der folgenden Thesen gehört *nicht* dazu?** 8■

(A) Eine umweltorientierte Unternehmenspolitik ist ein Beitrag zur Sicherung der Zukunft von Umwelt und Unternehmen.
(B) Umweltschutz ist Teil der Unternehmenspolitik.
(C) Umweltschutz ist eine Aufgabe der Unternehmensführung.
(D) Umweltschutz ist eine Aufgabe der Politik, nicht der Unternehmen.
(E) Umweltorientierte Unternehmenspolitik betrifft alle Unternehmensbereiche.

877 ◯ **Der weltweit größte Exporteur für Umweltschutzgüter**

(A) sind die USA.
(B) ist Japan.
(C) ist Italien.
(D) ist Schweden.
(E) ist Deutschland.

878 ◯◯ **Welche Aussagen sind richtig?**

(A) Güter- und Geldkreislauf sind Stromgrößen und fließen in dieselbe Richtung.
(B) Der Geldkreislauf wird auch monetärer Kreislauf genannt.
(C) Der Güterkreislauf wird auch primärer Kreislauf genannt.
(D) Es darf nur so viel Geld gedruckt werden, wie Güter im Wirtschaftskreislauf sind.
(E) Für jeden Güterstrom gibt es einen Geldstrom, der zwischen den Wirtschaftssektoren fließt.
(F) Güter- und Geldkreislauf fließen einander entgegengesetzt.

879 ◯◯ **Welche Aussagen sind richtig?**

(A) Dem ökonomischen Prinzip liegt der Gedanke des Umweltschutzes zu Grunde.
(B) Wenn mit gegebenen Mitteln der größtmögliche Nutzen erzielt wird, sprechen wir vom Nutzenprinzip.
(C) Wenn mit gegebenen Mitteln der größtmögliche Nutzen erzielt wird, sprechen wir vom Maximalprinzip.
(D) Wenn ein bestimmter Nutzen mit dem geringstmöglichen Einsatz von Mitteln erreicht wird, so sprechen wir vom Mini-Max-Prinzip.
(E) Wenn ein bestimmter Nutzen mit dem geringstmöglichen Einsatz von Mitteln erreicht wird, so sprechen wir vom Minimalprinzip.

880 ◯◯ **Welche Aussagen sind richtig?**

(A) Soziale Kosten sind solche, die von der Gesamtwirtschaft verursacht werden, aber von der Einzelwirtschaft getragen werden müssen.
(B) Soziale Kosten sind solche, die von der Einzelwirtschaft verursacht werden, aber von der Gesamtwirtschaft getragen werden müssen.
(C) Soziale Kosten tragen die Arbeitgeber.
(D) Soziale Kosten tragen Arbeitgeber und Arbeitnehmer je zu Hälfte.
(E) Zu den sozialen Kosten zählen z.B. die Kosten zur Beseitigung von Umweltschäden bei einem Tankerunglück.
(F) Zu den sozialen Kosten zählen z.B. die Müllgebühren der Privathaushalte.

881 Ordnen Sie bitte zu.

◯ **Beseitigung von Umweltschäden nach einem Chemieunfall.**

◯ **Verwendung von Pfandflaschen statt Einweg-Flaschen.**

◯ **Installation von Lärmschutzwällen an Autobahnen.**

◯ **Private Kompostierung von Küchenabfällen statt kommunaler Müllentsorgung.**

◯ **Abriss eines Kernkraftwerks.**

◯ **Müllentsorgung durch privatwirtschaftliche Unternehmen statt durch städtische Müllwerke.**

◯ **Bau eines Braunkohlekraftwerks.**

(A) Bruttoinlandsprodukt steigt
(B) Bruttoinlandsprodukt sinkt
(C) Bruttoinlandsprodukt bleibt gleich

12. Recht und Rechtsprechung

882 Wo sind die für alle Deutschen geltenden Grundrechte niedergelegt?

(A) Strafgesetzbuch
(B) BGB
(C) Grundgesetz
(D) HGB
(E) Rechtsprechung

883 Können die Grundrechte in ihrem Wesensgehalt geändert werden?

(A) Nein.
(B) Ja.
(C) Ja, aber nur mit absoluter Mehrheit der Mitglieder des Deutschen Bundestages.
(D) Ja, aber nur mit Zwei-Drittel-Mehrheit der Mitglieder des Deutschen Bundestages.
(E) Im Krisenfall könnten einzelne Grundrechte aufgehoben werden.

884 Welches der folgenden Rechte ist *kein* Grundrecht?

(A) Recht auf die freie Entfaltung der Persönlichkeit.
(B) Recht auf Glaubensfreiheit.
(C) Recht auf freie Meinungsäußerung.
(D) Recht auf einen Arbeitsplatz.
(E) Recht auf Freizügigkeit.

885 Was beinhaltet das Grundrecht auf Bekenntnisfreiheit *nicht*?

(A) Recht auf die freie Wahl der Religionsangehörigkeit.
(B) Freiheit der Weltanschauung.
(C) Recht auf Kriegsdienstverweigerung.
(D) Recht auf Zivildienstverweigerung.
(E) Recht auf ungestörte Religionsausübung.

886 Was bedeutet das Grundrecht auf Freizügigkeit laut Artikel 11 des Grundgesetzes?

(A) Jeder Deutsche darf sich so kleiden, wie er möchte.
(B) Jeder Deutsche darf seine Meinung über Parteien und Politiker frei äußern.
(C) Jeder Bürger hat das Recht, seinen Wohn- und Aufenthaltsort im Bundesgebiet frei zu wählen.
(D) Jeder Bürger darf seinen Arbeitsplatz frei wählen.
(E) Alle Deutschen haben das Recht, sich friedlich und ohne Anmeldung zu versammeln.

887 Bis zu welchem Alter sind Kinder strafunmündig?

(A) 7 Jahre
(B) 10 Jahre
(C) 12 Jahre
(D) 14 Jahre
(E) 16 Jahre

888 Ordnen Sie bitte zu.

Verwarnung

Jugendgefängnis

Freizeitarrest

Heimunterbringung

Teilnahme an polizeilichem Verkehrsunterricht

6 Tage Kurzarrest

(A) Erziehungsmaßregel
(B) Zuchtmittel
(C) Jugendstrafe

889 ◯ ◯ **In welchen Fällen handelt es sich um ein Zuchtmittel im Sinne des Jugendgerichtsgesetzes?**

(A) Arbeit im Krankenhaus.

(B) Verurteilung zu einer sechsmonatigen Jugendstrafe.

(C) Teilnahme am polizeilichen Verkehrsunterricht.

(D) Verwarnung.

(E) Zahlung einer Geldsumme an einen gemeinnützigen Verein.

89 ◯ ◯ **Welche Aufgaben hat der Strafvollzug?**

(A) Schutz der Gesellschaft vor Kriminellen.

(B) Abschreckung für die Taten.

(C) Vergeltung.

(E) Wiedergutmachung des Schadens.

(E) Schaffung der Voraussetzungen für die Wiedereingliederung des Verurteilten in die Gesellschaft.

13. Politische Entscheidungen in der Demokratie

891 Welche Voraussetzungen müssen erfüllt sein, damit jemand wählen darf?

(A) 21 Jahre alt, deutsche Staatsangehörigkeit, Vollbesitz der geistigen Kräfte

(B) 21 Jahre alt, in Deutschland lebend, nicht vorbestraft, Vollbesitz der geistigen Kräfte

(C) 18 Jahre alt, in Deutschland lebend, nicht vorbestraft, im Vollbesitz der geistigen Kräfte

(D) 18 Jahre alt, deutsche Staatsangehörigkeit, bürgerliche Ehrenrechte, Vollbesitz der geistigen Kräfte

(E) 18 Jahre alt, männlich, deutsche Staatsangehörigkeit, bürgerliche Ehrenrechte, Vollbesitz der geistigen Kräfte

892 Welche Aussagen treffen auf das Verhältniswahlrecht *nicht* zu?

(A) Alle Abgeordneten werden direkt gewählt, Parteilisten gibt es nicht.

(B) Jede Partei schickt so viele Abgeordnete ins Parlament, wie es ihrem prozentualen Anteil an den abgegebenen Wählerstimmen entspricht.

(C) Die großen Parteien werden begünstigt.

(D) Es gibt nur Parteilisten.

(E) Wenn es keine Sperrklausel gibt, sind auch kleine Parteien im Parlament vertreten.

893 Welche Sperrklausel gibt es bei der Bundestagswahl?

(A) 5 Direktmandate

(B) 3 %

(C) 2,5 %

(D) 5 %

(E) 3 Direktmandate

894 Wie viele Abgeordnetensitze gibt es im aktuellen 16. Deutschen Bundestag?

(A) 496

(B) 500

(C) 600

(D) 614

(E) 518

895 Wie viele Direktkandidaten wurden in den aktuellen Bundestag gewählt?

(A) In jedem Wahlkreis ein Kandidat.

(B) In jedem Wahlkreis zwei Kandidaten.

(C) 300

(D) 299

(E) 248

896 Wie viele Abgeordnete werden mindestens benötigt, um eine Bundestagsfraktion bilden zu können?

(A) 10

(B) 20

(C) 30

(D) 2 % der Abgeordneten

(E) 5 % der Abgeordneten

897 Was ist ein Wählerverzeichnis?

(A) Liste mit den Namen und Anschriften aller Personen, die zur Wahl stehen.

(B) Namen und Anschriften aller Bundesbürger.

(C) Liste mit Namen und Anschriften aller Wahlberechtigten.

(D) Liste mit Namen und Anschriften aller Nichtwähler.

(E) Liste mit Namen der Abgeordneten.

898 Nach welchem Wahlsystem erfolgt die Sitzverteilung im Deutschen Bundestag und welche Stimme zählt dabei?

(A) Mehrheitswahlsystem

(B) Verhältniswahlsystem

(C) Erststimme

(D) Zweitstimme

(E) Drittstimme

899   ◯ Wie heißt das Wahlverfahren, nach dem bei den Bundestagswahlen die für die Parteien abgegebenen Stimmen in Mandate umgerechnet werden?

(A) d'Hondtsches Höchstzahlverfahren
(B) Hare-Niemeyer-Verfahren
(C) Lohmann-Ruchti-Verfahren
(D) Quotierungsverfahren
(E) Hochrechnung

900   ◯ Was bedeutet Ampel-Koalition?

(A) Regierungsbündnis, das sich an einer Verkehrs-ampel getroffen hat.
(B) Koalition aus CSU, CDU und FDP.
(C) Koalition aus CDU, FDP und SPD.
(D) Koalition aus SPD, Die Linke und Bündnis 90/Die Grünen.
(E) Koalition aus SPD, FDP und Bündnis 90/Die Grünen.

901   ◯ Wie viele Sitze hat in der Wahlperiode 2004–2009 das Europäische Parlament?

(A) 518
(B) 496
(C) 656
(D) 600
(E) 626
(F) 785
(Stand Jan. 09)

902   ◯ Wie viele Sitze hat zurzeit (ab 2004) die Bundesrepublik Deutschland im Europa-Parlament?

(A) 90
(B) 81
(C) 87
(D) 98
(E) 99

90◖ Laut Artikel 38 Grundgesetz werden die Abgeordneten in allgemeiner, unmittelbarer, freier, gleicher und geheimer Wahl gewählt.
Was bedeutet

◯ allgemein?

◯ unmittelbar?

◯ frei?

◯ gleich?

◯ geheim?

(A) Der Wähler wählt seinen Vertreter direkt ohne Zwischenschaltung von Wahlmännern.
(B) Es wird in der Wahlkabine, also nicht-öffentlich, gewählt.
(C) Von der Wahl darf grundsätzlich niemand ausgeschlossen werden.
(D) Jede Stimme hat das gleiche Gewicht.
(E) Die Stimmabgabe erfolgt ohne politischen Druck.

◯ ◯ Was sind Überhangmandate?   90◖

(A) Überhangmandate entstehen, wenn mehr Kandidaten zur Wahl stehen als es Abgeordnetensitze gibt.
(B) Überhangmandate entstehen, wenn eine Partei mehr Sitze im Bundestag erhält, als sie Kandidaten aufgestellt hat.
(C) Als Überhangmandate bezeichnet man die früheren 22 Abgeordneten im Deutschen Bundestag aus West-Berlin.
(D) Überhangmandate entstehen, wenn eine Partei mehr Direktkandidaten in den Bundestag entsendet, als ihr Bundestagssitze zustehen.
(E) Überhangmandate sind die über 656 hinausgehenden Bundestagsmandate.

905 ◯ **Was bedeutet aktives Wahlrecht?**

(A) Aktives Wahlrecht bedeutet für den Wahlberechtigten das Recht, bei der Wahl seine Stimme abzugeben.

(B) Aktives Wahlrecht bedeutet für den Wahlberechtigten das Recht, selbst gewählt zu werden.

(C) Aktives Wahlrecht bedeutet, bei der Wahl als Wahlhelfer mitzuwirken.

(D) Aktives Wahlrecht bedeutet, bei der Aufstellung der Kandidaten, die sich zur Wahl stellen, mitzuwirken.

(E) Aktives Wahlrecht bedeutet, in einer politischen Partei bei der Wahl der Kandidaten mitzuwirken.

906 ◯ **Welche Aussage zur Briefwahl ist richtig?**

(A) An der Briefwahl kann nur teilnehmen, wer am Wahltag krank ist oder sich im Urlaub befindet.

(B) An der Briefwahl kann teilnehmen, wer am Wahltag an der persönlichen Stimmabgabe in dem für ihn zuständigen Wahllokal gehindert ist.

(C) Briefwahlen sind nur zur Europawahl möglich.

(D) Bei den Briefwahlen muss der Stimmzettel persönlich unterschrieben werden.

907 ◯ **Wer stellt zu Bundestags-, Landtags- und Kommunalwahlen die Kandidaten auf?**

(A) Die Mitglieder der verschiedenen bei den Wahlen antretenden politischen Parteien.

(B) Bundestag, Landtage und Kommunalversammlungen.

(C) Bundeskanzler.

(D) Die Kandidaten müssen sich beim Wahlausschuss bewerben, das die Auswahl trifft.

(E) Bundespräsident.

908 ◯ **Was ist ein Schattenkabinett?**

(A) Die von Seiten der Regierungspartei(en) im Wahlkampf vorgeschlagenen künftigen Anwärter auf die einzelnen Ministerposten.

(B) Die im Wahlkampf von der Opposition für den Fall der Regierungsübernahme vorgesehenen Anwärter auf die einzelnen Ministerposten.

(C) Die im Parlament zur Nordseite gelegenen „dunklen" Büros.

(D) Die im Falle eines Rücktritts eines amtierenden Bundesministers jeweils zur Amtsübernahme bereitstehenden Abgeordneten.

909 **Ordnen Sie bitte zu.**

◯ **Direkte Demokratie**

◯ **Repräsentative Demokratie**

◯ **Plebiszitäres System**

◯ **Bundestag**

◯ **Bundesrat**

◯ **Bundesregierung**

(A) Vertretung der Länderinteressen in der Bundesrepublik Deutschland.

(B) Die Wahlberechtigten wählen Vertreter des Volkes für eine bestimmte Zeit.

(C) Ausgearbeitete Gesetzesentwürfe werden den Wahlberechtigten zur Entscheidung vorgelegt. Der Wahlberechtigte kann nur mit „ja" oder „nein" antworten.

(D) Gesetzgebende Gewalt auf Bundesebene, bestehend aus 612 Abgeordneten.

(E) Jede Entscheidung wird von allen Wahlberechtigten getroffen.

(F) Vollziehende Gewalt auf Bundesebene, bestehend aus Bundeskanzler und Bundesminister.

910 **Ordnen Sie bitte zu.**

◯ **Exekutive Gewalt**

◯ **Legislative Gewalt**

◯ **Judikative Gewalt**

(A) Gesetzgebende Gewalt

(B) Ausführende Gewalt

(C) Rechtsprechende Gewalt

911 Was versteht man unter Gewalten-
teilung?

(A) Aufgabenverteilung zwischen Bundesrat und
Bundestag.

(B) Trennung zwischen Legislative, Exekutive und
Judikative.

(C) Trennung zwischen Bundeskanzler und -präsi-
dent.

(D) Kontrolle der Bundesregierung durch die Opposition.

(E) Aufgabenverteilung zwischen Bundesregierung
und Polizei.

912 Ordnen Sie bitte zu.

Regierung

Koalition

Opposition

Fraktion

(A) Zusammenschluss von Abgeordneten, die der
gleichen Partei angehören oder die nicht miteinander konkurrieren.

(B) Die nicht an der Regierung beteiligten Parteien.

(C) Spitze der Exekutive in einem Staat.

(D) Enge Zusammenarbeit politischer Parteien in
der Regierungsverantwortung oder in einem
Wahlbündnis.

913 Wer schlägt den Bundeskanzler
zur Wahl vor?

(A) Bundestag
(B) Bundesrat
(C) Bundespräsident
(D) Bundesversammlung
(E) Bundesregierung

914 Wer wählt den Bundeskanzler?

(A) Bundestag
(B) Bundesrat
(C) Das Volk
(D) Bundesversammlung
(E) Bundesregierung

915 Wer spricht die Ernennung zum
Bundeskanzler aus?

(A) Bundestag
(B) Bundesrat
(C) Bundespräsident
(D) Bundesversammlung
(E) Bundesregierung

916 Wer schlägt die Bundesminister vor?

(A) Bundestag
(B) Bundespräsident
(C) Bundesversammlung
(D) Bundestagspräsident
(E) Bundeskanzler

917 Wer ernennt die Bundesminister?

(A) Bundestag
(B) Bundespräsident
(C) Bundesversammlung
(D) Bundestagspräsident
(E) Bundeskanzler

918 Welche Aussagen zum impera-
tiven Mandat sind richtig?

(A) Ein imperatives Mandat liegt vor, wenn ein Man-
datsträger an keine Weisungen gebunden und
nur seinem Gewissen verantwortlich ist.

(B) Die Bundestagsabgeordneten haben ein imperatives Mandat.

(C) Die Mitglieder des Bundesrates sind weisungs-
gebunden und haben somit ein imperatives
Mandat.

(D) Ein imperatives Mandat liegt vor, wenn ein Man-
datsträger (Abgeordneter) verpflichtet ist, nur
die Meinungen und Entscheidungen der Gruppe oder Partei, von der er gewählt oder aufgestellt wurde, zu vertreten.

919 Was gehört *nicht* zu den Aufgaben des Bundestages?

(A) Wahl des Bundeskanzlers.
(B) Wahl des Bundespräsidenten.
(C) Ernennung der Bundesminister.
(D) Beschlussfassung über Bundesgesetze.
(E) Kontrolle der Bundesregierung.

920 ◯ **Von wem werden die Richter des Bundesverfassungsgerichts gewählt?**

(A)   Bundestag
(B)   Bundesrat
(C)   Bundesversammlung
(D)   Bundesregierung
(E)   Je zur Hälfte vom Wahlmännerausschuss des Bundestages und von den Mitgliedern des Bundesrates

921 ◯ **Für welchen Zeitraum werden die Richter am Bundesverfassungsgericht gewählt?**

(A)   4 Jahre
(B)   5 Jahre
(C)   10 Jahre
(D)   Bis zur Pensionierung
(E)   12 Jahre

922 ◯ **Wo befindet sich der Sitz des Bundesverfassungsgerichts?**

(A)   Karlsruhe
(B)   Nürnberg
(C)   Frankfurt
(D)   München
(E)   Berlin

923 ◯ **Was zählt *nicht* zu den Aufgaben des Bundesverfassungsgerichts?**

(A)   Entscheidung fällen bei Streitigkeiten zwischen Bund und Ländern oder zwischen einzelnen Bundesländern.
(B)   Überprüfung der Verfassungsmäßigkeit eines Gesetzes nach Zustandekommen und Inhalt.
(C)   Anklageverfahren über das Verbot einer Partei.
(D)   Entscheidung, wenn gegen ein Urteil des Oberlandesgericht Revision eingelegt wurde.
(E)   Anklage gegen den Bundespräsidenten.

924 ◯ **Aus wie vielen Richtern besteht ein Senat des Bundesverfassungsgerichts?**

(A)   4
(B)   6
(C)   6 Berufsrichter und 6 Laienrichter
(D)   8
(E)   12

14. Europäische Integration

925 ◯ ◯ **Welche der folgenden Länder sind 2009 *nicht* Mitglied der EU?**

(A) Norwegen
(B) Deutschland
(C) Belgien
(D) Italien
(E) Griechenland
(F) Portugal
(G) Ukraine

926 ◯ **Aus wie vielen Mitgliedsländern besteht die Europäische Union ab 2009?**

(A) 10
(B) 11
(C) 12
(D) 13
(E) 20
(F) 27
(G) 30

927 ◯ **Seit wann ist der Euro einziges gesetzliches Zahlungsmittel?**

Seit
(A) 01.01.1999
(B) 01.01.2000
(C) 01.01.2001
(D) 01.01.2002
(E) 01.07.2002

928 ◯ **Welche Währung existiert *nicht* mehr?**

(A) Englisches Pfund
(B) ECU
(C) US-Dollar
(D) Yen
(E) Schweizer Franken

929 ◯ ◯ **Währungen der EU-Länder, die *nicht* an der Währungsunion teilnehmen,**

(A) haben feste Wechselkurse zum EURO.
(B) haben keine festen Wechselkurse zum EURO.
(C) bewegen sich innerhalb bestimmter Bandbreiten in einem Wechselkurssystem.
(D) floaten völlig frei.
(E) sind an den Kurs des US $ fest gekoppelt.

930 **Ordnen Sie bitte zu.**

◯ **Frankreich**

◯ **Bulgarien**

◯ **Kroatien**

◯ **Dänemark**

◯ **Portugal**

◯ **Irland**

◯ **Island**

◯ **Luxemburg**

(A) Mitglied der EU im Jahre 2009
(B) Nicht Mitglied der EU im Jahre 2009

931 ◯ ◯ **Mit dem Abschluss der Römischen Verträge begannen 6 Staaten den Prozess der Einigung Europas. Zu den Gründungsstaaten gehören**

(A) Irland, Dänemark, Großbritannien.
(B) Griechenland, Spanien, Portugal.
(C) Italien, Frankreich, Deutschland
(D) Luxemburg, Belgien, Niederlande.
(E) Finnland, Schweden, Norwegen.

932 ◯ **Was war _kein_ „Vorläufer"**
der Europäischen Union?

(A) Europäische Gemeinschaft für Kohle und Stahl
(EGKS = Montanunion)

(B) Europäische Atomgemeinschaft (EUROATOM)

(C) Europäische Freihandelszone (EFTA)

(D) Europäische Wirtschaftsgemeinschaft (EWG)

(E) Europäische Gemeinschaft (EG)

933 ◯◯◯ **Welches waren die**
wesentlichen Zusam-
menschlüsse auf dem Weg der Einigung Euro-
pas?

(A) Europäische Wirtschaftsgemeinschaft

(B) Europäische Freihandelszone

(C) Konferenz für Sicherheit und Zusammenarbeit
in Europa

(D) Europäische Atomgesellschaft

(E) Europäische Gemeinschaft für Kohle und Stahl,
Montanunion

(F) Nordatlantisches Verteidigungsbündnis

934 ◯ **Welche Aussage trifft auf den**
Europarat _nicht_ zu?

(A) Der Europarat ist die älteste und größte europäische Institution.

(B) Der Europarat ist ein Organ der europäischen
Union.

(C) Der Europarat beschäftigt sich hauptsächlich
mit Fragen der Menschenrechte, Massenme-
dien, Gesundheit, sozialen Fragen u. ä.

(D) Sitz des Europarates ist das Europapalais in
Straßburg.

(E) Der Europarat hat mit der Europäischen Union
nichts zu tun.

935 ◯ **Wie viele Länder sind im Europäischen**
Parlament 2009 vertreten?

(A) 18

(B) 20

(C) 27

(D) 30

(E) 35

936 ◯◯ **Wodurch unterscheidet sich**
das Europäische Parlament
ganz wesentlich von den Parlamenten der Mit-
gliedsländer?

(A) Die Abgeordneten des Europäischen Parlaments werden nicht direkt von den Bürgern ihrer Länder gewählt.

(B) Das Europäische Parlament hat keine Gesetz-
gebungsbefugnis.

(C) Das Europäische Parlament hat Kontrollrechte
gegenüber den ausführenden Organen.

(D) Das Europäische Parlament hat keine Haus-
haltsbefugnisse.

(E) Die Mitglieder des Europäischen Parlaments
sind im Gegensatz zu den Mitgliedern der natio-
nalen Parlamente nicht frei in ihren Entscheidungen, sondern an Weisungen der Regierungen gebunden.

937 ◯ **Welches ist _kein_ Organ der EU?**

(A) Ministerrat

(B) Europäischer Rat

(C) Amtsrat

(D) Kommission

(E) Europäisches Parlament

(F) Europäischer Gerichtshof

938 ◯ **Die Kommission der EU**

(A) ist die „Regierung" der EU und damit ausführendes Organ der Europäischen Union.

(B) ist für Grundsatzentscheidungen in der EU zuständig und setzt sich aus den Regierungschefs
der Mitgliedsländer zusammen.

(C) ist der „Gesetzgeber" der EU und setzt sich aus
den jeweils zuständigen Fachministern der Mitgliedsländern zusammen.

(D) ist Berater, Kritiker und Kontrolleur der anderen
Organe der EU, ist vor bestimmten Entscheidungen anzuhören bzw. hat auch Mitentscheidungsrechte.

(E) wird angerufen, wenn Mitglieder die Verträge
der EU nicht einhalten und ist somit „Wächter"
über die Verträge innerhalb der EU.

939 ( ) **Das Europäische Parlament**

(A) ist die „Regierung" der EU und damit ausführendes Organ der Europäischen Union.

(B) ist für Grundsatzentscheidungen in der EU zuständig und setzt sich aus den Regierungschefs der Mitgliedsländer zusammen.

(C) ist der „Gesetzgeber" der EU und setzt sich aus den jeweils zuständigen Fachministern der Mitgliedstaaten zusammen.

(D) ist Berater, Kritiker und Kontrolleur der anderen Organe der EU, ist vor bestimmten Entscheidungen anzuhören bzw. hat auch Mitentscheidungsrechte.

(E) wird angerufen, wenn Mitglieder die Verträge der EU nicht einhalten und ist somit „Wächter" über die Verträge innerhalb der EU.

942 ( ) **Der Europäische Gerichtshof**

(A) ist die „Regierung" der EU und damit ausführendes Organ der Europäischen Union.

(B) ist für Grundsatzentscheidungen in der EU zuständig und setzt sich aus den Regierungschefs der Mitgliedsländer zusammen.

(C) ist der „Gesetzgeber" der EU und setzt sich aus den jeweils zuständigen Fachministern der Mitgliedsländer zusammen.

(D) ist Berater, Kritiker und Kontrolleur der anderen Organe der EU, ist vor bestimmten Entscheidungen anzuhören bzw. hat auch Mitentscheidungsrechte.

(E) wird angerufen, wenn Mitglieder die Verträge der EU nicht einhalten und ist somit „Wächter" über die Verträge innerhalb der EU.

940 ( ) ( ) **Die beiden wesentlichen Ausschüsse des Europäischen Parlaments sind der**

(A) Wirtschafts- und Sozialausschuss.

(B) Sportförderungsausschuss.

(C) Internationale Ausschuss.

(D) Währungsausschuss.

(E) Ausschuss der Regionen.

943 ( ) **Der Ministerrat der EU**

(A) ist die „Regierung" der EU und damit ausführendes Organ der Europäischen Union.

(B) ist für Grundsatzentscheidungen in der EU zuständig und setzt sich aus den Regierungschefs der Mitgliedsländer zusammen.

(C) ist der „Gesetzgeber" der EU und setzt sich aus den jeweils zuständigen Fachministern der Mitgliedsländer zusammen.

(D) ist Berater, Kritiker und Kontrolleur der anderen Organe der EU, ist vor bestimmten Entscheidungen anzuhören bzw. hat auch Mitentscheidungsrechte.

(E) wird angerufen, wenn Mitglieder die Verträge der EU nicht einhalten und ist somit „Wächter" über die Verträge innerhalb der EU.

941 ( ) **Der Europäische Rat**

(A) ist die „Regierung" der EU und damit ausführendes Organ der Europäischen Union.

(B) ist für Grundsatzentscheidungen in der EU zuständig und setzt sich aus den Regierungschefs der Mitgliedsländer zusammen.

(C) ist der „Gesetzgeber" der EU und setzt sich aus den jeweils zuständigen Fachministern der Mitgliedsländer zusammen.

(D) ist Berater, Kritiker und Kontrolleur der anderen Organe der EU, ist vor bestimmten Entscheidungen anzuhören bzw. hat auch Mitentscheidungsrechte.

(E) wird angerufen, wenn Mitglieder die Verträge der EU nicht einhalten und ist somit „Wächter" über die Verträge innerhalb der EU.

944 ( ) **Was ist *kein* Organ der Europäischen Union?**

(A) Europäischer Gerichtshof

(B) Europäischer Rat

(C) Europäisches Parlament

(D) Europäische Regierung

(E) Europäische Kommission

(F) Ministerrat

945 Ordnen Sie bitte zu.

◯ Europäischer Gerichtshof

◯ Ministerrat

◯ Europäisches Parlament

◯ Europäischer Rat

◯ Kommission

(A) ist die „Regierung" der EU und damit ausführendes Organ der Europäischen Union.

(B) ist für Grundsatzentscheidungen in der EU zuständig und setzt sich aus den Regierungschefs der Mitgliedsländer zusammen.

(C) ist der „Gesetzgeber" der EU und setzt sich aus den jeweils zuständigen Fachministern der Mitgliedsländer zusammen.

(D) ist Berater, Kritiker und Kontrolleur der anderen Organe der EU, ist vor bestimmten Entscheidungen anzuhören bzw. hat auch Mitentscheidungsrechte.

(E) wird angerufen, wenn Mitglieder die Verträge der EU nicht einhalten und ist somit „Wächter" über die Verträge innerhalb der EU.

946 ◯ Welche 4 EU-Länder waren *nicht* von Anfang an Teilnehmer der Währungsunion?

(A) Italien – Spanien – Portugal – Griechenland

(B) England – Griechenland – Schweden – Dänemark

(C) England – Irland – Schweden – Dänemark

(D) Schweiz – Norwegen – Finnland – Österreich

(E) Finnland – Norwegen – Schweden – Dänemark

947 ◯ Zu den zwölf Erst-Mitgliedsländern Eurolands war am 01.01.2007 ein 13. dazu gekommen. Welches?

(A) Schweden

(B) Griechenland

(C) Türkei

(D) Großbritannien

(E) Slowenien

948 ◯ Welche zwei osteuropäischen Länder gehören zur letzten EU-Erweiterung?

(A) Schweiz – Norwegen

(B) Polen – Tschechien

(C) Albanien – Jugoslawien

(D) Zypern – Malta

(E) Lettland – Litauen

(F) Bulgarien – Rumänien

949 ◯ *Kein* Ziel der Agrarpolitik der Europäischen Union ist,

(A) die Versorgung mit Lebensmitteln sicherzustellen.

(B) den Landwirten ein angemessenes Einkommen zu sichern.

(C) die Preise für landwirtschaftliche Produkte möglichst hoch zu schrauben.

(D) die Produktivität der landwirtschaftlichen Produkte zu erhöhen.

(E) den Agrarmarkt zu stabilisieren.

950 ◯ ◯ Um den Landwirten in der Europäischen Union ein angemessenes Einkommen zu sichern,

(A) werden für viele landwirtschaftliche Produkte Marktordnungen festgelegt, in denen Mindestpreise und Absatzgarantien für landwirtschaftliche Produkte durch die EU festgesetzt werden.

(B) werden billige Agrarimporte gefördert, um für alle möglichst niedrige Preise zu erzielen.

(C) werden Exporte von landwirtschaftlichen Produkten erschwert, um die Produkte dem Binnenmarkt zur Verfügung zu stellen.

(D) werden Nebenerwerbsmöglichkeiten für Landwirte gefördert.

(E) wird durch Importbeschränkungen das Angebot an landwirtschaftlichen Produkte eingeschränkt, um Preise über dem Weltmarktniveau zuzulassen bzw. zu erzielen.

951 ◯ ◯ ◯ **Die Agrarpolitik der EU hat dazu geführt, dass**

(A) aufgrund der hohen Produktivität der Landwirte die Agrarpreise außerordentlich niedrig sind.

(B) die Produktion in vielen Bereichen über dem Bedarf liegt, d.h. dass mehr Produkte erzeugt als verbraucht werden.

(C) eine gesicherte Versorgung nicht sichergestellt ist.

(D) die Preise für landwirtschaftliche Produkte in der EU über dem Niveau der Weltmarktpreise liegen.

(E) die Einkommen der Landwirte zu den besten Einkommen innerhalb der EU gehören.

(F) in den letzten Jahren viele Agrarflächen stillgelegt wurden, um die Überproduktion zu reduzieren.

952 ◯ ◯ **Die Regionalpolitik der EU**

(A) soll sicherstellen, dass die unterentwickelten Regionen außerhalb der EU mit den Mitteln der EU gefördert werden.

(B) wird im Wesentlichen durch den Regionalfonds finanziert, der Investitionen und die Schaffung neuer Arbeitsplätze in strukturschwachen Gebieten der EU fördert.

(C) ist im Verlauf der EU überflüssig geworden, weil es sich bei den Ländern der EU um reiche Länder handelt, wenn man den Weltmaßstab zu Grunde legt.

(D) fördert ärmere Länder der EU mit höheren Anteilen am Regionalfonds als reichere Länder, um das Wohlstandsgefälle innerhalb der EU auszugleichen.

(E) fördert den Einfluss der regionalen Politiker auf der europäischen Bühne.

953 ◯ **Zu den Merkmalen des Binnenmarktes gehört *nicht* die**

(A) Freiheit des Warenaustausches.

(B) Freiheit des Zahlungs- und Kapitalverkehrs.

(C) Freizügigkeit der Arbeitskräfte.

(D) Freigabe der Steuersätze.

(E) Niederlassungs- und Dienstfreiheit.

954 ◯ ◯ **Zu den wesentlichen Bereichen, die für den Binnenmarkt vereinheitlicht werden sollen, zählen zurzeit *nicht***

(A) die Steuern und staatlichen Vorschriften.

(B) die Verkehrsregeln und -gesetze.

(C) das Wahlsystem.

(D) die Auflagen, die Güterherstellung und Dienstleistungen betreffen.

(E) die Verbrechensbekämpfung und das Verhalten gegenüber Asylsuchenden.

15. Industriestaaten und Dritte Welt

955 Zu den Merkmalen eines Entwicklungslandes zählt *nicht*

(A) das niedrige Einkommen pro Kopf.

(B) das hohe Bevölkerungswachstum.

(C) das niedrige Bildungsniveau.

(D) die Abhängigkeit vom Weltmarkt.

(E) ein gut ausgebautes Gesundheitswesen.

(F) der Mangel an Arbeitsplätzen.

956 Welche der unten angeführten Merkmale sind typisch für ein Entwicklungsland?

(A) Hohes Bevölkerungswachstum.

(B) Hohe Lebenserwartung.

(C) Hohe Durchschnittseinkommen.

(D) Hohe Arbeitslosigkeit.

(E) Hohe Industrieproduktion.

957 Welche der angeführten Merkmale sind typisch für ein Entwicklungsland?

(A) Niedriges Bildungsniveau.

(B) Niedrige Importquote.

(C) Niedriges Durchschnittseinkommen.

(D) Niedrige Geburtenrate.

(E) Niedrige Arbeitslosigkeit.

958 Wie viele Entwicklungsländer gibt es nach Einschätzung der OECD (Organisation für wirtschaftliche Zusammenarbeit und Entwicklung)?

(A) 25

(B) 86

(C) 115

(D) 135

(E) über 150

959 In welchen Erdteilen liegen die meisten Entwicklungsländer?

(A) Europa

(B) Asien

(C) Australien

(D) Afrika

(E) Amerika

960 Unter den folgenden Ländern tauchen diejenigen auf, die von der Bundesrepublik Deutschland seit deren Gründung bis heute die meiste Entwicklungshilfe bekommen haben. Welches Land gehört *nicht* dazu?

(A) Indien

(B) Türkei

(C) Ägypten

(D) Indonesien

(E) China

961 Die Vereinten Nationen haben für besondere Gruppen von Entwicklungsländern bestimmte Bezeichnungen eingeführt. Dazu gehört *nicht* die Bezeichnung

(A) LDC „Least Developed Countries" (am wenigsten entwickelte Länder).

(B) MSAC „Most Seriously Affectet Countries" (besonders ernsthaft betroffene Länder).

(C) NIE „Newly Industrialized Economies" (seit kurzem industrialisierte Volkswirtschaft).

(D) OECD „Organization for Economic Cooperation and Development" (Organisation für wirtschaftliche Zusammenarbeit und Entwicklung).

962 Was versteht man unter dem Begriff „Schwellenland"?

(A) Das ist ein Land, in dem die politische und soziale Entwicklung fast den Standard einer Industrienation hat.

(B) Ein Schwellenland war ein Land an der Schwelle zum 3. Jahrtausend.

(C) Als Schwellenländer bezeichnet man diejenigen Länder, die, um ihren Handel zu schützen, Zölle quasi als „Schwellen" eingeführt haben.

(D) Das sind diejenigen Länder, die in wirtschaftlicher Hinsicht so weit entwickelt sind, dass sie an der Schwelle zu einer Industrienation sind.

963 ⬭ ⬭ Bei der Diskussion um die Ursachen der Situation der unterentwickelten Länder wird unterschieden zwischen endogenen und exogenen Faktoren. Welche Aussagen sind in diesem Zusammenhang zutreffend?

(A) Unter endogenen Faktoren werden die Ursachen verstanden, die vorrangig in den Entwicklungsländern selbst liegen.

(B) Unter exogenen Faktoren werden die Ursachen verstanden, die vorrangig in den Entwicklungsländern selbst liegen.

(C) Unter endogenen Faktoren werden die Ursachen verstanden, die im Verhältnis zwischen den Entwicklungsländern und der Außenwelt liegen, d. h. im Wesentlichen im Verhältnis zwischen den Entwicklungsländern und den Industrienationen.

(D) Unter exogenen Faktoren werden die Ursachen verstanden, die in dem Verhältnis zwischen den Entwicklungsländern und der Außenwelt liegen, d. h. im Wesentlichen im Verhältnis zwischen den Entwicklungsländern und den Industrienationen.

(E) Diese Unterscheidung ist im Wesentlichen akademischer Natur, den Entwicklungsländern hilft sie sowieso nicht weiter.

964 ⬭ ⬭ Zu den endogenen Faktoren der Unterentwicklung gehören *nicht*

(A) die Ausstattung eines Landes mit natürlichen Ressourcen, z. B. Rohstoffen.

(B) die strukturelle Abhängigkeit von der industriellen Zentren.

(C) das jeweilige Landesklima.

(D) das Erbe des Kolonialismus, d. h. die während der Zeit des Kolonialismus verhinderte Entwicklung.

(E) die traditionsorientierten Kulturen und Wertordnungen.

965 ⬭ ⬭ Zu den exogenen Faktoren der Unterentwicklung gehören

(A) die Ausstattung eines Landes mit natürlichen Ressourcen, z. B. Rohstoffen.

(B) die strukturelle Abhängigkeit von den industriellen Zentren.

(C) das jeweilige Landesklima.

(D) das Erbe des Kolonialismus, d. h. die während der Zeit des Kolonialismus verhinderte Entwicklung.

(E) die traditionsorientierten Kulturen und Wertordnungen.

966 Ordnen Sie bitte zu.

⬭ Die Ausstattung eines Landes mit natürlichen Ressourcen, z. B. Rohstoffen.

⬭ Die strukturelle Abhängigkeit von den industriellen Zentren.

⬭ Das jeweilige Landesklima.

⬭ Das Erbe des Kolonialismus, d. h. die während der Zeit des Kolonialismus verhinderte Entwicklung.

⬭ Die traditionsorientierten Kulturen und Wertordnungen.

(A) Endogener Faktor

(B) Exogener Faktor

967 ⬭ Im Zusammenhang mit der Unterentwicklung spricht man oft von den Teufelskreisen der Armut, die ineinander greifen. Welcher Kreis gehört *nicht* dazu?

(A) Armut – geringe Ersparnis – geringe Investitionen – geringes Wachstum – geringe Produktion – geringes Einkommen – Armut.

(B) Armut – geringe Nahrungsaufnahme – Krankheit – geringe Leistung – geringe Produktion – Armut.

(C) Armut – geringe Ansprüche – hohe Ersparnisse – geringe Nachfrage – geringe Produktion – geringes Einkommen – Armut.

(D) Armut – geringes Einkommen – mangelhafte Ausbildung – geringe Produktivität – geringe Produktion – Armut.

968 ⬭ Der wesentliche Zweck von Entwicklungshilfe sollte sein,

(A) in den Ländern, die die Hilfe leisten, Arbeitsplätze zu sichern.

(B) die Empfängerländer in die Lage zu versetzen, sich mit der angebotenen Hilfe weiter selbst zu helfen.

(C) die Empfängerländer als zukünftige Handelspartner zu gewinnen.

(D) in den Entwicklungsländern ähnliche Industriestrukturen aufzubauen, wie in den großen Industrienationen.

(E) Haushaltsüberschüsse der Industrienationen sinnvoll auszugeben.

969 Entwicklungshilfe sollte das Ziel haben, die Entwicklungsländer zur Selbsthilfe zu befähigen. Welche der aufgeführten Arten der Entwicklungshilfe ist im Hinblick auf dieses Ziel besonders geeignet?

(A) Die Industrienationen spenden laufend Nahrungsmittel.

(B) Die Industrienationen stellen zinsgünstige Kredite zur Verfügung.

(C) Die Industrienationen helfen den Entwicklungsländern bei der Ausbildung von Facharbeitern, Technikern und Lehrern.

(D) Großunternehmen gründen in den Entwicklungsländern Filialen mit modernen Produktionsstätten.

(E) Die Industrienationen stellen Mittel zur Entwicklung des Tourismus zur Verfügung.

970 Welche Maßnahme ist am besten geeignet, die wirtschaftliche Lage in den Entwicklungsländern auf Dauer zu verbessern?

(A) Die Umstellung der Landwirtschaft auf Monokulturen, um spezialisierter und produktiver arbeiten zu können.

(B) Die Vergabe von Krediten zur Beschaffung modernster Produktionsstätten.

(C) Die Förderung der Landwirtschaft mit dem Ziel, die Selbstversorgung mit Nahrungsmitteln sicherzustellen.

(D) Der Aufbau moderner, weitgehend automatisierter Fabriken.

(E) Die Abwerbung von qualifizierten Arbeitskräften, damit diese von den Industriestaaten aus ihre Angehörigen unterstützen können.

971 Erklärtes Ziel der Politiker der Vereinten Nationen, UNO, war es, die Entwicklungshilfe solle ca. 0,7 % des Bruttoinlandsproduktes ausmachen. Welche Aussage trifft auf Deutschland zu?

(A) Dies ist auch immer annähernd erreicht worden.

(B) Oftmals lag die öffentliche Entwicklungshilfe auch darüber.

(C) Manchmal lag die Entwicklungshilfe darüber, manchmal aber auch darunter.

(D) Manchmal ist das nicht erreicht worden.

(E) Das Ziel ist niemals auch nur annähernd erreicht worden.

972 Erklärtes Ziel der Politiker der Vereinten Nationen, UNO, war es, die Entwicklungshilfe solle ca. 0,7 % des Bruttoinlandsproduktes ausmachen. Welche Aussagen treffen zu?

(A) Fast in allen Industrienationen ist dieses Ziel erreicht worden, in vielen Ländern war die Entwicklungshilfe weit höher.

(B) Deutschland hat dieses Ziel immer weit übererfüllt.

(C) In Deutschland ist dieses Ziel nie auch nur annähernd erreicht worden.

(D) Nur einige Länder (z. B. Norwegen, Dänemark, Schweden) liegen fast immer über diesem Ziel, alle anderen liegen z. T. sehr weit darunter.

(E) Dieses Ziel ist unsinnig, da es wesentlich darauf ankommt, wie die Entwicklungshilfe eingesetzt wird.

973 Sehr viele Entwicklungsländer verfügen über beträchtliche Rohstoffe, von denen die Industrienationen abhängig sind. Welche Aussagen treffen in diesem Zusammenhang zu?

(A) Die Rohstoffe sind in den letzten Jahren im Durchschnitt erheblich im Preis gestiegen.

(B) Die Rohstoffkosten sind derart gestiegen, dass die Wirtschaft in den Industrieländern darunter erheblich gelitten hat (Rezession).

(C) Die Rohstoffpreise schwanken außerordentlich stark, sodass sich eine verlässliche Entwicklung nicht darauf aufbauen lässt.

(D) Im Durchschnitt aller Rohstoffpreise kann festgestellt werden, dass sie eher gesunken sind.

(E) Die Rohstoffpreise haben sich in den letzten Jahren nicht wesentlich anders entwickelt, als alle anderen Preise auch.

974 Wenn von Handel zwischen Industrienationen und Entwicklungsländern gesprochen wird, ist sehr häufig die Rede von den „terms of trade". Was ist darunter zu verstehen?

(A) In den terms of trade sind die Lieferungs- und Zahlungsbedingungen festgehalten.

(B) Die terms of trade benennen die wesentlichen Zeiten, in denen der Handel getrieben wird.

(C) Es handelt sich um einen Fachbegriff, der an den Rohstoffbörsen viel benutzt wird.

(D) Die terms of trade bezeichnen das reale Austauschverhältnis von Industrieprodukten und Rohstoffen, z. B. also die Menge des Kaffees, der nötig wäre, um einen Traktor zu bezahlen.

975 ◯ **Das Austauschverhältnis von Industrie-produkten und Rohstoffen, die terms of trade, haben sich in den letzten Jahren stark verändert. Welche Aussage ist zutreffend?**

(A) Da die Rohstoffe immer teurer geworden sind, werden jetzt nicht mehr soviel Rohstoffe benötigt, um Industrieprodukte zu beschaffen, die terms of trade haben sich zu Gunsten der Entwicklungsländer verändert.

(B) Sowohl die Industrieprodukte als auch die Rohstoffe sind teurer geworden, an dem Austauschverhältnis hat sich nicht viel geändert.

(C) Die terms of trade haben sich unwesentlich zu Ungunsten der Entwicklungsländer geändert.

(D) Da die Industrieprodukte wesentlich teurer geworden sind und die Rohstoffe im Durchschnitt billiger, haben sich die terms of trade dramatisch zu Ungunsten der Entwicklungsländer geändert.

976 ◯ **Welches Land hatte 2008 das geringste BIP pro Kopf?**

(A) Bangladesh

(B) Simbabwe

(C) Indien

(D) Äthiopien

(E) Malaysia

977 ◯ ◯ **In vielen Entwicklungsländern leiden unzählige Menschen Hunger, obwohl dort weit mehr Nahrungsmittel hergestellt werden, als im Land tatsächlich benötigt würden, um alle satt zu machen. Welche Aussagen sind in diesem Zusammenhang richtig?**

(A) Das Verkehrsnetz ist so unvollständig, dass die Nahrungsmittel nicht dorthin transportiert werden können, wo sie benötigt werden.

(B) Es werden nicht die Nahrungsmittel produziert, die die Bevölkerung benötigt, sondern sie werden für den Export produziert.

(C) Diese Aussage stimmt nicht, dort wo die Menschen Hunger leiden und unterernährt sind, werden nicht genug Nahrungsmittel erzeugt.

(D) Für die meisten Menschen sind die Nahrungsmittel nicht erschwinglich, weil Nachfrager aus anderen Ländern höhere Preise bezahlen können. Die Nahrungsmittel werden deshalb sehr oft exportiert.

(E) Auch diese Menschen sind mittlerweile sehr wählerisch geworden und essen nicht mehr alles, was angeboten wird.

978 ◯ ◯ **Entwicklungshilfe war oft verbunden mit der Gewährung von Krediten an die Entwicklungsländer. Welche Aussagen über die Konsequenzen sind richtig?**

(A) Aus dem Nutzen der Entwicklungshilfe konnten die gewährten Kredite und die Zinsen immer zurückgezahlt werden.

(B) Die Kredite wurden so gering verzinst, dass sie schon fast geschenkt waren.

(C) Die großzügige Kreditvergabe hat mit anderen Faktoren zusammen dazu geführt, dass viele Entwicklungsländer hoch verschuldet sind.

(D) Viele Banken mussten die gewährten Kredite abschreiben, d. h. auf ihre Rückzahlung verzichten.

(E) Die Kreditvergabe ist eins der sinnvollsten Instrumente der Entwicklungspolitik.

979 ◯ **Welches Land hatte 2008 das höchste BIP pro Kopf?**

(A) Luxemburg

(B) Schweiz

(C) Schweden

(D) Deutschland

(E) Niederlande

980 ◯ ◯ ◯ **Im Zusammenhang mit der Gewährung von Krediten an die Entwicklungsländer und der schleppenden bzw. fehlenden Zahlung von Zinsen und Tilgung wird oft auch von der Schuldenkrise gesprochen. Wesentliche Ursachen der Schuldenkrise waren**

(A) die mangelnden Exporterlöse der Entwicklungsländer aufgrund von Handelshemmnissen durch die Industrienationen.

(B) die sinkenden Zinsen und die damit verbundene Kündigung der Kredite.

(C) die Verwendung der Kredite für andere als entwicklungsfördernde Maßnahmen, z. B. für militärische Ausrüstung.

(D) die sehr kleinliche Kreditvergabe durch die Banken.

(E) die zu schnelle Rückzahlung der Kredite.

(F) u. a. Fehlinvestitionen in den Entwicklungsländern und Kapitalflucht aus den Entwicklungsländern.

981

◯ ◯ **Zur Bewältigung der Schuldenkrise der Entwicklungsländer
hat es Vorschläge gegeben, die**

(A) die Schuldenlast der Entwicklungsländer sen-
ken sollten.

(B) darauf hinausliefen, dass einzelne Regierungen
Konkurs anmelden mussten.

(C) die Wirtschaftskraft der Entwicklungsländer
stärken sollte, um sie in die Lage zu versetzten,
die Schuldenkrise zu bewältigen.

(D) Entwicklungshilfe für gewisse Zeit einzufrieren.

(E) Einfuhren der Entwicklungsländer zu verbilligen,
damit hier Einsparungen zu erreichen sind.

982

◯ ◯ **Zwei wesentliche Auswirkungen
der Schuldenkrise waren bzw.
sind, dass die**

(A) Entwicklungsländer wesentliche Anteile ihrer Exporterlöse für die Zahlung von Zins und Tilgung
benötigten und diese Beträge nicht für die Entwicklung der Länder zur Verfügung stehen.

(B) Banken vorsichtiger bei der Vergabe der Kredite
geworden sind.

(C) Entwicklungsländer weiter Kredite aufnehmen
müssen, um ihren Verpflichtungen nachzukommen.

(D) Entwicklungsländer zeitweise mehr Geld an die
Industrienationen überweisen, als ihnen Entwicklungshilfe gewährt wird, d. h., dass die Entwicklungsländer die Industrienationen finan-
zieren.

(E) Entwicklungsländer ihrer Rohstoffpreise erhöht
haben, um Zins und Tilgung zu bezahlen.

983

◯ **In den letzten Jahren haben sich die so
genannten Globalisierungsgegner weltweit organisiert. Welche Organisation hat in diesem Zusammenhang Schlagzeilen gemacht?**

(A) Greenpeace

(B) ai – amnesty international

(C) attac

(D) WWF – World Woldlife Fund

(E) OECD – Organisation für wirtschaftliche Zusammenarbeit und Entwicklung

984 **Ordnen Sie bitte zu.**

◯ USA

◯ Afghanistan

◯ Japan

◯ Frankreich

◯ Indien

◯ Indonesien

◯ Kanada

◯ Niederlande

◯ Pakistan

◯ Schweden

◯ Thailand

◯ Haiti

(A) Geberland von Entwicklungshilfe

(B) Emfängerland von Entwicklungshilfe

985

◯ ◯ **Attac ist eine Organisation,
die hauptsächlich**

(A) sich für den weltweiten Umweltschutz einsetzt.

(B) für eine solidarische Weltwirtschaft eintritt.

(C) gegen eine neoliberale Globalisierung kämpft.

(D) den Artenschutz zum Ziel hat.

(E) den Kampf gegen Folter und Unterdrückung
führt.

16. Politische Entwicklung in Deutschland

Der Weg in den NS-Staat wurde 1933 von mehreren Gesetzen begleitet, um Hitlers Macht und die der NSDAP zu festigen.
Ordnen Sie bitte zu.

◯ Vorläufiges Gesetz zur Gleichschaltung der Länder mit dem Reich

◯ Ermächtigungsgesetz

◯ Notverordnung zum Schutz von Volk und Staat

◯ Gesetz zur Herstellung des Berufsbeamtentums

◯ Gesetz der Sichrung von Einheit von Partei und Staat

◯ Gesetz gegen die Neubildung von Parteien

(A)   28. Februar 1933
(B)   24. März 1933
(C)   31. März 1933
(D)   7. April 1933
(E)   14. Juli 1933
(F) 1. Dezember 1933

Die Machtfülle Hitlers wurde durch folgende Ämter repräsentiert.
Was wurde er am

◯ 30. Januar 1933?

◯ 1. August 1934?

◯ 20. August 1934?

(A) Oberbefehlshaber der Wehrmacht
(B) Staatsoberhaupt
(C) Reichskanzler

Der Völkermord im NS-Staat wurde vorbereitet.
Ordnen Sie bitte zu.

◯ „Berliner Wannseekonferenz"

◯ „Nürnberger Gesetze"

◯ „Reichskristallnacht"

(A) Die deutschen Juden wurden zu Bürgern 2. Klasse degradiert. Als „Rassenschande" wurde der außereheliche Verkehr zwischen Juden und Reichsbürgern mit Zuchthaus bestraft.

(B) Die so genannte „Endlösung der Judenfrage" wurde beschlossen. Es wurde die Zusammenarbeit aller an der Deportation und Massenvernichtung der europäischen Juden beteiligten Dienststellen koordiniert.

(C) 400 Synagogen wurden von SA-Gruppen in Brand gesteckt und 8.000 jüdische Geschäfte verwüstet. Dabei kamen über 100 jüdische Bürger ums Leben.

989 Die unzähligen Opfer und Täter des NS-Staates haben Namen. Uns bekannt sind häufig nur die Personen der Zeitgeschichte.
Ordnen sie bitte zu.

( ) Adolf Eichmann

( ) Heinrich Himmler

( ) Dietrich Bonhoeffer

( ) Joseph Goebbels

( ) Martin Bormann

( ) Hermann Göring

( ) Roland Freisler

( ) Carl Friedrich Goerdeler

( ) Rudolf Heß

( ) Reinhard Heydrich

( ) Rudolf Höß

( ) Helmuth Graf von Moltke

( ) Ernst Kaltenbrunner

( ) Martin Niemöller

( ) Claus Schenk Graf von Stauffenberg

( ) Sophie Scholl

(A) Opfer des NS-Regiemes
(B) Täter des NS-Regiemes

99(Der Widerstand gegen das NS-Regieme wurde von unterschiedlichen Gruppen und Personen organisiert. Wer gehört u. a. zu wem?

( ) Militärischer Kreis

( ) Goerdeler Kreis

( ) Freiburger Kreis

( ) Kreisauer Kreis

( ) Münchner Studentenkreis „Die weiße Rose"

( ) Rote Kapelle

(A) Geschwister Scholl, Probst
(B) von Hassel, Leuschner
(C) Eucken, Stackelberg
(D) Graf von Moltke, Graf von Wartenburg, Trott zu Solz, J. Leber, E. Gerstenmaier
(E) Graf von Stauffenberg, von Witzleben, Beck
(F) Schulze-Boysen, von Harnack

991 ( ) Bei dem so genannten „Röhm-Putsch" handelt es sich um

(A) einen Staatsstreich der Wehrmacht gegen Hitler.
(B) einen Putsch von Hitler gegen Ernst Röhm.
(C) die Entmachtung der SA und die Einordnung Ernst Röhms und anderer hoher SA-Führer.
(D) einen Machtkampf zwischen SA und SS.
(E) die Absetzung Hitlers durch Widerstandskämpfer.

992

Welche Person übte welche Funktion in der Partei und im Staat des 3. Reiches aus? Ordnen Sie bitte zu.

◯ **Hermann Göring**

◯ **Reinhard Heydrich**

◯ **Heinrich Himmler**

◯ **Joseph Goebbels**

◯ **Rudolf Heß**

◯ **Joachim von Ribbentrop**

◯ **Albert Speer**

(A) Reichsminister für Volksaufklärung und Propaganda

(B) Stelllvertreter des Führers der NSDAP als Reichsminister

(C) Reichsmarschall, Reichstagspräsident, Oberbefehlshaber der Luftwaffe

(D) Chef des Sicherheitsdienstes der SS, Leiter des SS-Sicherheitshauptamtes

(E) Reichsführer des SS, Leiter der deutschen Polizei

(F) Reichsminister des Auswärtigen

(G) Reichsminister für Bewaffnung und Kriegsproduktion

993

Die Expansionspolitik des 3. Reiches sind durch Abstimmungen, Abkommen und durch militärische Gewalt gekennzeichnet. Was geschah wann? Ordnen Sie bitte zu.

◯ **13. Januar 1935**

◯ **13. März 1938**

◯ **29. Septemer 1938**

◯ **15. März 1939**

◯ **23. März 1939**

◯ **1. September 1939**

◯ **9. April 1940**

(A) Einmarsch deutscher Truppen in Böhmen und Mähren; Bildung des Protektorats

(B) Abstimmung im Saargebiet, welches an Deutschland zurückfällt

(C) Anschluss Österreichs an Deutschland – Großdeutsches Reich

(D) Einmarsch deutscher Truppen ins Memelgebiet

(E) Konferenz von München, Anschluss der sudetendeutschen Gebiete

(F) Beginn des deutschen Angriffs auf Polen, Beginn des 2. Weltkrieges

(G) Deutscher Überfall auf Dänemark und Norwegen

994 Im 2. Weltkrieg markierten bestimmte Ereignisse entscheidende Wendepunkte im Kriegsverlauf. Ordnen Sie bitte zu.

◯ Luftschlacht um England

◯ Angriff auf Polen

◯ Blitzkriege gegen Holland, Belgien und Frankreich

◯ Schlacht bei El Alamein, Landung der Alleierten in Marokko und Algerien

◯ Schlacht um Stalingrad

◯ Blitzkriege gegen Jugoslawien und Griechenland

◯ Zusammenbruch der Heeresgruppe Mitte an der Ostfront

◯ Landung der Alliierten in Süditalien

◯ „D-Day"-Landung der Alliierten in der Normandie

◯ Überfall der japanischen Luftwaffe auf Pearl Harbor

◯ „Unternehmen Barbarossa" – Überfall auf die Sowjetunion

◯ Schlacht im Atlantik – Ende des U-Boot-kriegs gegen alliierte Konvois

(A)   1. September 1939
(B)   Mai-Juni 1940
(C)   August – November 1940
(D)   April – Mai 1941
(E)   22. Juni 1941
(F)   9. Dezember 1941
(G)   November 1942
(H)   November 1942 – Februar 1943
(I)   Mai 1943
(J)   September 1943
(K)   1944-06-06
(L)   Juni – September 1944

99◯ In welche Besatzungszonen wurde Deutschland nach dem 2. Weltkrieg eingeteilt?

(A)   Ostzone, Westzone
(B)   Sowjetische, amerikanische, holländische, französische Zone
(C)   Nord-, West-, Süd-, Ostzone
(D)   Amerikanische, englische, französische und holländische Zone
(E)   Amerikanische, englische, französische und sowjetische Zone

99◯ Was beinhaltet der Marshall-Plan?

(A)   Reparationsforderungen der Sowjetunion.
(B)   Vorschläge zum europäischen und deutschen Wiederaufbau nach dem Ende des 2. Weltkrieges.
(C)   Versorgung West-Berlins durch eine Luftbrücke.
(D)   Einmarsch der NATO in die DDR.
(E)   Strategie, um die Schlacht bei Stalingrad zu gewinnen.

9Ordnen Sie bitte zu.

◯ Helmut Kohl

◯ Erich Honecker

◯ SED

◯ Bundeswehr

◯ Nationale Volksarmee

◯ Mauerbau

◯ Antifaschistischer Schutzwall

(A)   Name und Begriff der Bundesrepublik
(B)   Name und Begriff der DDR

998 Ordnen Sie bitte zu.

◯ Gründung der Bundesrepublik Deutschland

◯ Gründung der Deutschen Demokratischen Republik

◯ Ende des 2. Weltkrieges

◯ Aufstand in der DDR

◯ Berliner Mauerbau

◯ Tag der Währungsreform in den Westzonen

(A)   8. Mai 1945
(B)   20. Juni 1948
(C)   23. Mai 1949
(D)   7. Oktober 1949
(E)   17. Juni 1953
(F)   13. August 1961

999 ◯ Welche Parteien schlossen sich nach dem 2. Weltkrieg zur Sozialistischen Einheitspartei Deutschlands (SED) zusammen?

(A)   KPD und SPD
(B)   DKP und KPD
(C)   KPD und alle übrigen Parteien in der sowjetischen Zone
(D)   SPD, KPD und CDU
(E)   SPD und PDS

1000 ◯ Worin lag letztlich die Spaltung Deutschlands begründet?

(A)   Reicher Westen – armer Osten
(B)   Unterschiedliche Weltanschauungen (Ideologien) in West und Ost
(C)   Mauerbau
(D)   Persönliche Differenzen zwischen Stalin, Churchill und Truman
(E)   Einführung der D-Mark

1001 ◯ Wie heißt das westliche Militärbündnis der Nachkriegszeit, das noch heute Bestand hat?

(A)   Warschauer Pakt
(B)   Comecon
(C)   Euratom
(D)   Nato
(E)   EWG

1002 ◯ Wie heißt das östliche Militärbündnis der Nachkriegszeit, das jedoch heute nach dem Zusammenbruch der Sowjetunion nicht mehr existiert?

(A)   Warschauer Pakt
(B)   Comecon
(C)   Euratom
(D)   Nato
(E)   EWG

1003 Ordnen Sie bitte zu.

◯ Inkrafttreten des Deutschlandvertrages

◯ Marshall-Plan für die 3 Westzonen

◯ Grundgesetz der Bundesrepublik Deutschland tritt in Kraft

◯ Gründung von EWG und EURATOM

◯ Bundesrepublik wird Mitglied der NATO

◯ DDR wird Mitglied des Warschauer Pakts

(A)   24. Mai 1949
(B)   5. Juni 1949
(C)   5. Mai 1955
(D)   9. Mai 1955
(E)   14. Mai 1955
(F)   25. März 1957

1004 Wann fand welcher Volksaufstand statt?

◯ 1953

◯ 1956

◯ 1968

(A)   Prager Frühling
(B)   Aufstand in Ungarn
(C)   Aufstand in der DDR

1005 Ordnen Sie bitte zu.

◯ KSZE

◯ SALT

◯ SDI

(A) Dieser Vertrag verpflichtet die beiden Supermächte USA und Sowjetunion, die Zahl ihrer ballistischen Raketenabwehrsysteme (ABM) zu begrenzen. ABM-Anlagen durften, mit Ausnahme fester landgestützter Systeme, weder getestet noch entwickelt werden. Der Vertrag enthielt außerdem Vorgaben, die zur Einhaltung der Beschränkungen dienten, und ein zeitlich befristetes Abkommen über die Anzahl land- und seegestützter Interkontinentalraketen.

(B) In der Schlussakte der Konferenz versicherten sich gegenseitig die Unterzeichner-Staaten ihre Achtung vor der territorialen Integrität und der politischen Unabhängigkeit. Man vereinbarte, die Androhung oder Anwendung von Gewalt zu unterlassen. In diesem Sinne sollten auch Grenzänderungen nur noch friedlich gelöst werden. In innere Konflikte eines anderen Staates des Abkommens wollte man nicht eingreifen.

(C) Raketenabwehrsystem im Weltraum. Die USA wollen jederzeit und gegen jeden denkbaren Gegner auf dem Globus Krieg führen können, ohne einen Gegenschlag auf amerikanisches Territorium befürchten zu müssen.

1006 Ordnen Sie bitte zu.

◯ Generalsekretär

◯ Parteivorsitzender

◯ Bundeskabinett

◯ Politbüro

◯ Zentralkomitee

◯ Staatsratsvorsitzender

◯ Bundeskanzler

◯ Bundespräsident

◯ Volkskammer

◯ Bundestag

◯ Ministerrat

◯ Bundesrat

(A) Name und Begriff der Bundesrepublik
(B) Name und Begriff der DDR

Welche Partei/Koalition regierte wann in der Bundesrepublik?   10●

◯ 1949–1963

◯ 1963–1966

◯ 1966–1969

◯ 1969–1982

◯ 1982–1998

◯ 1998–2005

◯ 2005 – heute

(A) SPD-Bündnis 90/Die Grünen
(B) CDU/CSU-FDP
(C) CDU/CSU-SPD
(D) SPD-FDP
(E) CDU/CSU-FDP-u.a. Parteien

◯ **Was ist unter dem so genannten Alleinvertretungsanspruch zu verstehen?**   10●

(A) Nur die DDR und die Bundesrepublik können allein die Deutschen vertreten.
(B) Allein die DDR hat das Recht, im Namen aller Deutschen zu sprechen.
(C) Nur die 3 Westmächte können für die Deutschen allein handeln.
(D) Allein die Bundesrepublik hat das Recht, im Namen aller Deutschen zu sprechen.
(E) Alle 4 Besatzungsmächte verteten für sich allein die Deutschen.

◯ **In der Zeit der Großen Koalition von 1966 – 69 engagieren sich Studenten und eine wachsende Zahl von Bürgern in innen- und außenpolitischen Fragen. Ihr Protest richtet sich vor allem gegen die von SPD und CDU/CSU geplanten Notstandsgesetze, die aus ihrer Sicht den demokratischen Rechtsstaat gefährden. Darüber hinaus treten sie für eine Veränderung der Gesellschaft ein und wenden sich gegen den Krieg der USA in Vietnam und die Macht der Springer-Zeitungen.**   10●

Es handelt sich hier um die

(A) Friedensbewegung.
(B) Außerparlamentarische Opposition (APO).
(C) Rote Armee Fraktion (RAF).
(D) Baader-Meinhoff-Bande.
(E) Terroristen der 70-er Jahre.
(F) Neo-Nazis.
(G) Alt-Nazis.

1010 Welche Person übte welche Funktion in einem der beiden deutschen Staaten aus? Ordnen Sie bitte zu.

◯ Konrad Adenauer

◯ Theodor Heuss

◯ Willy Brandt

◯ Walter Ulbricht

◯ Kurt Georg Kiesinger

◯ Roman Herzog

◯ Otto Grotewohl

◯ Walter Scheel

◯ Gustav Heinemann

◯ Egon Krenz

◯ Ludwig Erhardt

◯ Helmut Schmidt

◯ Willi Stoph

◯ Manfred Gerlach

(A) Bundespräsident der Bundesrepublik Deutschland
(B) Bundeskanzler der Bundesrepublik Deutschland
(C) Staatsratsvorsitzender der DDR
(D) Ministerpräsident der DDR

1011 ◯ Was ist unter dem Begriff „friedliche Koexistenz" zu verstehen?

Das friedliche

(A) Zusammenleben zwischen der Regierung und den Wählern.
(B) Zusammenleben innerhalb der Regierung.
(C) Zusammenleben zwischen Regierung und Opposition.
(D) Nebeneinander verschiedener Gesellschaftsordnungen.
(E) Nebeneinander verschiedener Staaten einer Gesellschaftsordnung.

1012 ◯ ◯ Welche Ziele verfolgte die Regierung Brandt/Scheel mit der „Ostpolitik" *nicht?*

(A) Die Aussöhnung mit den östlichen Nachbarn gestalten wie die Aussöhnung mit Frankreich.
(B) Die Folgen der Spaltung Deutschlands für die Menschen in West und Ost erträglicher gestalten.
(C) Die Humanisierung der innerdeutschen Beziehungen.
(D) Die Anerkennung Deutschlands in seinen Grenzen von 1939.
(E) Den Kalten Krieg in Deutschland überwinden.
(F) Die endgültige Teilung Deutschlands als Folge des 2. Weltkriegs anerkennen.

1013 ◯ ◯ Welche politischen Probleme standen während der Regierungszeit Schmidt/Genscher *nicht* im Mittelpunkt des öffentlichen Interesses?

(A) Die Erdölkrise und das Sonntag-Fahrverbot
(B) Der Kampf gegen den deutschen Terrorismus
(C) Der so genannte Nato-Doppelbeschluss
(D) Der Kampf um die Stilllegung der deutschen Atomkraftwerke
(E) Die Rückkehr der deutschen Kriegsgefangenen aus sowjetischer Gefangenschaft
(F) Die zunehmende Technisierung im Alltag durch Personalcomputer, Handys und Internet

1014 ◯ Welche Partei wurde erst 1980 gegründet und ist heute in vielen Regierungen vertreten?

(A) SPD (B) CDU
(C) CSU (D) FDP
(E) Bündnis 90 (F) Die Grünen

1015 ◯ Welches war die wichtigste Voraussetzung für die Wiedervereinigung Deutschlands?

(A) Die veränderte Politik der Sowjetunion, repräsentiert durch Michail Gorbatschow
(B) Krankheit Erich Honeckers
(C) Montagsdemonstrationen in Leipzig und Dresden
(D) Öffnung der ungarisch-östereichischen Grenze am 2. Mai 1989

1016 ◯ Wie hieß der letzte Staatsratsvorsitzende der DDR?

(A) Erich Honecker
(B) Helmut Kohl
(C) Manfred Gerlach
(D) Lothar de Maiziere
(E) Hans Modrow
(F) Egon Krenz

1017 ◯ **Seit wann ist Deutschland wieder-
vereinigt?**

(A) 1988   (B) 1989
(C) 1990   (D) 1991
(E) 1992

1018 ◯ **Welches war der wichtigste Grund für
die Bevölkerung der DDR, die Vereinigung
mit der Bundesrepublik Deutschland anzustreben?**

(A) Die demokratischen Wahlen in der Bundes-
republik Deutschland.
(B) Das soziale Netz der Bundesrepublik Deutsch-
land.
(C) Gleichberechtigung von Mann und Frau.
(D) Meinungsfreiheit.
(E) In den Genuss der DM zu kommen.

1019 ◯ **Aus wie vielen Bundesländern besteht
die Bundesrepublik Deutschland seit
der Wiedervereinigung?**

(A) 10   (B) 11
(C) 15   (D) 16
(E) 23

1020 **Ordnen Sie bitte die Landeshauptstädte zu.**

◯ **Mecklenburg-Vorpommern**

◯ **Brandenburg**

◯ **Sachsen-Anhalt**

◯ **Sachsen**

◯ **Thüringen**

(A) Berlin
(B) Potsdam
(C) Dresden
(D) Erfurt
(E) Leipzig
(F) Schwerin
(G) Rostock
(H) Magdeburg

1021 ◯◯ **Welche Vorteile bietet die
Soziale Marktwirtschaft?**

(A) Niedrige Mieten
(B) Arbeit für alle, die arbeiten wollen
(C) Privateigentum
(D) Freier Wettbewerb
(E) Hohes Maß an Selbstverwirklichung

◯◯ **Welche der folgenden Merkmale** 10◦
**gehören nicht zur Kennzeichnung
der zentralen Planwirtschaft?**

(A) Staatliche Planbehörde
(B) Planung durch freie Unternehmer
(C) Private Produktionsmittel
(D) Erfüllung des Plansolls
(E) Staatliche Preisfestsetzung

◯◯ **Welche der folgenden Merkmale** 10◦
**kennzeichnen nicht die Soziale
Marktwirtschaft?**

(A) Privateigentum an Produktionsmitteln.
(B) Lenkung der Wirtschaft durch sich am Markt bil-
dende Preise.
(C) Freier Wettbewerb.
(D) Gewinnstreben.
(E) Eingriff des Staates bei strukturellen Anpas-
sungsschwierigkeiten des Marktes.
(F) Erfüllung der vorgegebenen Jahrespläne.
(G) Staatliche Planbehörde zur Lenkung von Pro-
duktion und Konsum.

◯◯◯ **Welche Nachteile bringt** 10◦
**eine zentrale Planwirt-
schaft mit sich?**

(A) Benachteiligung des wirtschaftlich Schwachen.
(B) Geringere Motivation bei der Produktion aufgrund fehlender/zu geringer materieller Lei-
stungsanreize.
(C) Schwerfälligkeit der Wirtschaft aufgrund zentraler Planung.
(D) Hohe Grundstückspreise.
(E) Kurzfristige Änderung im Konsumverhalten
können nicht berücksichtigt werden aufgrund
zentraler Produktionsvorgaben und langfristiger Planung.
(F) Bildung von Kartellen.
(G) Arbeitslosigkeit.

Ordnen Sie bitte zu. 10◦

◯ **09.11.89**

◯ **01.07.90**

◯ **03.10.90**

(A) Erste gesamtdeutsche Bundestagswahl
(B) Einführung der DM in der DDR
(C) Öffnung der Mauer
(D) Erste freie Wahl in der DDR
(E) Tag der Wiedervereinigung

Lösungen

A. Wirtschafts- und Sozialkunde

1. Berufsbildung

1	B	18	E	35	B	52	C	69	C
2	A	19	C	36	B	53	B	70	A
3	D	20	A	37	C	54	C	71	B
4	C, D	21	C	38	A	55	B	72	B, D
5	C	22	B	39	A	56	C	73	A
6	B	23	B, C	40	A	57	D	74	B
7	A	24	C	41	C	58	E	75	D
8	D	25	E	42	B	59	A, E	76	B
9	C	26	B	43	D	60	D	77	C
10	E	27	C	44	B	61	D, E	78	D
11	B	28	D	45	C	62	E	79	C
12	E	29	D	46	C	63	E	80	F
13	B	30	E	47	D	64	E	81	B
14	C	31	B	48	C	65	D	82	D
15	C	32	C	49	B	66	F	83	C
16	A	33	B	50	C	67	C	84	A
17	D	34	B	51	A, C	68	D	85	A

2. Betrieb in Wirtschaft und Gesellschaft

86	C, B, E	107	A	129	D	151	C	172	C, A, B
87	A	108	B	130	D	152	C	173	B
88	B	109	C	131	B	153	A	174	E
89	D	110	C, F	132	D	154	A, E	175	D
90	D	111	B, D	133	D	155	B	176	C
91	A	112	A, C	134	B	156	D	177	C
92	B	113	D	135	A	157	C	178	D
93	C	114	E	136	D	158	C	179	F
94	A	115	E	137	C, B, D, A	159	C	180	D
95	A	116	B	138	D	160	D	181	B, C, A
96	C	117	E	139	D	161	B	182	A, C, B
97	E	118	B	140	B	162	D, C, A, B, E	183	A, D
98	A	119	B	141	C	163	A, D, C, B	184	A
99	B	120	D	142	D	164	B	185	A
100	A	121	B	143	B	165	D, A, B, C	186	B, A, C, A, C, B, C
101	B, C, D, A, E, B	122	A	144	C	166	A, E, B, D		
		123	B, B, A, C, B	145	B	167	A	187	B
102	A, D	124	C, D	146	C	168	C	188	C, C, B, A, A
103	B, E	125	A	147	B	169	A, B, B, A, A, A, A	189	E
104	B, C, E	126	C	148	D			190	B, A, C, C, C
105	D	127	D	149	C	170	D, B, C, A	191	B, B, A, A, C
106	D	128	C	150	A	171	C	192	E, D, B, A

193 B	235 C	277 A	319 A, A, A, A,	A, A
194 B	236 B, D	278 A	A, A, A	360 B, E
195 B	237 D	279 E	320 B, A, C, D, E	361 C, D
196 D	238 C	280 G	321 A	362 B, D
197 B	239 D, C	281 B	322 D	363 B, E
198 B	240 A	282 A	323 B	364 A, D
199 B, E	241 C	283 C	324 D	365 D, C, E, B, A
200 B	242 A	284 B	325 B	366 A, D, C
201 A	243 D	285 D, C, A, B, E	326 A	367 D
202 C	244 B	286 B	327 B	368 C
203 C	245 D	287 A	328 F	369 A
204 C	246 A	288 B, D	329 C	370 A
205 A, D	247 A, D	289 A	330 C	371 B
206 A, D	248 C, E	290 A	331 E	372 D, A, B
207 B	249 C	291 D	332 C	373 B
208 A	250 D, E	292 C	333 C, E	374 A
209 G	251 B, B, C, C, A	293 C	334 D	375 A
210 B	252 E	294 C	335 B, D	376 C
211 C	253 C	295 C	336 B	377 B
212 E	254 B	296 C	337 D	378 B
213 F	255 A	297 D	338 A, D	379 C
214 B	256 A	298 B	339 A, D	380 D
215 B, E	257 E	299 B	340 C	381 A
216 D	258 C	300 C	341 A	382 A
217 B	259 A	301 D	342 D	383 B
218 E	260 E	302 A	343 E	384 B
219 C	261 E	303 B	344 B	385 D
220 B	262 C	304 C	345 B, C	386 A
221 D	263 A	305 A	346 C, D	387 E
222 D	264 A	306 A	347 A, D	388 B
223 D	265 E, D	307 A	348 B, D	389 E
224 A	266 D	308 B, D, A, C	349 A, E	390 B
225 B	267 D	309 B	350 C	391 A
226 B	268 D	310 A, C, B	351 A	392 D
227 D	269 D	311 B, C, D, A	352 D	393 D
228 B, F	270 A	312 B	353 D	394 C
229 A, C, E	271 A	313 A	354 B	395 D
230 A	272 B	314 E	355 C	396 B
231 B, E	273 D	315 F	356 B, D	397 E
232 C, D	274 C	316 D	357 A, C	398 C
233 B, A, A, B	275 D	317 C	358 D, E	
234 B	276 A	318 G	359 A, B, B, B,	

3. Arbeits- und Tarifrecht, Arbeitsschutz

399 B	406 A	413 A	420 B, D	427 A, D, C, B
400 D	407 D	414 A	421 B, C	428 C, B, A, D
401 A	408 E	415 B	422 B	429 D, B, C
402 A	409 D	416 B	423 B	430 B
403 B	410 C	417 A	424 D	431 C
404 A	411 A	418 E	425 A	432 E
405 A	412 D	419 D	426 C	433 D

434 D	457 C, B, A, E	480 D	503 A	526 A
435 D	458 C	481 A	504 A	527 E
436 D, E	459 B, D	482 B	505 A	528 C
437 A	460 C	483 D	506 D	529 A
438 B	461 A	484 C	507 C	530 C
439 A	462 B	485 D	508 B	531 C
440 D	463 C	486 C	509 D	532 B, D
441 A	464 B	487 C, E	510 E	533 B
442 A	465 A	488 A, B	511 B	534 B
443 B	466 C	489 B, C	512 A, F	535 C
444 B	467 A	490 D	513 C	536 D
445 C	468 D	491 B, C	514 C	537 C
446 C	469 D	492 C	515 B	538 C
447 C	470 B	493 B	516 C	539 D
448 D	471 C	494 D	517 B	540 A
449 D	472 E	495 D	518 A	541 B
450 C	473 D	496 E	519 C	542 A
451 A	474 A, F	497 C	520 D	543 E
452 A	475 C	498 C	521 E	544 E
453 D	476 A	499 A, C	522 C	
454 C	477 D	500 C	523 B	
455 B	478 C	501 B	524 B	
456 C	479 C	502 D	525 D	

4. Betriebliche Mitbestimmung

545 B, E, C, B, C, C	551 B	558 B	565 B	572 B
	552 C, A, B, A, B	559 B	566 C	573 B
546 A	553 C	560 D	567 D	574 B
547 B	554 B	561 A	568 B	
548 A	555 A	562 D	569 B	
549 C	556 A	563 C	570 A	
550 A, C, B, B, B	557 B	564 B	571 C	

5. Sozialversicherung

575 B	590 D	605 B	620 E	635 B
576 E	591 D	606 B	621 C	636 D
577 B, D	592 B	607 C	622 B	637 C
578 E	593 D	608 B	623 E	638 B
579 C	594 E, B	609 C	624 D	639 C
580 E	595 E	610 B	625 C	640 C
581 E	596 D	611 C	626 C	641 E
582 D	597 D	612 B	627 C	642 B
583 D	598 A	613 A	628 A	643 B
584 D, C, B, A, C	599 B	614 C	629 B	644 C
585 C	600 C	615 E	630 A	645 A
586 C, D	601 C	616 A, B	631 C	646 E
587 C	602 C	617 B	632 B	647 C
588 D	603 B	618 A, D	633 A	648 C, D
589 D	604 B	619 B	634 A	649 A

650 C, D	661 C	672 A	683 B	694 A
651 E	662 D	673 A	684 B, C	695 D
652 B	663 C	674 D	685 B	696 E
653 D	664 D	675 D	686 B	697 B, C
654 C	665 B	676 F, F	687 B	698 C
655 B	666 D	677 E	688 B	699 C, F
656 E	667 D	678 B	689 E	700 A
657 D	668 E	679 E	690 A	701 F
658 C	669 A	680 B	691 B	702 C
659 A	670 A	681 C	692 C	
660 B	671 D	682 A	693 C	

6. Arbeits- und Sozialgerichtsbarkeit

703 A	706 B	709 D	712 A	715 D
704 B	707 B	710 A	713 D	716 E
705 B	708 C	711 E	714 B	717 D

B. Politik

7. Neue technische Entwicklungen und humane Arbeit

718 E	724 D	730 A, C, B, B, C, C	735 A	741 C, E, F
719 B, D, A, C	725 B	731 E	736 D	742 B, C, F
720 C	726 E	732 D	737 A, B, B, A	
721 A	727 A, D	733 C	738 C, B, A, D	
722 B	728 A	734 B, D, C, A	739 B, A, B, A	
723 B	729 C		740 A, E, D, C	

8. Verbraucher – Unternehmer – Staat

743 C	751 A, A, B, B	759 D	767 B	775 B
744 B	752 A, C, B	760 A	768 C	776 C, E, A, B, D
745 B, E	753 A	761 B	769 D, A, C, E, B	777 B, D, C, A
746 E, D, B	754 D	762 B	770 D	778 F
747 A, D, F	755 D	763 D	771 B	779 B, E
748 B	756 C	764 B	772 C, B	780 C
749 C, E	757 E, D	765 A	773 C	781 A
750 A, D, E, C	758 E	766 B	774 B	

9. Wirtschaftspolitik

782 B	789 D	796 D, B, C, A	803 B, D	809 A, B, C, C, A, B, B
783 E	790 A, C	797 E	804 D	
784 D	791 C	798 A	805 A, C, E	810 B, B, C, B, A, C
785 A	792 A, E	799 E	806 D, E	
786 B	793 F	800 D, F	807 A, B, A, B, A, A, B, B	811 C, A, B, E
787 C, F	794 B, C, A	801 A		812 B, E
788 C	795 D, A, B, C	802 A, B	808 C, B, A	

10. Energiepolitik

813 B	821 A, B	829 C	837 A, B, B, A, A, C, C, A, B, A	844 C
814 B	822 B, D	830 B		845 B
815 A, B	823 D, C, E, B, A	831 C, D	838 B	846 B, C
816 B, C	824 A, C	832 B	839 A, D	847 B, D
817 C	825 D	833 B, C	840 A, E	848 B, D
818 A, D	826 E	834 B, D	841 C, D	849 A, C, E
819 D, E	827 D	835 C	842 B	850 C
820 B, E	828 B, E	836 A, E	843 C	851 A

11. Umweltschutz

852 C	859 A, A, C, B, B, B, B, A	865 B, D	872 B, E	879 C, E
853 A, D		866 A, D	873 B, D	880 B, E
854 C	860 C, A, E, B, G	867 B, C	874 D	881 A, B, A, B, A, C, A
855 A, B, D	861 A, F	868 B, D	875 F	
856 B	862 B, C, F	869 E	876 D	
857 C	863 A, C, E	870 C	877 E	
858 C, E	864 A, C	871 B	878 B, F	

12. Recht und Rechtsprechung

882 C	884 D	886 C	888 B, C, B, A, A, B	889 D, E
883 A	885 D	887 D		890 A, E

13. Politische Entscheidungen in der Demokratie

891 D	898 B, D	905 A	912 C, D, B, A	919 B, C
892 A, C	899 B	906 B	913 C	920 E
893 D, E	900 E	907 A	914 A	921 E
894 D	901 F	908 B	915 C	922 A
895 A, D	902 E	909 E, B, C, D, A, F	916 E	923 D
896 E	903 C, A, E, D, B	910 B, A, C	917 B	924 D
897 C	904 D, E	911 B	918 C, D	

14. Europäische Integration

925 A, G	931 C, D	938 A	945 E, C, D, B, A	952 B, D
926 F	932 C	939 D	946 B	953 D
927 E	933 A, D, E	940 A, E	947 E	954 B, C
928 B	934 B	941 B	948 F	
929 B, C	935 C	942 E	949 C	
930 A, A, B, A, A, A, B, A	936 B, D	943 C	950 A, E	
	937 C	944 D	951 B, D, F	

15. Industriestaaten und Dritte Welt

955 E	962 D	969 C	976 B	983 C
956 A, D	963 A, D	970 C	977 B, D	984 A, B, A, A B, B, A, A, B, A, B, B
957 A, C	964 B, D	971 E	978 C, D	
958 D	965 B, D	972 C, D	979 A	985 B, C
959 B, D	966 A, B, A, B, A	973 C, D	980 A, C, F	
960 E	967 C	974 D	981 A, C	
961 D	968 B	975 D	982 A, D	

16. Politische Entwicklung in Deutschland

986 C, B, A, D, F, E	992 C, D, E, A, B, F, G	998 C, D, A, E, F, B	1007 E, B, C, D, B, A, C	1015 A
987 C, B, A	993 B, C, E, A, D, F, G	999 A	1008 D	1016 C
988 B, A, C		1000 B	1009 B	1017 C
989 B, B, A, B, B, B, B, A, B, B, B, A, B, A, A, A	994 C, A, B, G, H, D, L, J, K, F, E, I	1001 D	1010 B, A, B, C, B, A, D, A, A, C, B, B, C, C	1018 E
	995 E	1002 A		1019 D
		1003 C, B, A, F, D, E	1011 D	1020 F, B, H, C, D
990 E, B, C, D, A, F	996 B	1004 C, B, A	1012 D, F	1021 C, D
	997 A, B, B, A, B, A, B	1005 B, A, C	1013 E, F	1022 B, C
991 C		1006 B, A, A, B, B, B, A, A, B, A, B, A	1014 F	1023 F, G
				1024 B, C, E
				1025 C, B, E